Diversidade, espaço e relações étnico-raciais
O Negro na Geografia do Brasil

Coleção Cultura Negra e Identidades

Renato Emerson dos Santos
(Organizador)

Diversidade, espaço e relações étnico-raciais
O Negro na Geografia do Brasil

3ª edição, revista e ampliada

autêntica

Copyright © 2007 Os autores

COORDENADORA DA COLEÇÃO
Nilma Lino Gomes

CONSELHO EDITORIAL
Marta Araújo – Universidade de Coimbra; Petronilha Beatriz Gonçalves e Silva – UFSCAR; Renato Emerson dos Santos – UERJ; Maria Nazareth Soares Fonseca – PUC Minas; Kabengele Munanga – USP

PROJETO GRÁFICO DA CAPA
Patrícia De Michelis
(sobre imagem de Joshua Davis – http://joshuadavis.wordpress.com)

EDITORAÇÃO ELETRÔNICA
Conrado Esteves
Eduardo Queiroz

REVISOR
Alexandre Vasconcelos de Melo

Revisado conforme o Acordo Ortográfico da Língua Portuguesa de 1990, em vigor no Brasil desde janeiro de 2009.

Todos os direitos reservados pela Autêntica Editora. Nenhuma parte desta publicação poderá ser reproduzida, seja por meios mecânicos, eletrônicos, seja via cópia xerográfica, sem a autorização prévia da Editora.

AUTÊNTICA EDITORA LTDA.
Belo Horizonte
Rua Aimorés, 981, 8º andar . Funcionários
30140-071 . Belo Horizonte . MG
Tel.: (55 31) 3214 5700

São Paulo
Av. Paulista, 2073, Conjunto Nacional, Horsa I, 23º andar, Conj. 2301
Cerqueira César . São Paulo . SP . 01311-940
Tel.: (55 11) 3034 4468

Televendas: 0800 283 13 22
www.autenticaeditora.com.br

Dados Internacionais de Catalogação na Publicação (CIP)
(Câmara Brasileira do Livro , SP, Brasil)

Diversidade, espaço e relações étnico-raciais : o Negro na Geografia do Brasil / Renato Emerson dos Santos (organizador). – 3. ed., rev. ampl. – Belo Horizonte : Autêntica Editora, 2013 (Coleção Cultura Negra e Identidades).

Bibliografia
ISBN 978-85-7526-288-7

1. Ação afirmativa 2. Desigualdade social 3. Discriminação na educação 4. Diversidade cultural 5. Diversidade social 6. Educação – Brasil 7. Igualdade na educação 8. Multiculturalismo 9. Negros – Brasil 10. Política e educação 11. Preconceitos I. Santos, Renato Emerson dos.

10-11591   CDD - 306.430981

Índices para catálogo sistemático :
1. Brasil : Relações étnico-raciais :
Sociologia educacional 306.430981

Sumário

Prefácio 7

Apresentação 13

Parte I – A Lei 10.639 e o ensino de Geografia

O ensino de Geografia do Brasil e as relações raciais: reflexões
a partir da Lei 10.639 – *Renato Emerson dos Santos* 21

Parte II – Raça, espaço e tempo na modernidade

O que é essa tal de raça? – *Aníbal Quijano* 43
Diáspora, globalização e políticas de identidade – *Percy C. Hintzen* 53

Parte III – A segregação racial em tela:
relações raciais e o espaço urbano brasileiro

Territórios negros nas cidades brasileiras: etnicidade
e cidade em São Paulo e Rio de Janeiro – *Raquel Rolnik* 75
Desigualdades raciais nas condições habitacionais na população
urbana – *Eduardo Rios Neto e Juliana de Lucena Ruas Riani* 91

Parte IV – Geo-grafias de lutas, geo-grafias históricas:
relações raciais e o espaço agrário brasileiro

A geografia negra das comunidades remancescentes de quilombo no Brasil –
Renato Emerson dos Santos e Gabriel Siqueira Correa 115

A terra e os desterrados: o negro em movimento – um estudo das ocupações, acampamentos e assentamentos do Movimento dos Trabalhadores Rurais Sem Terra – MST – *Bernardo Mançano Fernandes, Dagoberto José da Fonseca, Anderson Antônio da Silva, Eduardo Paulon Girardi*................... 143

Parte V – Revisitando a África

As fronteiras móveis do continente africano: construções étnicas e estranhas à África – *Dagoberto José da Fonseca*... 171

A inserção da África Subsaariana no "Sistema-Mundo": permanências e rupturas – *Frédéric Monié, Isaac Gabriel Gayer Fialho da Rosa, Vânia Regina Amorim da Silva*.. 181

Os autores.. 207

PREFÁCIO
A Geografia do sistema mundo moderno-colonial numa perspectiva subalterna

Carlos Walter Porto-Gonçalves[1]

As ciências vêm sendo desafiadas diante de fenômenos e processos de grande envergadura que o mundo vem experimentando, sobretudo nos últimos 40 anos. No caso das ciências ditas naturais a problemática ambiental é mais desafiadora, até porque os grandes problemas que nessa área se apresentam há forte presença de intervenção do próprio sistema de conhecimento científico, que, assim, se constitui como parte do problema ambiental, ainda que visões conservadoras hegemônicas permaneçam insensíveis à reflexividade (Anthony Giddens). Afinal, o aquecimento global é a própria expressão do sucesso da revolução industrial que, não se destacou suficientemente, foi uma revolução energética fossilista (Elmar Altvater) com base no carvão e, depois, no petróleo. A gripe aviária e a doença da vaca louca são alguns dos outros efeitos não desejados da intervenção do sistema técnico-científico-informacional (Milton Santos). Até o ano de 1945, segundo o geólogo argentino Eduardo Mari, a humanidade manipulava de 25 a 30 dos elementos químicos da tabela periódica e, hoje, manipulam-se os 90 elementos naturais mais os 26 elementos sintéticos por meio de um tratamento da matéria ao nível nanoscópio[2] que uma poderosa indústria químico-alimentício-farmacêutica nos impõe por meio de

---
[1] Doutor em Geografia e Professor do Programa de Pós-graduação em Geografia da Universidade Federal Fluminense, membro do Grupo Hegemonia e Emancipações do Clacso. Ex-Presidente da Associação dos Geógrafos Brasileiros (1998-2000). Membro do Grupo de Assessores do Mestrado em Educação Ambiental da Universidade Autônoma da Cidade do México. Ganhador do Prêmio Chico Mendes em Ciência e Tecnologia em 2004 é autor de diversos artigos e livros publicados em revistas científicas nacionais e internacionais, em que se destacam: – *Geo-grafías: movimientos sociales, nuevas territorialidades y sustentablidad*; *Amazônia, Amazônias*, São Paulo, 2001; *Geografando – nos varadouros do mundo*, Brasília, 2004; *O desafio ambiental*, Rio de Janeiro, 2004; *A globalização da natureza e a natureza da globalização*, 2006.

[2] Um nanômetro é uma medida correspondente ao diâmetro de um fio de cabelo médio dividido sessenta mil vezes.

um sofisticado sistema midiático onde celebridades e "analistas" tenta nos convencer não só das suas maravilhas como de sua inevitabilidade. Com certeza, muitas das alergias e das doenças degenerativas que nos afetam têm a ver com esse tempo curto de 60 anos de ingestão dessas substâncias se consideramos o tempo do processo de hominização que não acabou com o *Hommo Sapiens Sapiens* como querem nos fazer crer. Enfim, um tempo curto dos balanços anuais de lucros das empresas comandando a decisão de usar ou não usar substâncias químicas (até mesmo transquímicas, como os 26 elementos sintéticos, e transgênicos) sobre os corpos de cada um de nós. Os desafios às ciências naturais, vê-se, são enormes e, até mesmo, a existência de uma ciência natural independente dos processos societários está em questão.

Quanto ás ciências ditas humanas os desafios não são menores. Para não perder o fio com o anterior considere-se o fato de que as ciências humanas não podem mais continuar a ignorar a inscrição material da sociedade na natureza por meio do espaço geográfico. Mas não param por aí os desafios. Grandes fenômenos e processos sociais colocam os paradigmas hegemônicos das ciências sociais em questão como, por exemplo, a queda do muro de Berlin e, sobretudo, a emergência de novos protagonistas reivindicando o "direito a ter direitos" como as mulheres, os povos originários e os afro-latino-americanos. No caso das mulheres, uma profunda revolução nas relações de poder, ainda que não uma revolução nas relações de Poder, como diria Claude Raffestin. A emergência dos povos originários e dos afro-latino-americanos na luta política se inscreve como das mais importantes quando analisamos seu potencial emancipatório posto que trazem consigo a própria constituição contraditória do sistema mundo moderno-colonial. Esclareça-se logo que não se trata de um protagonismo que se inicia agora, mas sim de um protagonismo que ganha visibilidade agora. Afinal, desde sempre houve resistências à dominação que constitui a conformação geográfica, política e cultural do sistema mundo moderno-colonial. Na Guatemala cerca de 80% da população é originária ainda hoje, sobretudo maia; na Bolívia, Paraguai e Equador cerca de 65% da população falam suas línguas originárias (quéchua, aymara e guarani) no seu cotidiano; no Chile cerca de um milhão de mapuches reivindicam-se como tais e exigem educação própria e demarcação de seus territórios. Os quilombos, os *pallenques* e *cumbes* são algumas das manifestações de afirmação das territorialidades afro-latino-americanas presentes a contrapelo no espaço hegemônico, assim como muitos dos espaços de resistência marcados pela religiosidade nas cidades latino-americanas. Se havia uma Geografia da dominação, da opressão e da exploração com suas *plantations* latifundiárias, monocultoras e escravizadoras havia também uma Geografia da liberdade em que camponeses ocupavam espaços para além dos latifúndios como posseiros e os negros construíram espaços de liberdade nos quilombos, *pallenques* e *cumbes*. Ainda hoje muitos migrantes nordestinos para a Amazônia dizem buscar se livrar do cativeiro, conforme nos ensina Otávio Guilherme Velho. A afinidade entre os grupos, classes sociais e povos subalternizados, como os camponeses, povos originários e afro-latino-americanos é de vária ordem como se pode ver nos próprios quilombos, nas populações mestiças amazônicas onde os cafusos se destacam, ou nos altiplanos peruanos.

As ciências humanas, inclusive as ciências híbridas como a Geografia, não estavam preparadas para a emergência desses movimentos. Antes de tudo porque continuam prisioneiras do eurocentrismo e não conseguem analisar criticamente o significado da noção de modernidade e, assim, tornam essa noção um fundamentalismo, como diria Umberto Eco.[3] Com isso ignoram a primeira moderno-colonialidade, aquela inaugurada em 1492, que dá início ao sistema mundo (Immanuel Wallerstein) que provocou uma verdadeira revolução nas técnicas de navegação ou de produção (as primeiras manufaturas – os engenhos – produzindo para o mercado mundial que ali começava a se constituir) e no plano das ideias (o Renascimento e seus *philosophes* antípodas como Descartes e Montaigne). Até ali o grande circuito comercial e civilizatório do chamado mundo conhecido passava pelo Oriente e considerava-se ir para o Oriente como tomar o rumo certo na vida ("Se oriente, rapaz", como diria Gilberto Gil). Até ali, a Europa não passava de uma península da Ásia, o que continua sendo, apesar de falarmos de continente europeu numa clara agressão ao conceito de continente da geologia. Eis mais uma evidência do eurocentrismo, capaz até de inventar um continente que, como tal, não existe. A centralidade que a Europa passará a ter a partir do século XVI sob hegemonia ibérica constituindo a primeira moderno-colonialidade, só se efetiva pela riqueza obtida no novo (para os europeus) continente, que os índios Kuna, e hoje, o movimento dos povos originários, dão o nome de Abya Yala. E os europeus não obtiveram essa riqueza pela sua superioridade técnica, a não ser a militar, mas se apropriando dos conhecimentos dos povos originários que já dominavam a metalurgia e outros conhecimentos quando da chegada dos conquistadores, o que bem pode ser visto no acervo que hoje se encontra nos grandes museus europeus e dos Estados Unidos, mas também em museus fantásticos como os da cidade do México e de Bogotá. E se apropriaram desses conhecimentos por meio da dominação. Os europeus desenvolveram aqui a primeiras manufaturas de produção visando o mercado mundial e as operaram por meio do trabalho escravo nas grandes monoculturas. Afinal, ninguém espontaneamente até ali cometeria a insensatez de fazer grandes monoculturas e, por isso, o trabalho escravo, enfim, aquele que não se faz por livre vontade, foi a energia que movimentou a sistema de *plantation* com sua monocultura e seus engenhos escravocratas. Não havia nada de mais moderno no mundo até então e estava aqui na *nuestra América* (no Haiti, em Cuba, na zona da Mata nordestina) e somente uma ciência social colonizada tenta contar a história da moderna manufatura a partir da Europa! E por meio desse silêncio produzido pelo eurocentrismo se esconde a clivagem

---

[3] Fundamentalismo, segundo Umberto Eco, é aquela ideia que não se analisa criticamente e que se quer tornando-se evidente por si própria, enfim, um fundamento.

que constitui a modernidade que, assim, tenta invisibilizar a colonialidade que lhe é constitutiva. A modernidade sempre aparece como ideal a ser atingido por suas qualidades positivas o que só é possível ignorando-se o seu-outro que é a colonialidade, enfim, o papel protagônico dos povos originários e dos afro-latino-americanos na sua conformação, ainda que subalternizados pelas assimétricas relações de poder que conformam o sistema mundo moderno-colonial. A constituição desse sistema mundo não é obra dos europeus somente, mas sim dessa relação cuja clivagem nos constitui até hoje, enfim, o sistema mundo moderno-colonial. Eis mais um dos males do eurocentrismo,[4] qual seja, sua perspectiva provinciana que vê o mundo a partir do seu próprio umbigo e, com isso, ignora o mundo na sua diversidade. É o que se depreende da própria expressão indígena cunhada pelos europeus para designar os povos que aqui habitavam, até porque como eles procuravam as Índias o que eles encontravam só podia ser o que procuravam e não o que existia na sua enorme diversidade. Daí o movimento subalterno hoje invocar a expressão povos originários para designar os povos indígenas.

A ideia fundamentalista de modernidade tem um forte componente evolucionista que vê cada lugar do mundo não a partir de si mesmo, mas como se fosse um estágio da evolução da Europa. Assim, sobrevaloriza o tempo, ainda que numa perspectiva unilinear, e ignora o espaço onde mais que um tempo linear convivem diferentes temporalidades, enfim onde habita a simultaneidade. O exemplo acima parece bem claro: a constituição do sistema mundo não pode ignorar o papel protagônico de outros espaços, como as Índias Ocidentais, antes Abya Yala e, depois, América e, ainda, da África. Não olvidemos que a África que temos hoje não é o resultado da história dos povos africanos somente, mas a história da subordinação, exploração, diáspora que constituiu a formação geográfica daquele continente, sobretudo depois da subordinação imposta pelos europeus por meio de seus conquistadores, religiosos e negociantes. A Geografia, quando liberta do eurocentrismo começa a deixar falar as relações sociais e de poder que conformam o espaço assimétrico do sistema mundo moderno-colonial. Assim, podemos entender, junto com o escritor Angel Rama, que aqui na América Latina se implantaram as primeiras cidades planejadas racionalmente cuja racionalidade, desde o início, foi de uma razão feita não para emancipar, mas para dominar. São as *cidades das letras* contra os povos originários e os afro-latino-americanos considerados iletrados! Hoje nuestra América tem aproximadamente 70% de sua população total morando nas cidades, mas 70% desses habitantes estão nos *barrios*, nas *vilas misérias* ou favelas em sua maior parte conformada por mestiços, afrodescendentes ou descendentes dos povos originários. Os bairros ricos, cada vez

---
[4] Aliás, não é só do eurocentrismo, mas de qualquer perspectiva que ignore o outro na sua alteridade, o que bem pode nos levar ao latino-americanocentrismo ou ao afrocentrismo. O que convocamos é ao estudo da relação, inclusive, das relações de poder que buscam invisibilizar o outro na sua outridade. Enfim, a Europa na sua relação com a América e coma África e o sistema de poder que se conformou por meio do sistema mundo moderno-colonial.

mais condomínios fechados, são, sobretudo habitados pelos *criollos*, na América hispânica como são chamados os descendentes de brancos. Não olvidemos que mesmo em Paris, Londres ou Nova Iorque a Geografia do sistema moderno-colonial se reproduz à escala do espaço urbano, como cada dia mais faz ver o grito dos pobres afrodescendentes, dos descendentes dos povos originários, dos descendentes de asiáticos ou do Oriente Médio que habitam os subúrbios dessas grandes cidades.

O sistema mundo moderno-colonial, e sua Geografia, se conformou por meio da discriminação racial. Nos Estados Unidos os negros só obtiveram o direito de votar em 1964, o que põe seriamente sob crítica o epíteto de guardião da democracia, para além de outras demonstrações do Império do caráter meramente tático desse conceito (é só ver o que os ideólogos estadunidenses chamam *convenientemente* de "mundo livre"). A emergência hoje do movimento que luta por demarcação das terras por parte dessas populações ou luta por cotas nas universidades depois de organizarem por si mesmos os vestibulares comunitários – afinal ter direito à terra e direito à educação foram direitos historicamente a eles negados – traz à luz os fundamentos do próprio sistema mundo moderno-colonial com seu racismo constitutivo e, por isso, são poderosas as forças que contra esse movimento se levantam. A publicação deste livro cumpre, assim, um papel importantíssimo no embate epistêmico e político contemporâneo colocando a Geografia mais próxima daqueles que pela posição subalterna que ocupam na sociedade se veem obrigados a uma compreensão mais completa do complexo sistema de dominação a que estamos submetidos e, assim, abrindo espaço á construção de um espaço mais generoso, mais igualitário, mais justo, mais democrático. Os quilombos, sabemos, não eram espaços de negros, embora principalmente de negros, mas espaços de liberdade e, quem sabe, seja essa a principal mensagem que daí emana. Que os negros tenham direito de invocar sua diferença toda vez que a igualdade lhes discrimina e reivindicar a igualdade toda vez que a diferença lhes desqualifique, conforme assinala Boaventura de Sousa Santos.

APRESENTAÇÃO

Este livro é um primeiro esforço para subsidiar a superação de alguns dilemas vividos por mim e por muitos pesquisadores (negros e também não negros interessados no tratamento de temas ligados às relações raciais na Geografia Brasileira) ao longo de minha formação acadêmica, na experiência em sala de aula e como pesquisador. Vou compartilhar alguns deles, para que possamos alcançar uma compreensão da importância que atribuo a este trabalho, que é, acima de tudo, um passo na direção da constituição de um campo dialógico dentro da Geografia Brasileira, campo que considero em início não pelo pioneirismo do enfrentamento a que se propõe esta publicação, mas sim pela proficuidade dos diálogos possíveis entre os trabalhos aqui reunidos e muitos outros que, por razões diversas, não pudemos aqui incluir.

Certa vez, ministrando a disciplina Geografia Agrária do Brasil, resolvi abordar alguns temas que não fizeram parte de minha formação inicial, mas que, diante da minha visão de mundo e da minha postura militante, não poderiam estar ausentes na formação de geógrafos brasileiros – e, em especial, porque se tratava da formação de professores de Geografia. Inseri no programa, entre outros, tópicos relativos à questão indígena e às comunidades remanescentes de quilombos. Na aula dedicada ao segundo destes pontos, expus para a turma dois vídeos curtos, sobre duas comunidades, cada uma com grau/forma diferenciado de "isolamento"/relação com a "civilização branca" – ou, com o avanço do meio técnico-científico-informacional –, e com diferenciados graus de preservação de suas culturas ancestrais e distintas formas de relação sociedade-natureza. Trabalhei e discuti materiais sobre remanescentes de quilombo, com destaque para um mapa produzido do Brasil com a distribuição espacial das comunidades e a discussão sobre a Geografia do aprisionamento e as rotas de procedência de africanos escravizados de seu continente para o Brasil. Após a apresentação e discussão, indaguei aos alunos da turma "como eles inseririam e trabalhariam este conteúdo na aula de Geografia deles". Em meio ao silêncio (nada incomum), me veio a seguinte resposta: "quando eu fosse falar de África".

Após o momentâneo desapontamento, duas certezas me vieram. Primeiro, a de que aquela resposta era fruto de algo não banal: a Geografia do Brasil assimilada e elaborada pelos meus alunos não comportava nem a ideia do Negro enquanto ente social, e nem das relações raciais enquanto constituintes de nossa estrutura social que grafa o espaço e produz geo-grafias. Mesmo mostrando e trabalhando um mapa do Brasil que exibia mais de mil comunidades remanescentes de quilombos, e discutindo o quanto tais "rugosidades" eram a grafagem de lutas históricas, a Geografia do Brasil que eles estavam cristalizando em seus corações e mentes simplesmente apagava tais elementos do território, de forma que era mais fácil (ou, possível) abordar tais assuntos na Geografia da África. Em segundo, como decorrência disso, percebi o quanto era necessário reunir e difundir materiais acerca destes temas em nossa Geografia. Afinal, o que foi trabalhado era uma marca de lutas históricas presente por toda a extensão do território nacional, uma rugosidade proeminente por todo o espaço brasileiro, e que era percebida como incongruente e inassimilável com a Geografia do Brasil tal qual meus alunos a concebiam. Por isso, era mais fácil inserir tais conteúdos quando eles fossem falar de África!

Aquela incongruência evidenciava a forma como o ensino de Geografia do Brasil, no caso específico, quando do tratamento do espaço agrário, não contemplava satisfatoriamente a questão da diversidade e das relações étnico-culturais e raciais. Nesse sentido, temas como a modernização, o agro-negócio, os sistemas produtivos e problemas como o êxodo rural, são privilegiados construindo a imagem de um espaço, que, antes mesmo de ser hegemonizado por tais fatos/processos decorrentes do avanço das relações de produção capitalistas, já possui a imagem de espaço homogêneo, como se estas relações avançassem sobre o nada (e, para isto, contribui decisivamente a ideia de "vazio demográfico", tão utilizada nas explanações geográficas e que acaba por ocultar e autorizar as violências sofridas pelas populações tradicionais ocupantes destas áreas para onde avança a fronteira agrícola). E, convenhamos, uma Geografia – mesmo que se pretenda crítica – que preconiza ou constrói a imagem de um espaço homogêneo só pode mesmo estar se valendo de atalhos cognitivos! Daí a minha dificuldade com os alunos ao trabalhar um espaço agrário plural, com diferentes formas de relação sociedade-natureza, e diferentes relações entre as sociedades, expressas na luta pela terra e pelos territórios (enquanto totalidade que contém a natureza e as formas de sua apropriação através da organização social) que caracterizam as lutas dos povos remanescentes de quilombos e indígenas.

As consequências sociais mais concretas deste "alisamento (analítico) do espaço", para tomarmos emprestada a expressão de Gilles Deleuze e Félix Guattari, eu fui conhecer recentemente, quando visitei a região centro-oeste do estado do Paraná. Lá, conheci a luta de uma comunidade remanescente de quilombo que, há algumas décadas, teve suas terras griladas, seus moradores mais resistentes expulsos através de violência armada, e a maior parte de sua área utilizada para assentamentos de imigrantes. Recentemente, algumas lideranças se articularam para rever o patrimônio perdido e, praticamente, reconstituir a comunidade. Sua luta, entretanto, encontra como barreira o descrédito que seus porta-vozes recebem quando, seja na própria região, seja na capital Curitiba, seja em Brasília, manifestam ser quilombolas no Paraná: "Quilombo no Paraná?", "Mas no Paraná há negros?", "Ué, no Paraná não houve escravidão, lá houve assentamentos, colônias, de alemães, poloneses, ucranianos, etc., mas escravidão, negros, não!", são falas que, proferidas por representantes governamentais de diferentes esferas, autoridades do Poder Judiciário e tecnoburocratas de autarquias e órgãos públicos, justificam atitudes (e inércias!) que atravancam os processos de reconhecimento, demarcação e titulação daquela e de diversas outras comunidades naquela região e pelo Brasil afora – mesmo que a "escravidão no Brasil meridional" já tenha sido objeto de obras clássicas das Ciências Sociais brasileiras.

Este exemplo nos mostra como a produção de uma imagem de território que remete exclusivamente à colonização pela imigração europeia oculta a presença negra, apaga a escravidão da história da região e assim autoriza violências diversas. Nos mostra a responsabilidade social que tem o ensino de Geografia do Brasil, porque estamos informando às pessoas sobre o país que elas vivem e que elas ajudam a construir.

Nos dois episódios narrados percebi o quanto as Geografias do Brasil hegemonicamente construídas funcionam como instrumentos de leitura da realidade que, resultante de intencionalidades ou não, impedem que os lados perversos do nosso padrão de relações raciais possam ser percebidos e/ou revelados. E, me recordei também o quanto este ocultamento esteve presente ao longo de minha formação, através do silenciamento da problemática e da invisibilização das questões que dela emergem. Me recordei novamente das tentativas que fiz, desde a graduação, de propor como trabalho de pesquisa a segregação racial no espaço urbano – temática que neste volume aparece em dois artigos –, e de como fui desestimulado e desencorajado por vários professores. O silenciamento por parte da academia brasileira em relação a esses temas tem impacto inclusive sobre a própria trajetória acadêmica dos estudantes – negros e não negros – que têm interesse em desenvolver tais temas. Por isso estamos aqui reunindo alguns estudos, visando constituir referenciais que permitam fortalecer dentro da Geografia Brasileira um campo temático, e com isso possibilitar que estudantes negros e não negros que se identifiquem com ele sejam estimulados a produzir conhecimento dando desdobramentos a estas reflexões. A grande maioria dos estudantes e geógrafos na atualidade passam pela faculdade de Geografia sem ver nada sistematizado acera destas temáticas, dentro das múltiplas possibilidades de construção de conhecimento que a Geografia oferece.

Hoje, temos um marco que nos permite trazer essas discussões para o ensino da Geografia, que é a Lei 10.639. Essa lei é tratada na Parte 1, "A Lei 10.639 e o ensino de Geografia". Ela coloca na ordem do dia – de diferentes maneiras – que o mundo da educação tem que refletir sobre essas questões, tem que refletir sobre a forma como as relações raciais são tratadas dentro de conteúdos programáticos e também de praticas pedagógicas. Ela nos provoca, portanto, a inserir novos conteúdos, mas, sobretudo, a rever conteúdos e práticas pedagógicas. Este volume também se pretende uma contribuição nesta direção, de subsidiar a implementação da Lei 10.639 no ensino de Geografia, trazendo temas, reflexões, e provocando novas reflexões. Nesse sentido, o volume se inicia com nosso texto, que problematiza exatamente a relação da Lei com o ensino de Geografia, apontando como este, a partir de uma reflexão sobre seu próprio sentido e função social, pode e deve incorporar e rever leituras de espaço e território que contemplem esta dimensão racial enquanto reguladora de relações sociais e constituinte da própria construção da nossa sociedade e do espaço. Os demais textos aqui reunidos buscam alargar esta leitura do papel da dimensão racial presente em nossa organização social e seus rebatimentos espaciais.

Os textos de Aníbal Quijano e Percy Hintzen, na Parte 2 denominada "Raça, espaço e tempo na modernidade", nos mostram como a "raça" – independentemente do debate que em torno dela se trava nas ciências biológicas – é uma categoria social artificial e crucial na estruturação de sistemas de hierarquia, exploração e dominação (inter e intranacionais) no período histórico denominado de modernidade e, o quanto estes sistemas baseados em raça são ainda atuais e fundamentais para a acumulação capitalista. Mostram, também, a fluidez e a maleabilidade desta categoria enquanto reguladora de relações sociais: ela não compõe sistemas de posições fixas nas interações sociais, mas, sim, emerge e é mobilizada de acordo com interesses que interferem nas construções espaçotemporais das sociedades contemporâneas.

Os artigos seguintes na parte 3, "A segregação social em tela: relações raciais e o espaço urbano brasileiro", mostram diferentes expressões espaciais destes sistemas de relações sociais baseados em raça, atentando para a realidade brasileira. Em seus artigos, Raquel Rolnik e Eduardo Rios Neto mostram diferentes dimensões raciais da segregação no espaço urbano. Enquanto a primeira autora demonstra a conformação de um quadro segregacionista histórico que remonta ao passado escravocrata, e que constrói territórios marcados racialmente no espaço urbano (ela trabalha as realidades do Rio de Janeiro e de São Paulo), com dimensões e referências materiais e simbólicas próprias – além dos estigmas socialmente criados – que são constantemente atualizados, o segundo nos mostra, através de pesquisa e sistematização de dados em nove capitais, como as desigualdades sociais baseadas em raça delineiam padrões espaciais de segregação urbana, revelando como as desigualdades de renda, escolaridade, bem como o acesso diferenciado aos equipamentos urbanos, têm na sua espacialização uma chave de leitura para o padrão de relações raciais brasileiro.

Os artigos de Renato Emerson dos Santos (em co-autoria com Gabriel Siqueira Correa) e o de Bernardo Mançano Fernandes (em co-autoria com Dagoberto José da Fonseca, Anderson Antônio da Silva e Eduardo Paulon Girardi), na parte que intitulamos "Geo-grafias de lutas, geo-grafias históricas: relações raciais e o espaço agrário brasileiro", mostram como a constituição histórica do agro no Brasil é permeada por uma conflitividade e uma conflitualidade que são também raciais. E, de diferentes formas, estas lutas históricas, do passado e do presente, grafam este espaço com rugosidades, com marcas e reminiscências materializadas em comunidades, em nomenclaturas, em toponímias que remetem à resistência dos negros à escravidão – desafiando narrativas da história da luta pela terra no Brasil que ignoram este passado. A luta pela terra é, também, luta pelos símbolos, pelos significados e pelas imagens de território que, ao apagar o passado, autorizam, legitimam e viabilizam violências no presente.

Por fim, reunimos também dois textos que falam de África, numa parte que intitulamos "Revisitando a África," parte 5. Mesmo em se tratando de um livro voltado para a compreensão da realidade brasileira, consideramos importante também incorporar elementos de compreensão da realidade africana, afinal, a associação constante (e, quase que exclusiva) da imagem da África a pobreza e tragédias também funciona como uma estratégia de inculcação de subjetividades que naturalizam a condição subalterna dos negros no Brasil, como extensão da condição africana. Compreender as raízes históricas da situação atual das múltiplas realidades do continente africano nos auxilia não somente a desmistificar e desvelar esta associação, mas também a rever leituras da história e da realidade brasileira. Os artigos de Dagoberto José da Fonseca e Frédéric Monié – este com a coautoria de Isaac Gabriel Gayer Fialho da Rosa e Vânia Regina Amorim da Silva – são importantes contribuições neste sentido.

Agradecemos a todos os autores que colaboraram neste volume, com artigos originais ou permitindo a republicação de artigos que consideramos de vital importância para a construção do campo. Suas ideias, aqui reunidas, se complementam, se confrontam, enfim, provocam o leitor a refletir e, como gosta de afirmar o prof. Carlos Walter Porto Gonçalves, que nos honra ao prefaciar este livro, cumprem o papel do verdadeiro intelectual, "aquele que ao pensar, dá o que pensar". Agradecemos também a todos os nossos colegas do Departamento de Geografia da Faculdade de Formação de Professores da Universidade do Estado do Rio de Janeiro, Campus de São Gonçalo. Sem o seu apoio institucional, pessoal, teórico, epistemológico e, acima de tudo, militante na construção de um ensino de Geografia transformador, iniciativas como esta não seriam possíveis.

Vemos este livro como um primeiro passo de uma caminhada que é, sem dúvida, bastante longa. Esperamos, ao reunir estes trabalhos, estimular não somente as nossas próprias produções, mas a de outros professores, geógrafos, estudantes de Geografia e disciplinas afins, que contribuam para a releitura do nosso espaço e das nossas relações raciais, pela construção de uma educação para a igualdade racial, e de uma sociedade que seja realmente democrática e igualitária.

Renato Emerson dos Santos
Outono de 2007

Parte I
A Lei 10.639 e o ensino de Geografia

O ensino de Geografia do Brasil e as relações raciais:
reflexões a partir da Lei 10.639

Renato Emerson dos Santos

O final do século XX foi marcado, no campo da Geografia (bem como em diversos ramos do conhecimento científico), por uma multiplicização de perspectivas teóricas e epistemológicas. A emergência da chamada Geografia Crítica – no Brasil, isto teve como alguns de seus marcos o encontro da Associação de Geógrafos Brasileiros de 1978 em Fortaleza, e o retorno de diversos geógrafos exilados pela ditadura militar, com destaque para Milton Santos –, ainda que inicialmente marcada por uma hegemonia da vertente de inspiração marxista, desembocou na abertura de uma pluralidade de enfoques e temas para a Geografia Brasileira.

Esta tendência da Geografia na verdade acompanha um movimento mais global da sociedade: o processo de democratização, ainda que contraditoriamente embebido num recrudescimento de tendências conservadoras e combinado com o agravamento das desigualdades sociais, vez por outra abre brechas para falar vozes caladas tanto pelas forças conservadoras quanto por aquelas ditas progressistas. Este movimento, que é político e também teórico/científico, traz novos temas e preocupações para dentro do escopo da Geografia, implica sua revisão, provoca inserções e releituras de um conhecimento cuja produção e cujo ensino escolar, cada vez mais, buscam compatibilizar e contemplar "tanto a visão clássica descritivo-analítica [...] quanto a perspectiva intervencionista na busca do equacionamento de problemas socioespaciais e socioambientais" (Mendonça, 2005, p. 17).

Dentro do amplo conjunto de temas e enfoques que vêm construindo novas tendências e ramos na Geografia (Cultural, da Religião, da Saúde, do Turismo, etc.), chamamos aqui a atenção para o interesse de alguns (ainda poucos) geógrafos na produção de uma (re)leitura de dimensões espaciais das relações raciais na sociedade brasileira. A promulgação da Lei 10.639, em 2003, trouxe esta releitura para o ambiente escolar e, ainda que as principais atenções na implementação da lei ainda pareçam partir de outras disciplinas, professores de Geografia por todo o Brasil começam a se preocupar com o tratamento das temáticas apontadas por ela em suas aulas. O presente texto se pretende uma contribuição neste sentido: problematizar a Lei 10.639 no tocante aos seus desdobramentos para o ensino de Geografia, o que requer, além de reflexões sobre a própria Lei, o tensionamento das bases do ensinar Geografia e de leituras espaciais das relações raciais no Brasil.

Aspectos ligados à questão racial integram os conteúdos programáticos do ensino escolar de Geografia, mas, a agenda colocada pela Lei 10.639, enquanto conquista das lutas históricas do Movimento Negro no Brasil, enseja a revisão da forma como o ensino desta disciplina vem contemplando (ou não) tais problemáticas: A Lei busca rever currículos, rever conteúdos, rever práticas pedagógicas. Ela enseja uma reflexão crítica acerca de como essas questões são tratadas dentro do ensino de Geografia, no intuito de que este saber, fundamental na construção de visões de mundo e comportamentos e posicionamentos, contribua com o projeto de "educar para a igualdade racial". Nesse sentido, iniciaremos este ensaio exploratório pela discussão do texto e dos desdobramentos da Lei 10.639, para a abertura radical de perspectivas de interpretação que norteiam as formas de sua implementação. Em seguida, discutiremos os sentidos do ensino de Geografia, o que subsidiará nossos tensionamentos realizados na terceira parte, onde abordaremos aspectos relacionados a leituras espaciais das relações raciais no Brasil.

A Lei 10.639

Em janeiro de 2003, foi promulgada a Lei 10.639. Fruto de lutas históricas do Movimento Negro Brasileiro, as indicações contempladas pela Lei já apareciam no Congresso Nacional do Negro Brasileiro na década de 1950 – cujo documento final continha entre suas recomendações "o estímulo ao estudo das reminiscências africanas no país, bem como a remoção das dificuldades dos brasileiros de cor" (ver o artigo de Santos, 2005), e, posteriormente, nos anos de 1980, foi apresentada como Projeto de Lei na Constituinte de 1988 e sua aprovação reivindicada na Marcha Zumbi em 1995. Sua aprovação visa alterar a Lei de Diretrizes e Bases da Educação, assumindo o papel do mundo da educação como fundamental na reprodução e na reversão do quadro de desigualdades raciais no Brasil. O texto da lei aponta que:

> Art. 26-A. Nos estabelecimentos de ensino fundamental e médio, oficiais e particulares, torna-se obrigatório o ensino sobre História e Cultura Afro-Brasileira.
>
> § 1o O conteúdo programático a que se refere o caput deste artigo incluirá o estudo da *História da África e dos Africanos, a luta dos negros no Brasil, a cultura negra brasileira e o negro na formação da sociedade nacional, resgatando a contribuição do povo negro nas áreas social, econômica e política pertinentes à História do Brasil.*

§ 2o Os conteúdos referentes à História e Cultura Afro-Brasileira serão ministrados no âmbito de *todo o currículo escolar*, em especial nas áreas de Educação Artística e de Literatura e História Brasileiras.

[...]

Art. 79-B. O calendário escolar incluirá o dia 20 de novembro como "Dia Nacional da Consciência Negra." (grifo nosso)

Sancionada num contexto delineado pela emergência de um renovado debate sobre as relações raciais no Brasil, agora marcado pela pauta das desigualdades raciais, e tensionado pela necessidade de posicionamentos concretos e políticas públicas por parte do Estado, a Lei surgiu como um instrumento que o Movimento Negro conquistou para pautar suas demandas no mundo da Educação – juntamente com a discussão sobre a reserva de vagas em universidades. No caso, sua demanda não pela igualdade de acesso à educação em todos os níveis, mas de releitura de visões de mundo hegemônicas no campo que se define como sendo da formação humana. É aí que se trava um embate crucial, o debate sobre qual a interpretação que se dá à Lei: interpretação do seu significado, de seus conteúdos e interpretação sobre as formas de aplicação – sobre o quê ela incide e como ela incide. Há uma tendência a se ver a aplicação da Lei como a introdução ou acréscimo de alguns conteúdos e/ou disciplinas, tanto no ensino básico quanto no superior (que é mobilizado para formar os aplicadores da Lei no primeiro). Existe também uma tendência à redução do escopo da Lei como tendo impacto apenas nas disciplinas de História, Educação Artística e um pouco na Literatura, como se outras disciplinas não tivessem nada a contribuir em torno de suas questões.

O que diversos setores vêm sinalizando, entretanto, é que a Lei é um instrumento para reposicionar o negro no mundo da Educação. Segundo esta leitura, História e Cultura Afro-Brasileira, compreendendo História da África, a cultura negra, etc., são na verdade instrumentos de construção de outras visões de mundo alternativas à eurocêntrica que domina a nossa formação – ou, instrumentos para a construção de visões plurais –, e não "apêndices", conteúdos "a mais" que devem ser trabalhados em momentos específicos como o dia 13 de maio ou mesmo o 20 de novembro que é citado pela Lei. Esta leitura aparece nas "Diretrizes Curriculares Nacionais para a Educação das Relações Étnico – Raciais e para o Ensino de História e Cultura Afro-Brasileira e Africana", documento produzido pelo Conselho Nacional de Educação como instrumento de orientação para a implementação da Lei, e também em outras publicações do Ministério da Educação. A apresentação de uma das coletâneas editadas pelo MEC aponta uma agenda que alude

[...] à luta histórica dos movimentos sociais negros por uma educação anti-racista; à demonstração de manifestações do racismo no cotidiano escolar; a conceitos necessários à compreensão da questão racial no Brasil; ao poder das linguagens escolares na e para a reprodução de preconceitos raciais, bem como à histórica orientação eurocêntrica da educação brasileira; à ausência da história do continente africano e dos africanos no Brasil e/ou da produção historiográfica sobre esse continente produzida por brilhantes intelectuais africanos; a aspectos fundamentais da Geografia africana; e à concepção de mundo africana. (HENRIQUES, 2005, p. 8)

A agenda colocada pela Lei, neste sentido, não indica apenas inserir conteúdos, mas, fundamentalmente também, rever conteúdos (que ocultam mais do que revelam, que silenciam mais do que mostram), rever práticas e posturas, rever conceitos e paradigmas no sentido da construção de uma educação antirracista, uma educação para a diversidade e para a igualdade racial. Esta missão envolve, portanto, uma pauta diversificada e complexa, de que, chamamos a atenção a três vertentes de intervenção: a coordenação das relações cotidianas no âmbito escolar;[1] a transversalização da temática racial pelas diferentes disciplinas, com a revisão de materiais didáticos; e a utilização de métodos e técnicas pedagógicas alternativas quando necessário. Desta forma, a Lei 10.639 visa, portanto, reposicionar o negro e as relações raciais no mundo da educação. Aspectos que estão presentes no processo de educação – que é o campo da formação humana – passam a ser revistos: a Lei 10.639 incide não apenas sobre os conteúdos escolares, mas sobre a forma como se dão e como são encaradas as relações sociais existentes nos múltiplos momentos de interação e de formação que o mundo da educação comporta. Vejamos alguns desdobramentos disso.

Sentidos do ensino de Geografia

A educação escolar tem um papel fundamental na superação das desigualdades raciais e do racismo. O ambiente escolar é um dos principais ambientes de socialização, interferindo decisivamente na formação de personalidades, visões de mundo

---

[1] Trabalhos recentes vêm desvendando a relação entre o racismo no cotidiano escolar, reconhecimento racial e indicadores de desempenho, de diferentes maneiras. Pelos limites do presente artigo, restringimo-nos aqui à citação de Carvalho (2005) que, estudando turmas de 1ª a 4ª séries de uma escola pública no município de São Paulo, concluiu que as professoras "[...] tanto tendiam a perceber como negras crianças com problemas de aprendizagem, com relativa independência de sua renda familiar, quanto tendiam a avaliar negativamente ou com maior rigor o desempenho de crianças percebidas como negras. Isto é, se pensarmos que o status da criança no âmbito da escola depende tanto de sua renda familiar quanto de seu desempenho, podemos supor que o fato de a desigualdade de desempenho escolar entre brancos e negros na escola estudada ser maior quando se usa a classificação das professoras do que quando a autoclassificação é usada, decorreria tanto de as professoras clarearem crianças de melhor desempenho quanto de, simultaneamente, avaliarem com maior rigor crianças que percebem como negras. Esse fenômeno é particularmente intenso em relação aos meninos, o que indica a presença de uma associação, no quadro de referências utilizado pelas professoras para avaliar as crianças, entre um tipo de masculinidade negra e o baixo desempenho na aprendizagem" (p. 93). Sobre o racismo no cotidiano escolar, ver também o livro de Cavalleiro (2000), "Do Silêncio do lar ao silêncio escolar: racismo, preconceito e discriminação na educação infantil".

e dos códigos comportamentais que orientam a forma como o indivíduo se percebe/ posiciona no mundo – como ele vê o mundo e aprende a transitar, a se movimentar nele. Na escola, são transmitidos aprendizados que vão além daqueles que constam do currículo oficial.² Na escola, as crianças aprendem a lidar com seus colegas; a escola é um ambiente onde pela primeira vez os indivíduos experimentam uma regulação nas relações "entre iguais" –, o que faz com que nela se aprenda os possíveis padrões de reações diante das atitudes de outrem. Este é o momento em que se aprende a ver o outro, se ver em relação ao outro e se ver no outro.

Isto coloca incisivos desafios para o ensino de Geografia, enquanto aprendizado que não apenas transmite conhecimentos de um ramo científico mas, acima de tudo, contribui para a formação humana, constituindo referenciais para inserção do indivíduo no mundo, em seus espaços de socialização. Mesquita (1995, p. 127) reflete sobre tal caráter do ensino de Geografia, e nos brinda com a seguinte elucubração:

> Um geógrafo amigo meu me fez notar certa vez, que o estudo do tempo, a história, é (ou pode vir a ser) a descoberta de nós mesmos através da memória dos que nos antecederam, enquanto que o estudo do espaço, do território, é (ou pode vir a ser) a descoberta do outro, dos outros. Aprofundando um pouco esta questão, percebo hoje que o estudo do território também pode nos auxiliar, através da descoberta do outro, a descoberta ou redescoberta de nós mesmos.

A autora chama a atenção para o papel da Geografia (bem como de outras disciplinas) na construção de referenciais posicionais do indivíduo no mundo – e, aqui, falamos de "mundo" como uma noção que atenta para a complexidade espaçotemporal das relações sociais do/no espaço vivido, relações que o constroem, o influenciam, são influenciadas por ele, enfim, o constituem, bem como são por ele e nele constituídas, numa relação de imanência que torna indivíduo e mundo algo tão indissociáveis quanto estrutura (social, econômica, espacial, etc.) é em relação à experiência. É neste sentido que apontamos, aqui, que, se acreditamos que a raça é um elemento que regula as relações sociais, de alguma forma suas manifestações estão imbricadas na Geografia, e por isso seu ensino deve atentar para tal fato social em suas múltiplas espacialidades.

Uma reflexão acerca da inserção da temática racial no ensino de Geografia torna forçoso, portanto, uma reflexão acerca do(s) sentido(s) de aprender/ensinar

---

² Nilda Alves, em entrevista, coloca que "[...] o currículo não se resume àquilo que é determinado pela via oficial. Na verdade, existem elementos que se refletem na prática quotidiana da escola, na qual participam sobretudo professores e alunos, mas também outros atores da comunidade educativa, e que ajudam a construir aquilo que denominamos por currículo praticado. Consideramos, nesse sentido, que para se entender o conceito de currículo é preciso ter em atenção a forma como esses processos se desenrolam na prática. É no espaço-tempo da escola que se desenha o currículo – através de acordos e mudanças – que é necessário rever quase quotidianamente, e não através de determinações legais." http://www.apagina.pt/arquivo/Artigo.asp?ID=3846.

Geografia, pois é o sentido, enquanto manifestação de visões de mundo e de projetos societários, que orienta a práxis, é ele que vai definir a forma como tal temática é (ou não) abordada.

Está sempre presente nos discursos e no senso comum a ideia de que a Geografia serve para conhecer o mundo, é um saber sobre o mundo. Também é muito forte a ideia de que a Geografia, dentro do rol das disciplinas que compõem o currículo escolar – juntamente com a História e a Língua Portuguesa –, serve para informar sobre o sentido de nacionalidade, criar um sentimento de pertencimento em relação a uma nação. A História diz que temos uma trajetória comum, o ensino de Português nos ensina que no nosso processo de comunicação temos uma língua comum que é também um elemento de identidade, e a Geografia contribui com um sentido de identidade relacionado ao vínculo com o território. Nesta acepção, o sentido seria informar a nacionalidade, informar a identidade – esta é uma leitura de ampla difusão. De outro lado, diversos autores vêm se defrontando com o debate sobre o(s) sentido(s) do ensino de Geografia. Vejamos brevemente algumas colocações. Callai (1999) se interroga e responde:

> Por que estudar Geografia?
>
> Podemos colocar três razões para responder a essa pergunta. Primeiro: para conhecer o mundo e obter informações, que há muito tempo é o motivo principal para estudar Geografia. Segundo: podemos acrescer que a Geografia é a ciência que estuda, analisa e tenta explicar (conhecer) o espaço produzido pelo homem. Ao estudar certos tipos de organização do espaço, procura-se compreender as causas que deram origem às formas resultantes das relações entre sociedade e natureza. Para entendê-las, faz-se necessário compreender como os homens se relacionam entre si. Terceira razão: não é no conteúdo em si, mas num objetivo maior que dá conta de tudo o mais, qual seja a formação do cidadão. Instrumentalizar o aluno, fornecer-lhe as condições para que seja realmente construída a sua cidadania é o objetivo da escola, mas à Geografia cabe um papel significativo nesse processo, pelos temas, pelos assuntos que trata. (p. 57)

A autora, ao sistematizar e elencar estes três (conjuntos de) sentidos, descreve na verdade um percurso analítico que vai de uma Geografia descritiva aparentemente (tanto quanto falsamente) despretensiosa do ponto de vista de suas implicações políticas, a uma acepção que coloca no centro do processo educacional a formação do cidadão. Esta última ideia está presente em outros autores, como Castrogiovanni (1999), que coloca que

> O professor de Geografia busca através do seu fazer pedagógico ampliar o conhecimento do aluno sobre o mundo, sobre as relações entre a sociedade e a natureza, das quais participa, e promover valores e atitudes que concorram para a construção de uma sociedade melhor. (p. 86)

Tal formulação chama a atenção para o papel ativo do aluno/educando na própria construção do mundo sobre o qual ele está aprendendo através da Geografia. No mesmo sentido, realçando o papel do indivíduo, mas remetendo enfaticamente à ideia da produção do espaço, Rua *et al.* (1993) afirma que a Geografia

> favorece uma maior integração entre o ambiente mais restrito do aluno e o mundo do qual faz parte, fornecendo-lhe uma visão mais completa do complexo social – o espaço construído pelo trabalho humano, ao longo de um processo histórico. Essa integração deve ser interpretada como a capacidade de refletir criticamente sobre a sociedade em que vive e sobre o espaço que ocupa e, muitas vezes, ajuda a construir. (p. 3)

Essa formulação de que o aluno (enquanto indivíduo que é parte ativa da sociedade) constrói o espaço é uma ideia que na Geografia ganhou muita força sobretudo a partir da década de 1970, com o lançamento do livro de Yves Lacoste, *A Geografia – isso serve, em primeiro lugar, para fazer a guerra*, em que ele mostrava como a Geografia que se ensinava naquele momento (na França, mas o mesmo poderia ser dito para o Brasil) trabalhava um saber enciclopédico sobre diversas coisas, mas que não cumpria a função fundamental do conhecimento do saber geográfico: conhecer o espaço para agir sobre o espaço. Em sua perspectiva, a Geografia das coleções de informações sobre lugares diversos, desprovida de relação com a vivência dos alunos (e os jogos de dominação econômica e política que esta envolve), serve, na verdade, muito mais para escamotear do que para esclarecer e cumprir a sua função de saber estratégico, dominado pelas grandes corporações capitalistas e pelas agências do Estado – sobretudo os militares.

Buscando inspiração em tais formulações, propomos aqui a ideia de que o sentido do aprender e ensinar a Geografia é *se posicionar no mundo*. Quando falamos isso, estamos indicando na verdade uma dupla acepção do que chamamos "se posicionar no mundo": (i) *conhecer sua posição no mundo*, e para isto o indivíduo precisa conhecer o mundo; (ii) *tomar posição neste mundo*, que significa se colocar politicamente no processo de construção e reconstrução deste mundo. Se posicionar no mundo é, portanto, conhecer a sua posição no mundo e tomar posição neste mundo, agir. Saber Geografia é saber onde você está, conhecer o mundo, mas isto serve fundamentalmente para você agir sobre este mundo no processo de reconstrução da sociedade: se apresentar para participar.

Todos os conhecimentos e noções que são ensinados/aprendidos na Geografia assumem (ou escamoteiam!) estes dois inescapáveis sentidos. A partir deles, compreendemos que a posição de um indivíduo guarda inevitavelmente relação com um espaço físico, e isto torna importante conhecer a natureza para saber como é que ele se posiciona nela e em relação a ela, compreensão que vem aproximando cada vez mais o ensino de Geografia Física da Educação Ambiental. Da mesma forma, é importante conhecer as estruturas econômicas, políticas e sociais, para que você possa se posicionar nessas esferas a partir de sua dimensão espacial: discernir espaço (realidade) urbano e espaço agrário; distinguir centros e periferias para compreender a dimensão relacional entre centralidade e perifericidade, que deixam de ser "coisas" para revelar posições que configuram, o que Milton Santos denominava "espaços que mandam" (ou, espaços do mandar!) e "espaços que obedecem" (ou, espaços do obedecer!); conhecer a "sua" região para não somente agir sobre ela, mas saber o quanto ela forma a "sua" identidade, a maneira como você é reconhecido a partir dela, construindo inclusive padrões de discriminação (os migrantes "nordestinos" nas grandes cidades do centro-sul do Brasil o conhecem muito bem!). Enfim, conhecer as configurações espaciais do mundo em que vivemos nos serve para identificar posições espaciais que são econômicas, sociais e políticas.

É neste sentido que os conceitos estruturantes do saber geográfico (espaço, território, região, escala, urbano, agrário, centro, periferia, etc.) são, na verdade, referenciais, estruturas analíticas que constroem para cada indivíduo a sua leitura de uma totalidade mundo.[3] Ao servir para conhecer o mundo e indicar onde você se encontra neste mundo, esse referencial serve para nos localizarmos, para nos orientarmos (ou, nos ocidentarmos!) no mundo. Quando separamos o espaço em rural e urbano, e tentamos mostrar conhecimentos para que o aluno saiba diferenciar o que é rural e o que é urbano, isto serve para que ele saiba se posicionar. Quando começamos a tratar das lógicas de construção do processo de urbanização e conceitos como o de Região Metropolitana, trabalhar a estrutura social e espacial metropolitana como contendo centros e periferias, contendo centralidades e perifericidades, estamos apontando que centro e periferia são relações de dominação entre espaços – a periferia só é periferia porque existe centro –, estamos mostrando a lógica de construção desse espaço no mundo para que o aluno saiba se está numa área central ou periférica. Isso não

---

[3] Jameson (1996/2002) nos remete a esta reflexão, apontando que, se de um lado o mundo agora parece menor pela possibilidade de acessar com relativa facilidade informação sobre qualquer porção dele, por outro, não aprendemos a estabelecer as conexões necessárias à sua interpretação. O raciocínio trilhado pelo autor nos é lapidar. Ele mostra como uma avalanche de formas de processamento e transmissão de informação, coordenadas e combinadas segundo sua abordagem, mudam a nossa forma de ver o mundo, instaurando percepções de espaço que anulam a dimensão histórica do tempo. A representação imagética mais pertinente, segundo ele, é a TV por assinatura, onde o espectador tem a possibilidade de, através do apertar de um botão, se transmutar de uma realidade – representada por um canal – a outra. Isto constitui uma forma de organizar a realidade no plano da percepção, como um conjunto de canais aparentemente desconexos entre si, dos quais os indivíduos podem participar (desempenhando diferentes papéis, e ocupando diferentes posições) sem sequer sair do lugar! O presente espacial é, portanto, compartimentado em canais ou colunas, dissociados pelo desenvolvimento de estruturas de percepção e cognição fragmentárias (representadas por um "modelo psicanalítico das múltiplas posições do sujeito"), dentro das quais, não aprendemos a raciocinar sobre um mundo que é globalizado, suas relações e conexões. Esta forma de percepção da totalidade-mundo é crucial para o "conhecer a sua posição" e "tomar posição", na medida em que oferece e priva possibilidades de compreensão e ação para os sujeitos no mundo. Em Santos (2006), discorremos mais sobre esta discussão, que envolve na verdade concepções de espaço e tempo.

informa não só a sua posição dentro de um espaço físico e material, mas dentro do espaço social, econômico: se você mora em uma área periférica, a sua perspectiva de encarar o mundo tem de ser diferente de alguém que se encontra na área central e que ocupa espaços de centralidade deste mundo – centralidade como sendo aí os lugares de concentração da riqueza e do poder.[4]

Esta compreensão deve, portanto, ser norteadora (ou suleadora!) da contribuição da Geografia trabalhada dentro de sala de aula: as noções que aprendemos/ ensinamos sobre a Geografia servem para saber interpretar este mundo, conhecer a sua posição no mundo e agir neste mundo. Isto implica conceber o espaço geográfico como sendo *estrutura* – e, a partir disso, estudar sua organização, seus elementos, seus objetos, etc. –, e também como *experiência*: as posições que os indivíduos e grupos sociais ocupam, bem como as relações que eles vivenciam, condicionam trajetórias sociais que são, também, trajetórias espaciais, o que nos permite apontar as inscrições socioespaciais de indivíduos e grupos como sendo experiências espaciais das relações sociais, econômicas e de poder. Não estamos aqui advogando uma sofisticação de um determinismo socioespacial, fruto do cruzamento de matrizes economicistas, sociológicas e fenomenológicas – segundo o qual "o lugar social de onde se fala" definiria, *a priori*, o próprio teor da fala –, mas apontando o caráter estratégico do saber geográfico para a formação de cidadãos críticos de sua inserção na sociedade. O tratamento das relações raciais pela Geografia passa por tal compreensão de espaço e de Geografia. Analisemos a colocação de Porto-Gonçalves (2002):

> [...] uma sociedade que constitui suas relações por meio do racismo, [...] [tem] em sua Geografia lugares e espaços com as marcas dessa distinção social: no caso brasileiro, a população negra é francamente majoritária nos presídios e absolutamente minoritária nas universidades; [...] essas diferentes configurações espaciais se constituem em espaços de conformação das subjetividades de cada qual.
>
> Enfim, há toda uma série de sujeitos sociais cuja compreensão da sua própria natureza sociológica implica considerar o espaço e a natureza – os camponeses, os indígenas, os afrodescendentes (com seus palenques, na Colômbia e na Venezuela, e seus quilombos no Brasil), os ecologistas, os moradores, os jovens-da-periferia (hip-hop), pra não dizer do próprio operariado. (p. 4)

---

[4] É neste sentido que, analisando o espaço das relações capitalistas, Moreira (1982) coloca que "as porções de espaço que atuarem como locus da acumulação, principalmente a metrópole da totalidade espacial, serão aquelas onde a riqueza mais se centralizará; aquelas porções de espaço que atuarem como lócus de produção e expropriação de excedentes serão as que empobrecerão. Locus da riqueza e locus da pobreza, cada um desses espaços, reproduz internamente por seu turno em seus arranjos espaciais específicos a desigualdade, porque a riqueza e a pobreza são os nomes eufêmicos de burguesia e proletariado, as classes sociais básicas das formações espaciais capitalistas centrais" (p. 54).

As Geo-grafias sociais são, nesta perspectiva, consequências de regulações das relações sociais –, e é nesse sentido que o racismo, ao definir clivagens sociais e hierarquizar indivíduos e grupos a partir de seus pertencimentos raciais, se expressará na constituição de "lugares" (nos sentidos espacial e social) onde a presença do desfavorecido será majoritária (lugares da pobreza, da despossessão, da subalternidade) e lugares onde a sua presença será minoritária (lugares da riqueza, do poder, do saber socialmente legitimado, etc.): lugares com as marcas desta distinção social. Segundo a perspectiva de Porto-Gonçalves, esta construção – que tem o (espaço) material e o simbólico como indissociáveis – está na própria base da conformação das subjetividades e das identidades dos grupos.[5] As relações raciais, o racismo, e, evidentemente, as lutas contra este, são, portanto, grafadas no espaço e, no mesmo movimento em que nele se constituem, também condicionadas por ele. Podemos falar, portanto, de "expressões espaciais das relações raciais, do racismo e das lutas antirracismo. A compreensão destas expressões fornecem não apenas novos temas a serem trabalhados no ensino escolar de Geografia, mas também subsídios à reflexão sobre o a inserção do negro na sociedade brasileira e no mundo da educação, propostas pela Lei 10.639. Portanto, são questionamentos que, mesmo apesar de difícil transposição didática, iluminam questionamentos e a revisão de práticas no cotidiano escolar, que são as propostas da Lei.

Tensionando, interrogando e questionando: expressões espaciais das relações raciais, do racismo e de lutas

Discutir as formas como as relações raciais constroem estruturas espaciais que impactam as nossas experiências de espaço é uma contribuição da Geografia para que os nossos alunos (cidadãos) – e nós mesmos – nos vejam de maneira distinta neste mundo e nos posicionemos também de maneira distinta. Isto implica, portanto, tensionar possibilidades analíticas da Geografia, além de uma releitura cuidadosa da complexidade do padrão de relações raciais no Brasil. Somente assim poderemos abordar o espaço geográfico não somente como objeto de reflexão (olhar para as estruturas da organização do espaço e as marcas das relações raciais), mas pensar esse espaço geográfico como um instrumento de reflexão sobre as próprias relações raciais, através do desvendamento das espacialidades das práticas do racismo, por exemplo,

---

[5] Quando falamos aqui de identidades, no caso, raciais, chamamos a atenção para a necessidade de não confundir com a classificação/identificação – nos remetemos às subjetividades e intersubjetividades que estabelecem mediações nas relações e norteiam comportamentos em relação a si e ao outro. É nesta perspectiva que incorporamos, inclusive, o fato de que nas relações raciais brasileiras as identidades, não necessariamente, são afirmadas ou enunciadas mesmo em contextos em que a raça é um fator regulador das relações sociais. Nos remetemos, assim, às identidades na forma dos chamados "pactos narcísicos", que Bento (2002) nos explica serem constituídas por "[...] alianças, pactos e contratos inconscientes, por meio dos quais os sujeitos se ligam uns aos outros e ao conjunto grupal, por motivos e interesses superdeterminados" (p. 46). Isto constrói padrões de discriminação sem que a identidade do grupo (ou seus signos mobilizados) seja enunciada, mas que é mobilizada sempre que os interesses do grupo estão em perigo.

Nosso ponto de partida desta reflexão é um olhar sobre o padrão de relações raciais no Brasil, e, nesse sentido, consideramos oportuna a ideia de que a raça é um princípio ordenador das relações sociais que opera decisivamente na produção de desigualdades – este é, em nosso juízo, o sentido principal do racismo no Brasil.[66] Mesmo apesar de, em determinadas esferas, espaços e momentos da construção do tecido social haver relações horizontais entre negros e brancos neste país, a diferença racial é mobilizada em detrimento dos negros em momentos onde está em jogo o acesso às riquezas que a sociedade produz: o racismo opera criando, recriando, reproduzindo, aprofundando e perpetuando desigualdades sociais.

A reprodução de barreiras sociais, baseadas em raça, torna o racismo, nesta perspectiva, um dos principais mecanismos produtores da brutal concentração de renda e de riquezas que caracteriza a sociedade brasileira, na medida em que ele consegue, através de complexos processos de discriminação com impedimentos e favorecimentos ao longo da trajetória dos indivíduos (no acesso à educação, no acesso ao emprego, etc.), impedir e/ou dificultar o acesso de significativa camada da população a essas riquezas que o país produz. Se o Brasil atualmente figura entre os cinco países de pior distribuição de renda do planeta (fruto de um modelo industrial que opera, no dizer de Chico de Oliveira, com um "padrão de acumulação de base pobre"), um dos mecanismos que contribuem decisivamente pra tal fato é o racismo, por operar como mais um fator de desvalorização de parte significativa da força de trabalho nacional.

Como tal situação se constrói? Com que mecanismos o racismo opera para definir os diferenciais (baseados em raça) de acesso a estes diferentes bens que a sociedade produz? Através de um complexo padrão de relações raciais que mistura, no cotidiano das relações sociais, momentos onde há interações marcadas por horizontalidade, integração e igualdade entre brancos e negros e, ao mesmo tempo, outros momentos onde há verticalidades, hierarquias e diferenças que são transformadas em desvantagens, ou vantagens desiguais entre estes grupos. Esta mistura entre momentos de horizontalidade e momentos de verticalidade é que vai permitir que, a um só tempo, convivam em nossa sociedade: (I) uma representação de si própria como sendo uma "democracia racial"; e (II) a reprodução e a consolidação de desigualdades sociais baseadas em raça, o que deveria ser extirpado, caso a horizontalidade, a integração e a igualdade fossem princípios ordenadores das relações raciais vigorando em todos os momentos da construção do tecido social. Esta complexidade do padrão

---

[6] Bento (2002), baseando-se em Antonovski, aponta para a distinção entre "discriminação provocada por preconceito" e "discriminação provocada por interesse". Esta distinção, segundo a autora, permite apontar que "a discriminação racial pode ter origem em outros processos sociais e psicológicos que extrapolam o preconceito". Segundo a autora, "no campo da teoria da discriminação como interesse, a noção de privilégio é essencial. A discriminação racial teria como motor a manutenção e a conquista de privilégios de um grupo sobre o outro, independentemente do fato de ser intencional ou apoiada em preconceito." (p. 28).

de relações raciais na sociedade brasileira é atestada por Sansone (1996) que, pesquisando o cotidiano de dois bairros de Salvador, aponta que

> [...] a partir das falas dos moradores delineia-se um quadro no qual a cor é vista como importante na orientação das relações de poder e sociais, em algumas áreas e momentos, enquanto é considerada irrelevante em outros. Nestes últimos, as distinções sociais são vistas sobretudo como ligadas à classe, à idade e ao bairro. As áreas "duras" das relações de cor são: 1) o trabalho e em particular a procura do trabalho; 2) o mercado matrimonial e da paquera; 3) os contatos com a polícia. [...] as áreas "moles" das relações raciais são todos aqueles espaços no qual ser negro não dificulta e pode às vezes até dar prestígio. (p. 183)

Como áreas "moles", ele cita o lazer e espaços e momentos onde se praticam manifestações da cultura negra, como os blocos afro, as batucadas, o terreiro de candomblé e a capoeira – espaços onde ser negro é até uma vantagem. Esta complexidade, segundo concluiu o autor através das falas de seus depoentes, cria "um *continuum*: na procura de trabalho, sobretudo fora do bairro e, mais ainda, onde se exige "boa aparência", há o máximo de racismo; nos espaços negros explícitos, o mínimo" (SANSONE, p. 183).

O mais importante desta discussão, para nosso presente debate, é compreender que há uma organização espaçotemporal das relações sociais delineando que, nos momentos e lugares em que se define o acesso às riquezas que a sociedade produz, as diferenças raciais são mobilizadas na forma de verticalidades e hierarquias, produzindo e reproduzindo assim as desigualdades raciais.[7] Um profícuo exemplo é a disputa pelo acesso a um posto de emprego: dois amigos, um branco e um negro, se apresentam em busca de uma vaga de emprego. Nesse momento há, como situação predominante em nosso tecido social, uma vantagem do postulante branco em relação ao postulante negro – o acesso ao emprego é um dos campos em que a assimetria é a marca das relações raciais, inclusive em situações em que há simetria nas variáveis que poderiam configurar diferenciais entre os postulantes (qualificação, idade, etc.). Estes dois postulantes podem ser os melhores amigos, e, ao sair da entrevista, se põem a comentar: "Como foi a sua entrevista? O que te perguntaram?", se sentam numa praça, ou dentro do ônibus a caminho de suas casas. Nesse momento, eles passam a ter uma interação marcada pela horizontalidade nas relações interraciais, momento este que foi sutilmente precedido por outro onde a assimetria era a tônica! A mudança de padrão pode se dar no mesmo lugar, em momentos diferentes, ou em lugares diferentes: espaço e tempo aqui são flexionados de acordo com o que está em questão em cada "contexto de interação".

---

[7] Diversos trabalhos recentes vêm mostrando não somente a existência de desigualdades entre brancos e negros, mas também a existência de verticalidades e hierarquias entre alunos brancos e negros no cotidiano escolar, subsidiando o estabelecimento das bases para a proposição de relações causais entre o racismo desse cotidiano e a produção das aludidas desigualdades. Os já citados trabalhos de Cavalleiro (2000) e Carvalho (2005), bem como o de Henriques (2001), são bons exemplos.

Esta coexistência de momentos e lugares onde há posições distintas e distintos padrões de interação racial é que permite que o mesmo indivíduo que seleciona narcisicamente com base em pertencimento racial no balcão de emprego pode retornar para sua casa e encontrar-se com um amigo negro. Existe aí uma construção espacial que é resultante de um "aprendizado" social: ainda que, inconscientemente, ele "sabe" onde a raça, a cor, o pertencimento racial é importante como critério (de seleção) regulador das relações sociais e onde não é. Vale aqui recorrer a Erving Goffman (1975), que nos auxilia na compreensão destes "mapas mentais" condicionadores de padrões de comportamento, que configuram o que muitos autores vêm chamando de "região moral", que ele assim nos explica:

> Uma região pode ser definida como qualquer lugar que seja limitado de algum modo por barreiras à percepção. As regiões variam, evidentemente, no grau em que são limitadas e de acordo com os meios de comunicação em que se realizam as barreiras à percepção. [...] Sob o termo "cenário comportamental" (*behavioral setting*), Wright e Barker, num trabalho metodológico de pesquisa, fornecem um enunciado muito claro a respeito dos sentidos em que as expectativas a respeito da conduta chegam a se associar a lugares específicos. (GOFFMAN, p. 101)

Goffman vai trabalhar com a ideia de "regiões de fachada" e "regiões de fundo", e mostra como há práticas e signos associados a tais "regiões". Esta Geografia simbólico-prática condiciona não somente práticas e normas de condutas, mas também as possibilidades de presença e os tipos de presença de indivíduos nos lugares (contextos e cenários sociais), de acordo com a forma como a sociedade tem constituídas suas estruturas, pertencimentos e atributos. Isto implica a assunção de que os corpos, os *habitus*, os códigos culturais dos indivíduos são permitidos ou não dependendo do lugar (contexto e cenário social), o que tem relação direta com a construção e a forma como se estruturam as hierarquias sociais, e que também influencia as próprias trajetórias sociais de indivíduos e grupos sociais.[8] Goffman ilustra isso ao colocar que:

> Dados os valores de uma determinada sociedade, é evidente que o caráter de bastidor de certos lugares é introduzido neles de modo material, e que, em relação às áreas adjacentes, tais lugares são inevitavelmente regiões de fundo. Em nossa sociedade a arte dos decoradores geralmente faz isso para nós, reservando cores escuras e alvenaria de tijolos às partes de serviço dos edifícios, e reboco branco para as partes da frente. Peças do equipamento fixo dão permanência a esta divisão. Os empregadores completam a harmonia contratando pessoas com atributos visuais pouco atraentes para o trabalho na

---

[8] Vale também ver a leitura que faz Giddens (1989) sobre esta organização espacial do fluxo das práticas sociais no cotidiano, onde ele aprofunda papel do espaço e do tempo (através das contribuições de Torsten Hagerstränd) e das relações de poder (trazendo as contribuições de Michel Foucault).

região do fundo e colocando pessoas que "dão boa impressão" nas regiões da fachada. Podem ser usadas reservas de trabalho que não impressionam bem não somente numa atividade que deve ser oculta do público, mas também na que pode ser escondida, mas não precisa ser. Como disse Everett Hughes, os empregados negros podem mais facilmente do que de outra forma ser admitidos em fábricas norte-americanas se, como no caso dos químicos, forem mantidos afastados das áreas principais de operação da fábrica. (Tudo isso implica uma espécie de seleção ecológica, que é bem conhecida, mas pouco estudada). Freqüentemente espera-se dos que trabalham nos bastidores a realização de padrões técnicos, enquanto os que trabalham na região da fachada realizarão padrões expressivos. (p. 116-117)

Revelar essas espacialidades, naquilo que tange à regulação racial das relações sociais, se torna um instrumento importante para que possamos reconstruir esse mundo, afinal, isto interfere nas experiências espaciais e nas trajetórias sociais dos indivíduos construindo desigualdades sociais de base racial: isto condiciona possibilidades e limites nas trajetórias individuais, na inserção em espaços de poder, espaços de riqueza, de ascensão social ou não, de retenção, de crescimento ou de perda de capitais sociais.[9]

Esta Geo-grafia dos comportamentos e das práticas nas relações raciais se soma à distribuição espacial dos grupos raciais, constituindo espacialidades materiais e simbólicas intimamente vinculadas às subjetividades, intersubjetividades e identidades de indivíduos e grupos. Estas espacialidades têm impacto direto na construção de leituras da realidade – que é, de certo modo, a própria reconstituição da realidade –, definindo a dinâmica das relações entre os grupos e a própria legitimidade da existência e da ação dos grupos.[10] Como consequência, a produção de "imagens de território" vinculadas à supremacia das manifestações socioculturais de alguns grupos, que desautoriza outras manifestações e elimina outros grupos das representações destes territórios, lugares e regiões, acaba por invisibilizar grupos e autorizar violências contra estes grupos. Elas legitimam e são instrumentos de práticas de dominação e subordinação: elas

---

[9] Ver, neste sentido, o texto de Rios Neto e Riani neste volume.

[10] Harvey nos informa a este respeito que "as ordenações simbólicas do espaço e do tempo fornecem uma estrutura para a experiência, mediante a qual aprendemos quem ou o que somos na sociedade. "A razão pela qual a submissão aos ritmos coletivos é exigida com tanto rigor", escreve Bourdieu (1977, p. 163), "é o fato de *as formas temporais ou estruturas espaciais estruturarem não somente a representação do mundo do grupo, mas o próprio grupo, que organiza a si mesmo de acordo com essa representação*". [...] Bourdieu sugere que é através da "relação dialética entre o corpo e uma organização estruturada do espaço e do tempo que as práticas e representações comuns são determinadas". E é exatamente *a partir dessas experiências (na casa em particular) que se impõem esquemas duradouros de percepção, de pensamento e de ação*. E, num nível mais profundo, "a organização do tempo e do grupo de acordo com estruturas míticas leva a prática coletiva a parecer o 'mito realizado'". (p. 198, grifos nossos) Nota: a obra de Pierre Bourdieu a que Harvey se refere nesta passagem é o livro *Outline of a theory of practice*.

autorizam e legitimam violências de caráter psicossocial e econômico, que, muitas vezes, são acompanhadas de violência física (e até armada).

Este processo é particularmente relevante, por exemplo, na questão do acesso à terra pelas comunidades negras rurais e remanescentes de quilombos. A invisibilidade destas comunidades nas imagens e representações de território acerca do espaço agrário brasileiro – na verdade, um movimento de "alisamento (analítico) do espaço", nos inspirando aqui nas ideias de Deleuze e Guattari –, vinculada a noções como "vazios demográficos" e "terras devolutas", ao criar a imagem da inexistência de grupos em diversas áreas,[11] autoriza (às vezes, até judicialmente!) violências de toda sorte contra estes grupos, viabilizando processos como grilagem, expulsão violenta e a privação do acesso à terra destas populações. Quando estão localizadas na Região Sul do país, estas imagens de território, que remetem à hegemonia da colonização por imigrantes europeus, desautorizam a própria reação destas populações. Cabe aqui a exposição de um relato recentemente colhido por nós de lideranças de uma comunidade negra rural no centro-oeste do Paraná, que, ao recorrer às autoridades do Poder Judiciário na capital Curitiba, e, sobretudo, em Brasília, tinham suas reivindicações desacreditadas por respostas como "Ah, mas no Paraná não houve escravidão, mas sim colonização!", "No Paraná não há negros!", e outras correlatas que são fruto, na verdade, de representações, imagens de território (e, evidentemente, leituras da História) que distorcem a realidade e anulam a presença e as lutas destes grupos.[12] A conquista de seu direito de acesso à propriedade da terra, garantido constitucionalmente, depende de sua persistência em lutar contra estas imagens e representações que, além de autorizar a expropriação já realizada, ainda os vitimiza psicologicamente ao negar sua história e seu sentimento de pertencimento àquela região.

O levantamento de comunidades negras rurais e remanescentes de quilombos, a partir dos dados de comunidades certificadas pela Fundação Cultural Palmares (que aparece neste volume em forma de mapa), é, portanto, um mapeamento de distribuição de populações que ganha relevância por ser um instrumento de reconhecimento de grupos, um instrumento de combate a narrativas que autorizam violências (e, algumas teses históricas bastante difundidas, como a de que os negros foram escravizados porque aceitavam a escravidão sem reagir, diferentemente dos índios que fugiam – os dados da FCP utilizados para o mapeamento dão uma ideia aproximada de "apenas uma" das

---

[11] Nos aproximando mais da realidade, estamos falando da inexistência de legitimidade social destes grupos, tratamento dispensado também a outras populações tradicionais e indígenas.

[12] E, neste aspecto, ganha em relevância o trecho da Lei 10.369 que fala sobre "a luta dos negros no Brasil", pois, ensinar sobre as lutas é ensinar a lutar! Ao não ensinar sobre as lutas que constituíram a nossa história, não estamos ensinando apenas o pacifismo, mas, sim, a passividade social dos grupos desfavorecidos! Há aí, portanto, um ensinamento cívico que conclama à participação e à luta por direitos destes grupos na contemporaneidade, mas uma luta lastreada por historicidades.

formas de reação dos escravos, mas já suficiente para desmentir tal tese). É, na verdade, uma Geo-grafia de lutas e conflitos sociais, a "grafagem" espacial de lutas contra formas de opressão, inicialmente contra a escravidão[13] e, na contemporaneidade, contra opressões para as quais contribui decisivamente o racismo em suas múltiplas dimensões.

A multidimensionalidade é, decisivamente, a marca da luta das comunidades remanescentes de quilombos,[14] que vem se dando no cruzamento de tradições discursivas e ideológicas críticas pouco íntimas entre si – e, não raro, dicotomizadas –, como o emabet pela reforma agrária, historicamente objeto de lutas políticas contra processos de espoliação em cuja centralidade está a dimensão econômica, e a defesa da pluralidade cultural, ou multiculturalismo, que constrói uma trincheira de defesa de matrizes étnicas e culturais que quase sempre foram vistas pelos primeiros como secundários, residuais ou, até mesmo, um mote para a fragmentação de classe e de lutas. A emergência destes novos atores e sujeitos políticos vêm criando novas configurações no debate, como nos esclarece Arruti (1999):

---

[13] Clovis Moura (1988) nos oferece uma reflexão – de inspiração marxista – acerca do Quilombo dos Palmares (e, sem a romantização que cerca boa parte das narrativas que o abordam) a partir da qual ele – e, a quilombagem em diversas das suas formas – nos é apresentado como uma alternativa de sociedade àquela fundada pela colonização portuguesa. Analisando a estrutura social, os ordenamentos jurídico e político, bem como a estrutura produtiva e a forma como era distribuída a riqueza social de Palmares, ele coloca que "a maneira como se produzia, podemos dizer que era, na sua essência, um sistema de trabalho que se chocava com o latifúndio escravista tipo plantation que existia na Colônia, com níveis de produtividade muito mais dinâmicos e de distribuição comunitária que era a própria antítese da apropriação monopolista dos senhores de engenho e da indigência total dos escravos produtores" (p. 170). Mais adiante, o autor afirma: "Palmares era uma negação, pelo seu exemplo econômico, político e social da estrutura escravista-colonialista. O seu exemplo era um desafio permanente e um incentivo às lutas contra o sistema colonial no seu conjunto" (p. 183). Mesmo ressalvando a multiplicidade de relações que quilombos e diversas comunidades negras rurais mantinham com a economia colonial – muitas vezes com comércio e outras formas de interação nem sempre conflituosa –, e também o fato de que muitas das comunidades negras rurais hoje identificadas não eram quilombos dentro deste chamado "modelo palmarino" (o que vem provocando inclusive uma redefinição conceitual acerca do sentido de "quilombo" – sobre esta redefinição, ver Arruti, 2001), não podemos negar o caráter de luta social contra a escravidão representada pela quilombagem, que aparece na Geo-grafia apresentada no artigo "A geografia negra das comunidades remanescentes de quilombo no Brasil" deste mesmo volume

[14] Utilizamos aqui o sentido amplo deste termo, que, no curso do debate sociourídico visando a garantia dos direitos de acesso à terra, vem se vinculando à ideia de "terras de uso comum" que, em diferentes contextos locais, regionais e mesmo nacional são chamadas comunidades negras rurais, Terras de Santo, Terras de Preto, Terras de Herança, etc. Segundo Arruti (2001), elas compreendem "[...] propriedades adquiridas ou doadas a familiares de ex-escravos, com ou sem formalização jurídica. Tais propriedades podem ter tido origem em antigos quilombos; em áreas de alforriados; em concessões do Estados usadas como pagamento à prestação de serviços guerreiros. Podem ter tido origem também em propriedades economicamente decadentes, cujos proprietários perderam seu poder de coerção, passando a adotar o arrendamento apenas formal das terras a seus antigos escravos [...]. Em alguns casos registrou-se a existência de grupos em relativo isolamento, mantendo regras e uma concepção de direito baseada na apropriação comum dos recursos." (p. 28)

> [...] para termos um quadro real da "luta pela terra" no Brasil, é preciso estarmos atentos não só às formas de dominação e expropriação econômica e à resistência política imposta a elas, mas também às de expropriação e resistência cultural que as acompanham e instrumentalizam.
>
> Neste novo contexto, voltar à associação entre reforma agrária e territórios sociais ou étnicos nos permite um efeito contrário: impor a consideração de que no Brasil o processo de transformação da "terra" em mercadoria não foi plenamente completado e que significativas parcelas de nossa população não vivem sobre simples "propriedades fundiárias", mas sobre territórios sociais, estreitamente ligados às suas culturas, identidades e memórias. (p. 10)

Tais lutas, portanto, não são lutas apenas pela propriedade, mas, sim, lutas por territórios e por territorialidades, o que implica a defesa de práticas, tradições e matrizes culturais que fundam suas identidades e fundam o próprio grupo (BOURDIEU, 1989). Isto configura o que Oslender (2002), que analisa lutas de comunidades negras na região do litoral pacífico colombiano, chama de "espacialidades de resistência", "formas concretas e decisivas nas quais espaço e resistência interatuam e impactam um sobre o outro".[15] São lutas de resistência contra o "alisamento do espaço" promovido pela expansão das formas capitalistas e do meio-técnico-científico-informacional como matriz de relação ente sociedade e natureza: mesmo com a ressalva sobre a diversidade de configurações destas comunidades, com diferentes graus de assimilação cultural e/ou preservação/atualização de matrizes ancestrais, o próprio processo de luta enseja a revalorização (e, muitas vezes, até mesmo a refundação) destas matrizes, na medida em que elas passam a ser condição para seu reconhecimento – o que pode ser bastante salutar enquanto *potência* de negação do avanço das matrizes do meio-técnico-científico-informacional que configuram o imperialismo e a globalização contemporânea.

O antropólogo Alfredo Wagner Berno de Almeida vem, através de seu projeto "Nova Cartografia Social da Amazônia", trabalhando juntamente com grupos tradicionais como quilombolas, praticantes de religiões afro-brasileiras, quebradeiras de coco babaçu, indígenas, entre outros, produzindo mapeamentos destes grupos e de suas práticas, relações sociopolíticas, etc. Esta cartografia, que não é somente temática, mas sim situacional, trabalha as distribuições destes grupos no espaço (locais e casas de religiões, terreiros, templos, comunidades, áreas desapropriadas, áreas tituladas, espaços de referência, etc.), suas formas organizativas, suas práticas (locais de festividades, refúgios, poços de coleta de água locais de realização de ritos, de coletas, etc.), seus territórios conquistados e reivindicados, bem como seus interlocutores (órgãos governamentais) e antagonistas. É uma Geo-grafia de territórios e territorialidades! Cabe ressaltar a forma de produção desse trabalho, onde quem define o que será cartografado – e, o como será cartografado, como a escala do mapa, legendas, o quê aparece no mapa,

---

[15] Sobre esta relação entre territórios, territorialidades e movimentos sociais, ver também Santos (2006).

etc. – são os próprios grupos, constituindo uma metodolgia onde o mais importante nem sempre é o mapa ou o cartograma produzido, mas sim o próprio processo de construção e os aprendizados decorrentes dele: *pensar sobre o espaço* – desafiando os instrumentos de representação de que dispomos e criando novos instrumentos e formas de representação que mais se aproximam dos raciocínios espaciais que são construídos na própria luta e que a constituem –, *pensar no espaço* – identificando as construções e estruturas decorrentes dos enfrentamentos enunciados e velados de cada realidade, um aprendizado de grande valia para os movimentos e para suas políticas de identidade –, e *pensar com o espaço* – informando a ação e redefinindo, assim, práticas e estratégias dos próprios grupos.[16] Com estas cartografias, aprendem os acadêmicos e aprendem os movimentos. Aprendem(os) a nos posicionar no mundo!

Para não concluir

Distribuição espacial dos grupos raciais (no espaço agrário e no espaço urbano); Geo-grafia dos comportamentos e das práticas nas relações raciais; mapeamento de distribuição de populações tradicionais, grupos étnicos com suas matrizes culturais; Geo-grafias simbólicas; Geo-grafias de lutas; todas são importantes contribuições que a Geografia – suas reflexões e seu ensino – trazem para o cumprimento da Lei 10.639.

Pretendemos, neste artigo, não cumprir todas estas tarefas, mas, levantar discussões, reunir tensionamentos teóricos e empíricos acerca da construção e da organização do espaço brasileiro na reflexão sobre as múltiplas dimensões das relações raciais em nossa sociedade. Nesse sentido, nossa pretensão teve caráter exploratório: há uma agenda ampla e complexa cujo atendimento está apenas em início. A transposição didática destes aspectos, efetivamente, é outro desafio, o qual só poderá realmente ser enfrentado com criatividade e empenho dos professores de Geografia – e, com muita troca de experiências. Esperamos estar contribuindo neste percurso.

---

[16] Aprofundamos estes debates, suas consequências para os movimentos e seus desdobramentos teóricos e metodológicos para a própria Geografia em nossa tese de doutoramento – Santos (2006).

Referências

ARRUTI, José Maurício. Propriedade ou território? In: *Tempo e Presença*: Revista bimestral de KOINONIA, 307, set/out, 1999. p. 10-13.

ARRUTI, José Maurício. Comunidades remanescentes de quilombos. In: *Tempo e Presença*: Revista bimestral de KOINONIA, 319, set/out 2001. p. 25-29.

BENTO, Maria Aparecida da Silva. Branqueamento e branquitude no Brasil. In: CARONE, Iray; BENTO, Maria Aparecida da Silva (Orgs.). *Psicologia social do racismo: estudos sobre branquitude e branqueamento no Brasil*. Petrópolis: Vozes, 2002.

BOURDIEU, Pierre. *O poder simbólico*. Lisboa/Rio de Janeiro: DIFEL/Bertrand Brasil, 1989.

CALLAI, Helena C. O ensino de Geografia: recortes espaciais para análise. In: CASTRO-GIOVANNI, Antônio Carlos; CALLAI, Helena C.; SCHÄFFER, Neiva Otero; KAERCHER, Nestor A. (Orgs.). *Geografia em sala de aula: práticas e reflexões*. Porto Alegre: Editora da UFRGS / Associação dos Geógrafos Brasileiros – Seção Porto Alegre, 2. ed., 1999.

CARVALHO, Marília. Quem é Negro, quem é branco: desempenho escolar e classificação racial de alunos. *Revista brasileira de Educação*, jan./abr. 2005, n. 28, p. 77-95.

CASTROGIOVANNI, Antônio Carlos. E agora, como fica o ensino da Geografia com a globalização? In: CASTROGIOVANNI, Antônio Carlos; CALLAI, Helena C.; SCHÄFFER, Neiva Otero; KAERCHER, Nestor A. (Orgs.). Geografia em salas de aula: práticas e reflexões. Porto Alegre: Editora da UFRGS/Associação dos Geógrafos Brasileiros – Seção Porto Alegre, 2. ed., 1999.

CAVALLEIRO, Eliane dos Santos. *Do silêncio do lar ao silêncio escolar: racismo, preconceito e discriminação na educação infantil*. São Paulo: Contexto, 2000.

GIDDENS, Anthony. *A constituição da sociedade*. São Paulo: Martins Fontes, 1989.

GOFFMAN, Erving. *A representação do eu na vida cotidiana*. Petrópolis: Vozes, 1975.

HARVEY, David. *Condição Pós-Moderna: uma pesquisa sobre as origens da mudança cultural*. São Paulo: Edições Loyola, 1992/1989.

HENRIQUES, Ricardo. Desigualdade racial no Brasil: evolução das condições de vida na década de 90. Série *Textos para Discussão* (n. 807), IPEA, Rio de Janeiro, 2001, 52 p.

HENRIQUES, Ricardo. Apresentação. In: Ministério da Educação. *Educação anti-racista: caminhos abertos pela Lei Federal n. 10.639/03*. Brasília: Ministério da Educação, Secretaria de Educação Continuada, Alfabetização e Diversidade, 2005.

JAMESON, Fredric. *Pós-Modernismo: A lógica cultural do capitalismo tardio*. 3. ed. São Paulo: Editora Ática, 2002/1996.

MENDONÇA, Francisco. Temas, tendências e desafios da Geografia na Pós-Graduação brasileira. *In*: *Revista da ANPEGE*, ano 1. n.1, Curitiba, 2005.

MESQUITA, Zilá. Aprender com Porto Alegre: experimentando viver a cidadania na prática educativa. *Boletim gaúcho de Geografia*, Porto Alegre: Associação dos Geógrafos Brasileiros – Seção Porto Alegre, n. 20, p. 127-133, dez. 1995.

MOREIRA, Ruy. A Geografia serve para desvendar máscaras sociais. In: MOREIRA, Ruy. (Org.). *Geografia: teoria e crítica – o saber posto em questão*. Petrópolis: Vozes, 1982.

MOURA, Clóvis. *Sociologia do negro brasileiro*. São Paulo: Ática, 1988.

OSLENDER, Ulrich. Espacio, lugar y movimientos sociales: hacia una "espacialidad de resistencia". *Scripta Nova. Revista electrónica de geografía y ciencias sociales*, Universidad de Barcelona, vol. VI, n. 115, 1 de jun. de 2002. Disponível em: <http://www.ub.es/geocrit/sn/sn-115.htm> [ISSN: 1138-9788]

PORTO-GONÇALVES, Carlos Walter. A Geograficidade do social: uma contribuição para o debate metodológico para os estudos de conflitos e movimentos sociais na América Latina. Trabalho apresentado no *Seminário Internacional "Conflito social, militarización y democracia em América Latina – nuevos problemas y desafios para los estudios sobre conflicto y paz em la región*. Buenos Aires: Clacso, 2002a.

RUA, João; WASZKIAVICUS, Fernando; TANNURI, Maria Regina P.; POVOA Neto, Helion. *Para ensinar Geografia: Contribuição para o trabalho com 1º e 2º graus*. Rio de Janeiro: ACCESS Editora, 1993.

SANSONE, Lívio. Nem somente preto ou negro: o sistema de classificação racial no Brasil que muda. *Afro-Ásia*, n. 18, 1996, Salvador, p. 165-188.

SANTOS, Renato Emerson dos. *Agendas & agências: a espacialidade dos movimentos sociais a partir do Pré-Vestibular para Negros e Carentes*. Niterói: UFF, 2006. Tese de doutoramento apresentada ao Programa de Pós-Graduação em Geografia (PPGEO/UFF).

SANTOS, Sales Augusto. A Lei 10.639/03 como fruto da luta anti-racista do Movimento Negro. In: SANTOS, Sales Augusto. (Org.). *Educação Anti-racista: caminhos abertos pela Lei Federal no 10.639*. Brasília: Ministério da Educação, Secretaria de Educação Continuada, Alfabetização e Diversidade, 2005.

PARTE II
RAÇA, ESPAÇO E TEMPO NA MODERNIDADE

O que é essa tal de raça?[1]

Aníbal Quijano

A ideia de "raça" é, seguramente, o mais eficaz instrumento de dominação social inventado nos últimos 500 anos. Produzida no início da formação da América e do capitalismo, na passagem do século XV para o XVI, nos séculos seguintes foi imposta sobre toda a população do planeta como parte da dominação colonial da Europa.[2]

Imposta como critério básico de classificação social universal da população mundial, de acordo com a ideia de "raça" foram distribuídas as principais novas identidades sociais e geoculturais do mundo. Por um lado, "Índio", "Negro", "Asiático" (antes, "Amarelos"), "Branco" e "Mestiço"; por outro, "América", "Europa", "Ásia", "África" e "Oceania". Sobre ela se fundou o eurocentramento do poder mundial capitalista e a conseguinte distribuição mundial do trabalho e do intercâmbio. E, também sobre ela, se traçaram as diferenças e distâncias específicas nas respectivas configurações específicas de poder, com as suas cruciais implicações no processo de democratização de sociedades e Estados, e da própria formação de Estados-nação modernos.

Deste modo, a "raça" – uma maneira e um resultado da dominação colonial moderna – permeou todos os âmbitos do poder mundial capitalista. Em outros termos, a colonialidade se constituiu na pedra fundacional do padrão de poder mundial capitalista, colonial/moderno e eurocentrado.[3] Tal colonialidade do poder tem provado ser mais profunda e duradoura que o próprio colonialismo em cujo seio foi engendrada, e que ajudou a ser mundialmente imposto.[4]

---

[1] Texto publicado originalmente em PIMENTEL, Carmem (Org.). *Familia, Poder y Cambio Social*. Lima: CECOSAM, 1999. Posteriormente, foi também publicado em várias revistas da América Latina. A tradução para este volume foi feita por Renato Emerson dos Santos.

[2] Sobre a invenção da ideia de "raça" e de seus antecedentes, ver Quijano (1992a) e Quijano e Wallerstein (1992).

[3] Sobre a colonialidade do poder e o padrão colonial/moderno e eurocentrado do capitalismo mundial, ver Quijano (1999a) e Quijano (2000).

[4] O conceito de Colonialidade do Poder foi introduzido em meu texto Colonialidad y Modernidad/Racionalidad – ver Quijano (1992b). Ver também Quijano e Wallerstein, *op. cit.* Sobre as tendências do atual debate ver Mignolo (1998).

"Racismo" e "raça"

O "racismo" nas relações sociais cotidianas não é a única manifestação da colonialidade do poder – mas é, sem dúvida, a mais perceptível e onipresente. Por isso mesmo, não tem deixado de ser o principal campo de conflito. Enquanto ideologia, em meados do século XIX se pretendeu inclusive apresentar o racismo como uma teoria científica.[5] Nesta pretensão se apoiou, quase um século depois, o projeto do Nacional-Socialismo, mais conhecido como Nazismo, de dominação mundial alemã.

A derrota desse projeto na 2ª Guerra Mundial (1939-1945), contribuiu para a deslegitimação do racismo, pelo menos como ideologia formal e explícita, para grande parte da população mundial. Sua prática social, entretanto, nem por isso deixou de ser mundialmente ainda presente, e em alguns países, como a África do Sul e seu sistema de Apartheid, ideologia e práticas de dominação social chegaram a ser inclusive mais intensa e explicitamente racistas. Contudo, mesmo nestes países a ideologia racista foi obrigada a ceder – diante das lutas das próprias vítimas, mas também da condenação universal, até permitir a eleição de governantes "negros". Em países como o Peru, a prática de discriminação racista tem agora que ser mascarada – com frequência, ou, podemos dizer, sempre com êxito! – por detrás de códigos sociais referidos a diferenças de educação e de renda, que nesse país são, precisamente, algumas das mais evidentes consequências de relações sociais racistas.[6]

O que é realmente notável, por outro lado, é que para a grande maioria da população mundial – incluídos os opositores e as vítimas do racismo – a própria ideia de "raça", como um elemento da "natureza" que tem implicações nas relações sociais, se mantenha virtualmente intocada desde as suas origens.

Nas sociedades fundadas na colonialidade do poder, as vítimas combatem por relações de igualdade entre as "raças". Mesmo aqueles que não são vítimas do racismo (ao menos, diretamente), admitiriam de bom grado que as relações entre as "raças" são democráticas, ou mesmo, que são exatamente entre iguais. Sem embargo, numa revisão do respectivo debate, inclusive nos países onde têm sido mais intenso o problema – como os Estados Unidos ou a África do Sul –, somente de modo excepcional e muito recente se pode encontrar investigadores que tenham posto em questão, além do racismo, a própria ideia de "raça".[7]

---

[5] Ver, do Conde Artur de Gobineau, *Essays sur l'Inegalité des Races Humaines*, publicados entre 1853 e 1857, em Paris, França.

[6] Sobre esta perspectiva ampla do racismo no Peru, veja-se os resultados de uma recente pesquisa entre estudantes universitários da Região Metropolitana de Lima: Leon (1998).

[7] Na América Latina muitos preferem pensar que não existe racismo porque todos somos "mestiços", ou porque, como no Brasil, a postura oficial é de que existe uma democracia racial. Um número crescente de latino-americanos que residem algum tempo nos Estados Unidos, inclusive estudantes de Ciências Sociais, regressam a seus países convertidos à religião do "colour consciousness", da qual têm sido, sem dúvida, vítimas. E regressam racistas contra seu próprio discurso. Isto é, convencidos de que "raça",

Se mostra portanto profunda, perdurável e virtualmente universal a admissão de que "raça" é um fenômeno da biologia humana que tem implicações necessárias na história natural da espécie e, em consequência, na história das relações de poder entre as pessoas. Nisto se radica, sem dúvida, a excepcional eficácia deste moderno instrumento de dominação social. Não obstante, trata-se de um evidente constructo ideológico que não tem, literalmente, nada a ver com nada na estrutura biológica da espécie humana – e tudo a ver, por outro lado, com a história das relações de poder no capitalismo mundial, colonial/moderno, eurocentrado. Duas das questões implicadas nesta íntima relação entre a materialidade das relações sociais e a sua dimensão subjetiva, são as que me proponho a discutir no presente artigo.

"Sexo"–"gênero" e "cor"–"raça"?

Na crise atual do padrão mundial de poder vigente, talvez a mais profunda de todas as que foram experimentadas nos seus 500 anos, as relações de classificação social da população do planeta são as mais profundamente afetadas. Estas relações têm combinado, variavelmente, todas as formas de dominação social e todas as formas de exploração do trabalho. Mas, na escala mundial, seu eixo central foi – e, mesmo que em declínio, ainda é – a associação entre a mercantilização da força de trabalho e a hierarquização da população mundial em termos de "raça" e de "gênero".[8]

Este padrão de classificação social ancorado na combinação das categorias de "gênero" e "raça" tem sido amplamente estável e duradouro. Portanto, o esgotamento da primeira e a resistência à segunda têm produzido o colapso dos padrões de classificação da população mundial. As recentes tendências de reprodução e reexpansão de formas não salariais de exploração é uma consequência do esgotamento das relações salariais no longo prazo. E a resistência crescente às discriminações de "gênero" e de "raça" é a outra dimensão da crise.

O mundo do capitalismo é, com certeza, histórico-estruturalmente heterogêneo e as relações entre as suas partes e regiões não são necessariamente contínuas. Isto significa que a crise do padrão capitalista colonial/moderno de classificação social da população mundial tem ritmos e calendários distintos em cada área do mundo capitalista. A resistência das vítimas do racismo avança em certas regiões e em outras

---

posto que é "cor", é um fenômeno da natureza e somente o "racismo" é uma questão de poder. Em alguns casos, isto leva à confusão arbitrária entre as categorias do debate sobre o processo de conflito cultural e as categorias das ideologias racistas, e se deixam arrastar para argumentos de extrema puerilidade. No Peru, um curioso exemplo é o de Cadena (1998).

[8] As relações de dominação fundadas nas diferenças de sexo são mais antigas que o capitalismo. Mas, este sistema as fez mais profundas associando-as com as relações de "raça" e tornando ambas objetos da perspectiva eurocêntrica de conhecimento. Mas, a classificação "racial" da população mundial levou também a que as mulheres das "raças" dominantes fossem também dominantes sobre as mulheres das "raças" dominadas. Isto introduziu um eficaz mecanismo de fortalecimento de ambas formas de dominação, mas sobretudo aquela que se apoia na ideia de "raça".

encontra não somente menor espaço, mas até manifestos esforços de relegitimação da ordem vigente. Esta descontinuidade entre a resistência ao racismo e a sua relegitimação pode ser vista, por exemplo, no caso do Peru sob o Fujimorismo.[9] Mas, são estas mesmas descontinuidades, precisamente, que tornam patente a mencionada crise. Devido a ela, finalmente parece ter começado a ser posta em questão a própria ideia de "raça", e não somente o "racismo". Paradoxalmente, inclusive a minoria que avança nesta direção não consegue ainda desprender-se das velhas amarras mentais da colonialidade do poder.

Assim, o debate sobre a questão do "gênero" e os movimentos feministas vão conseguindo fazer com que uma proporção crescente da população mundial tenda a admitir que "gênero" é um constructo mental fundado nas diferenças sexuais, que expressa as relações patriarcais de dominação e que serve para legitimá-las. E alguns propõem agora que, analogamente, há que se pensar também a "raça" como outro constructo mental, esse fundado nas diferenças de "cor". Assim, "sexo" está para "gênero" assim como "cor" estaria para a "raça".

Entre ambas as equações existe, sem embargo, uma inescapável diferença: a primeira delas tem lugar na realidade; a segunda, em absoluto.

Com efeito, em primeiro termo, sexo e diferenças sexuais são realmente existentes. Em segundo termo, estas diferenças são um subsistema dentro do sistema complexo que conhecemos como o organismo humano, do mesmo modo que no caso da circulação do sangue, da respiração, da digestão, etc. Ou seja, fazem parte da dimensão "biológica"[10] da pessoa global. Terceiro, devido a isso se implica um comportamento "biológico" diferenciado entre sexos diferentes. Quarto, este comportamento "biológico" diferenciado está vinculado, antes de mais nada, a uma questão vital: a reprodução da espécie. Um dos sexos fecunda, o outro ovula, menstrua e concebe, gesta, pare, amamenta ou pode amamentar.

Em suma, a diferença sexual implica um comportamento, ou, um papel biológico diferenciado. E o fato de que "gênero" seja uma categoria cuja explicação de nenhum modo pode esgotar-se e, muito menos, legitimar-se por este "biológico", não deixa por isso de tornar visível que há, em realidade, um ponto de partida "biológico" na construção intersubjetiva da ideia de "gênero".

Isto não ocorre, de modo algum, nas relações entre "cor" e "raça". Antes de tudo, é fundamental abrir de par em par a questão do termo "cor" enquanto algo que se refere às características das pessoas. A própria ideia de "cor" nesta relação é um

---

[9] Não faz muito tempo, repórteres da TV documentaram uma aberta discriminação de caráter racista/etnicista em alguns locais noturnos. Estes sofreram sanções, em princípio, pela instituição encarregada destes assuntos. Mas, nada menos que a Corte Suprema de Justiça determinou depois que as empresas discriminantes teriam direito legal de fazê-lo!

[10] É indispensável ter em conta que, a menos que se aceite o radical dualismo cartesiano, o "biológico" ou "corporal" é uma das dimensões da pessoa, e que esta tem que ser pensada como um organismo que conhece, sonha, pensa, quer, goza, sofre, etc., e que todas estas atividades ocorrem com e no "corpo". Este não é, portanto, "biológico" no sentido de separado e radicalmente diferente do "espírito", "razão", etc.

constructo mental. Se é dito que há "cores" políticas ("vermelhos", "negros", "brancos"), todo mundo está, presumivelmente, disposto a pensá-lo como uma metáfora. Mas, curiosamente, não ocorre assim quando se diz que alguém é de "raça branca", ou "negra", "índia", "pele vermelha" ou "amarela"! Mais curiosamente ainda, poucos pensam espontaneamente que se requer uma total deformação do olhar para admitir que "branco" (ou "amarelo" ou "vermelho") possa ser a cor de uma pele em algum sentido. Isto se trata de uma forma de estupidez. Sendo um pouco mais incisivos, poderíamos dizer que se trata de um prejuízo.

A história da construção da "cor" nas relações sociais ainda está, certamente, por ser feita. Não obstante, existem suficientes indícios históricos para que possamos assinalar que a associação entre "raça" e "cor" é tardia e tortuosa. A ideia de "cor" é anterior e não tem originalmente uma conotação "racial". A primeira "raça" são os "índios" e não há documentação alguma que indique a associação da categoria "índio" com a categoria de "cor".

Afirmo aqui que a ideia de "raça" nasce com "América" e originalmente se refere às diferenças entre "índios" e conquistadores, principalmente "castelhanos" (QUIJANO, 1992a). As primeiras pessoas dominadas a que os futuros europeus aplicam a ideia de "cor" não são, sem dúvida, os "índios". São os escravos sequestrados e negociados desde as costas do que agora se conhece como África, e aos quais se chamará "negros". Mas, ainda que sem dúvida pareça agora estranho, não foi a eles que originalmente se aplicou a ideia de "raça", apesar de que os futuros europeus já os conheciam muito antes de chegar às costas da futura América.

Durante a Conquista, os ibéricos – portugueses e castelhanos – usam o termo "negro", uma "cor", como consta nas Crônicas desse período. Sem embargo, neste tempo os ibéricos ainda não identificam a si próprios como "brancos". Esta "cor" somente se constitui um século depois, entre os anglo-americanos durante o século XVIII, com a expansão da escravidão dos africanos na América do Norte e nas Antilhas Britânicas. E, obviamente, nestas regiões, "white" ("branco") é uma construção de identidade dos dominadores, contraposta a "black" ("negro" ou "nigger"), identidade dos dominados, quando a classificação "racial" está já claramente consolidada e "naturalizada" para todos os colonizadores e, talvez, inclusive entre uma parte dos colonizados (ALLEN, 1994; JACOBSON, 1998; MARTINOT, 2003).

Em segundo lugar, se "cor" está para "raça", como "sexo" está para "gênero", "cor" teria algo a ver, necessariamente, com a biologia ou com algum comportamento biológico diferenciado de alguma parte do organismo. Sem embargo, não existe nenhum indício, nenhuma evidencia, de que algo, em algum dos subsistemas ou aparatos do organismo humano (genital ou sexual, da circulação do sangue, da respiração, de filtro de toxinas e líquidos, de produção de glândulas, de produção de células, tecidos, nervos, músculos, neurônios, etc.), tenha natureza, configuração, estrutura, funções ou papéis diferentes segundo a "cor" da pele, ou a forma dos olhos, do cabelo, etc. (MARKS, 1994).

Sem dúvida, as características corporais externas (forma, tamanho, "cor", etc.) estão inscritas no código genético de cada pessoa. Nesse sentido específico, trata-se de fenômenos biológicos. Mas isso não está, de modo algum, referido à configuração biológica do organismo, às funções e comportamentos ou papéis do conjunto de cada uma de suas partes.

Finalmente, e diante de tudo que foi dito, se "cor" for a "raça" assim como "sexo" é o "gênero", de que modo poderia explicar-se que determinadas "cores" são "superiores" a outras? Porque na relação patriarcal entre homem e mulher, o que se registra é que um dos "gêneros" é "superior" ao outro. O sexo não é superior como tal, mas, sim, a sua extensão a partir da construção do "gênero". O sexo não é um constructo como "gênero" o é.

Devemos concluir, então, que "cor" não é "raça", a não ser na correlação que se estabelece socialmente entre um constructo e outro. De fato, "cor" é um modo tardio e eufemístico de dizer "raça", que se impôs mundialmente desde o final do século XIX.

O novo dualismo "ocidental" e o "racismo"

No próprio "início da América", se estabeleceu a ideia de que há diferenças de natureza biológica dentro da população do planeta, associadas necessariamente à capacidade de desenvolvimento cultural e mental em geral. Esta é a questão central do célebre debate de Valladolid. Sua versão extrema, a que defendeu Ginés de Sepúlveda, que negava aos "índios" a qualidade de plenos seres humanos, já havia sido rejeitada pela Bula Papal de 1513. Mas a ideia básica nunca foi contestada. E a prolongada prática colonial de dominação/exploração fundada sobre tal pressuposto enraizou esta ideia e a legitimou duradouramente. Desde então, as velhas ideias de "superioridade" e "inferioridade", implicadas em toda relação de dominação, foram associadas à "natureza", foram "naturalizadas" para toda a história subsequente.

Este é, sem dúvida, o momento inicial do que, desde o século XVII, se constitui no mito de origem da modernidade: a ideia de um estado original de natureza no processo da espécie, e de uma escala de desenvolvimento histórico que vai desde o "primitivo" (o mais próximo da "natureza", que por suposto incluía os "negros" primeiramente, mas logo também aos "índios") até o mais "civilizado" (que, por suposto, era a Europa), passando pelo "Oriente" (Índia, China).[11]

A associação entre esta ideia e a de "raça" naquele momento era, sem dúvida, óbvia, desde a perspectiva europeia. Ela estava implicada na ideologia e na prática da dominação colonial da América, e foi reforçada e consolidada no curso da expansão mundial do colonialismo europeu. Entretanto, será apenas em meados do século XIX que se iniciará, com Gobineau, a elaboração sistemática – melhor dizendo, teórica – da referida associação.

---

[11] É decisivo, neste processo classificatório, que a categoria cultural contraposta a "Ocidente" tenha sido unicamente "Oriente". Os "negros" e os "índios", sobretudo os primeiros, estão por completo ausentes do mapa eurocêntrico do processo cultural da espécie.

Este caráter tardio não foi acidental, nem isento de consequências para a colonialidade do poder. Sobre a base da "América", a rota do Atlântico se converteu no novo eixo central do comércio mundial durante o século XVI. Os povos e os grupos dominantes que participaram do controle deste eixo se voltaram para a formação de uma nova região histórica, e aí se constituiu "Europa" como uma nova identidade geocultural e como centro hegemônico do nascente capitalismo mundial. Esta posição permitiu aos "Europeus", em particular aos da Europa Ocidental, impor a ideia de "raça" na base da divisão mundial do trabalho e do intercâmbio, e na classificação social e geocultural da população mundial.

Durante os três séculos seguintes se configurou assim o padrão de poder mundial do capitalismo e a sua correspondente experiência intersubjetiva. A sua condição de centro hegemônico deste moderno sistema-mundo capitalista, segundo a categoria cunhada por Wallerstein (1974-1989), permitiu à Europa ter também plena hegemonia na elaboração intelectual de toda esta vasta experiência histórica, desde meados do século XVII, permitindo que ela mitificasse seu próprio papel, como produtora autônoma de si mesma e também desta elaboração.

A modernidade, como padrão de experiência social, material e subjetiva, era a expressão da experiência global do novo poder mundial. Mas, a sua racionalidade foi produto da elaboração europeia. Ou seja, foi a expressão da perspectiva eurocêntrica do conjunto da experiência do mundo colonial/moderno do capitalismo.

Um dos núcleos fundacionais desta perspectiva eurocêntrica foi a instauração de um novo dualismo, de uma nova versão do velho dualismo, como uma das bases da nova perspectiva de conhecimento: as separações radicais – e não apenas diferenciação – entre "sujeito" e "razão" (ou alma, espírito, mente) e entre "corpo" e "objeto", tal como se estabelece pela hegemonia final do cartesianismo sobre as propostas alternativas (Spinoza, principalmente).[12]

A diferenciação entre "espírito" (alma, mente) e "corpo" é comum a virtualmente todas as "civilizações" conhecidas. A visão dualista das dimensões do organismo humano é, portanto, antiga. Mas em todas elas, ambas estão sempre copresentes, aparecem sempre como sendo ativas juntas. Pela primeira vez, com Descartes, o "corpo" é percebido estritamente como "objeto" e radicalmente separado da atividade da "razão", que é a condição do "sujeito". Desse modo, ambas as categorias são mistificadas. Trata-se de um novo e radical dualismo. E este é o que domina todo o pensamento eurocêntrico até os nossos dias (QUIJANO, 1999a; 1999b).

Sem ter em conta este novo dualismo não haveria modo de explicar a elaboração eurocêntrica das ideias de "gênero" e de "raça". Ambas as formas de dominação são mais antigas que o cartesianismo. Mas este é o ponto de partida de sua elaboração sistemática no pensamento europeu "ocidental".

---

[12] Esta é a clara imagem estabelecida por Descartes em O Discurso do Método (1637) e também em Tratado das Paixões (1650). Uma boa discussão desta ruptura é feita em Bousquie (1997). Ver também Michel (1965).

Na perspectiva cognitiva fundada no radical dualismo cartesiano, "corpo" é "natureza", logo o "sexo". O papel da mulher, o "gênero feminino" está mais estreitamente vinculado ao "sexo", ao "corpo" então. A partir disso, é um "gênero inferior". De outro lado, "raça" é também um fenômeno "natural" e algumas "raças" estão mais próximas da "natureza" que outras e são, então, "inferiores" às que têm conseguido distanciar-se o máximo possível da natureza.

Diante disso, é pertinente insistir que sem desprender-se da prisão do eurocentrismo como perspectiva de conhecimento e, neste caso específico, da prisão do dualismo entre "corpo" e "não corpo", é impossível avançar muito na luta para libertar-se de modo definitivo da ideia de "raça", e do "racismo" – e nem das outras formas da colonialidade do poder, como as relações de dominação entre gêneros.

A descolonização do poder, qualquer que seja o âmbito concreto de referência, deve ter como ponto de partida a descolonização de toda perspectiva de conhecimento. "Raça" e "racismo" estão colocados, como nenhum outro elemento das modernas relações de poder capitalista, nesta decisiva encruzilhada.

Referências

ALLEN, Theodore. *The Invention of the white race*. Londres: Verso, 1994, 2 vols.

CADENA, Marisol de la. El Racismo silencioso y la superioridad de los intelectuales en el Perú. Publicado na revista SOCIALISMO Y PARTICIPACION, Nº. 83, setiembre 1998, Lima, Perú.

JACOBSON, Mathew Frye. *Whiteness of a different color. European Immigrants and the Alchemy of Race*. Cambridge, Mass/Harvard University Press, 1998.

LEON, Ramón. *El país de los extraños*. Lima: Fondo Editorial de la Universidad Ricardo Palma, 1998.

MARKS, Jonathan. *Human biodiversity. Genes, Race and History*. Nova York: Aldine de Gruyter, 1994.

MARTINOT, Steve. *The rule of racialization. Class, identity, governance*. Philadelphia: Temple University, 2003.

MICHEL, Henri. *Philosophie et phenomenologie. Le Corps*. PUF, 1965.

MIGNOLO, Walter. *Diferencia colonial y razón postoccidental*. In: ANUARIO MARIATE-GUIANO, Nº. 10, 1998. Lima, Peru.

BOUSQUIE, Paul. *Le corps, cet inconnue*. Paris: L'Harmattan, 1997.

QUIJANO, Aníbal; WALLERSTEIN, Immanuel. Americanity as a concept or the americas in the modern world system. In: *International Journal of Social Sciences*, n. 134, Paris: UNESCO, 1992.

QUIJANO, Aníbal. "Raza", "etnia", "nación", cuestiones abiertas. In: MORGUES, Roland (Org.). *Jose Carlos Mariategui y Europa. La otra cara del descubrimiento*. Lima: Ed. Amauta, 1992a.

QUIJANO, Aníbal. Colonialidad del poder y clasificación social. In: FESTSCHRIFTEN para Immanuel Wallerstein, *Journal of World-Systems Research*, v. VI, n. 2, Summer/Fall 2000, Institute of Research of World-Systems, Special Issue, editado por Giovanni Arrihghi e Walter Goldfrank, Parte I (disponível apenas em formato PDF).

QUIJANO, Aníbal. Colonialidad y modernidad/racionalidad. In: *Revista Peru Indigena*, v.13, n. 29, 1992b, Lima.

QUIJANO, Aníbal. Coloniality of power and eurocentrism. In: THERBORN, Goran (Org.) *Modernity and eurocentrism*, Estocolmo, 1999a.

QUIJANO, Aníbal. Fiesta y poder en el caribe. In: *Notas sobre o livro de Angel Quintero Rivera: salsa, sabor y control*. México: Siglo XXI, 1999b.

QUIJANO, Aníbal. *Coloniality of power and its institutions*. Documento do Simpósio sobre Colonialidade do Poder e seus Espaços. Nova Yorque: Binghamtom University, abril de 1999c.

WALLERSTEIN, Immanuel. *The modern world system*. Nova York: Academic Press, 1974-1989, 3 vols.

Diáspora, globalização e políticas de identidade[1]

Percy C. Hintzen

Há uma compreensão comum acerca da identidade diaspórica como uma subjetividade produzida a partir de um fenômeno coletivo de deslocamento e de dispersão, a partir de uma pátria real ou mesmo imaginária. Ela seria também uma resposta à *despossessão*. Esta compreensão ignora a complexidade da forma integral em que a identidade está mergulhada em Geografias sociais, culturais e políticas nacionais e locais. Especificamente, a identidade diaspórica emerge a partir de conjunturas históricas, sociais e culturais, quando os discursos construídos sobre o "pertencimento nacional" negam reivindicações de cidadania em diversos contextos raciais, culturais, religiosos, linguísticos, entre outras formas de coletividade. A identidade diaspórica emerge de representações e práticas de cidadania cultural contrapostas à noção de identidade nacional, sob condições onde o pertencimento é negado. É construída a partir da memória de deslocamentos através de fronteiras locais e nacionais, ao mesmo tempo que inculca ideias de pertencimento a diferentes localidades. Isso contradiz os argumentos de universalidade da subjetividade diaspórica e da fixidez da identidade diaspórica. As reivindicações de uma origem comum e de uma mesma herança cultural provenientes de uma "terra natal" originária são politicamente significativas, porém culturalmente e

---

[1] Tradução de Patrícia Azevedo de Oliveira. [N. T.] Utilizaremos ao longo do texto "Caribenhos", em substituição a "West Indians" utilizada pelo autor, bem como "Caribe" em substituição a "West Indies", por serem as expressões originais pouco utilizadas no Brasil. As "West Indies" são ilhas e estados insulares no Mar do Caribe, também chamados de Antilhas ou Índias Ocidentais, nomes originados pela crença inicial dos colonizadores europeus de que o continente americano fosse a Índia. Parte delas são possessões dos Estados Unidos desde a virada do século XIX para o século XX – Porto Rico e Ilhas Virgens. A denominação "West Indians", pouco comum entre nós, é bastante utilizada na literatura americana também pela criação, em 1958, da Federação das Índias Ocidentais (Federation of the West Indies ou West Indies Federation em língua inglesa), que agrupava as possessões britânicas no Caribe. Deixou de existir em 31 de Maio de 1962 com a independência ou separação dos maiores dois Estados da federação: Jamaica e Trinidad e Tobago.

empiricamente insustentáveis. Com efeito, a identidade diaspórica é uma resposta a noções de pertencimento baseadas em ideias/ideais/ideários de nação dos quais sujeitos diaspóricos são excluídos – isto cria solidariedades entre Geografias fragmentadas. Suas manifestações podem ser polivalentes, polissêmicas, ambíguas e mesmo contraditórias. É a significação fluida da cidadania cultural que facilita a mobilidade através do espaço, do tempo, e da posição social. Um indivíduo é um "Caribenho"[2] ou "Negro", ou "Jamaicano", ou "Afro-Americano", por exemplo, não pela referência a mitos originários que estão fixados em África, mas sim em resposta à Geografia da localização social, política, e cultural, à sua posição social e econômica, e ao contexto social e institucional. A globalização, em sua forma contemporânea, é moldada por uma intensificação de processos de migração, relocalização, e mobilidade através dos espaços nacional, local e social. Isso produz disjunturas nos princípios constitutivos do pertencimento nacional, da cidadania e da permanência. Como resultado a identidade diaspórica assume importância crescente. Este artigo aborda o tema examinando a presença do imigrante "negro" nos Estados Unidos. Sua intenção é ilustrativa e expositiva. A identidade diaspórica será apresentada como significante fluído de um pertencimento enraizado em noções maleáveis e flexíveis de cidadania cultural.

Diáspora e modernidade

Há uma associação inevitável entre capitalismo e raça que emergiu na formação do Estado Nação. Essa relação não é meramente inevitável, mas, sim, necessária como uma condição da modernidade. Isso produziu o que o sociólogo Paul Gilroy chamou de "ecologia distintiva do pertencimento" (GILROY, 1997, p. 3) que vincula território à identidade e, de maneira correlata, soberania a pertencimento (p. 3, 10). Desta maneira, sob a condição moderna, a cidadania tem se tornado a base para reivindicações de direitos e afirmações de privilégios.

A ligação entre a identidade e o Estado moderno emergiu no fluxo das contradições produzidas pela crescente heterogeneidade. Isto ocorreu no bojo da intensificação dos fluxos migratórios dos povos, quando condições técnicas e sociais experimentaram mudanças rápidas inerentes à transformação do capitalismo. Destas mudanças emergiu a necessidade de novas concepções de pertencimento, que reunissem populações extremamente distintas em ideários/identidades de nação unificados, homogêneos. Tais mudanças também provocaram a necessidade de construção de distinções entre aqueles que poderiam reivindicar seus direitos ou privilégios advindos do pertencimento como "cidadãos", e aqueles que não poderiam. Isto foi incorporado na divisão do trabalho como um imperativo da acumulação capitalista.[2] Desse modo, o desenvolvimento do Estado-Nação foi caracterizado pelo desenvolvimento

---

[2] Argumento desenvolvido de forma convincente por Goldberg (2002, p. 14-35).

de regimes raciais de inclusão e exclusão. A consciência diaspórica emergiu como condição necessária à acomodação, em espaços particulares da nação, daqueles que tiveram negados seus direitos ao pertencimento nacional, ou cujos direitos foram cerceados e comprometidos.

A identidade diáspórica foi historicamente produzida, particularmente, no rastro do deslocamento transoceânico de pessoas a serviço do projeto colonial. Através do colonialismo, territórios "sem Estado" caíram no domínio colonial de Estados "civilizadores". Regiões do mundo fora da "civilizada" Europa foram organizadas dentro de territórios divididos para a conquista e jurisdição europeia. Uma conexão completa desenvolvida entre civilização e poder soberano: apenas os civilizados poderiam exercer a soberania. Da mesma maneira, somente os civilizados poderiam reivindicar o direito de pertencimento ao Estado moderno. Isto explica, por exemplo, a exclusão das populações indígenas das Américas dos imaginários nacionais. Desse modo, modernidade implica em uma conjunção entre nação e civilizados. E a definição destes últimos é inscrita racialmente.

O pertencimento racial foi produzido e imposto pelas tecnologias e aparatos do Estado. Sua forma refere-se a categorizações impostas, por exemplo, por meio de censos. E também se refere, entre outras coisas, a "histórias e tradições, cerimônias e imaginários culturais inventados" que são integrantes do poder do Estado em incluir e excluir.[3] Ao falar de aparato de Estado, eu me refiro às instrumentalidades e instituições de poder organizadas para o desenvolvimento de um controle jurisdicional sobre o território. Isso inclui leis e políticas públicas, assim como burocracias (GOLDBERG, 2002, p. 9). Tecnologias e aparatos de Estado funcionam para a produção de identidades e pertencimento. Também identificam aqueles com legítimo direito à reivindicação de pertencimento. Isso forma também a base para legitimar a exclusão, das materialidades da nação, daqueles que não podem fazer tais reivindicações. Inevitavelmente, essa situação produz uma cultura política de identificação necessária para o projeto homogeneizante do Estado (GOLDBERG, 2002, p. 15-16). Essas políticas de inclusão são desafiadas, rejeitadas ou ignoradas pelos racialmente excluídos dentro de uma "cultura política da diferença, das lutas em torno das diferenças, da produção de novas identidades, do aparecimento de novos sujeitos no cenário político e cultural" (HALL, 1996, p. 467).

Desse modo, a permanência no espaço jurisdicional do Estado não vem obrigatoriamente acompanhada de reivindicações de pertencimento e dos direitos concernentes à cidadania, que legitima o acesso às materialidades reservadas à nação. Isso não leva, necessariamente, à participação nas performances imaginárias, na poética ou na estética da identificação nacional. A tensão que isso produz atua na esfera das políticas culturais de inclusão e exclusão, que, em última análise, é racializada. Imaginação diaspórica é organizada materialmente em torno da, em resposta

---
[3] Anderson (1991) propôs a ideia de nações como "comunidades imaginárias".

a, e participa na política cultural de exclusão. Isso fortalece a necessidade de uma considerável modificação na análise da diáspora, porque a identidade diaspórica está organizada em torno de noções de origem e esperanças de retorno, de ideias de deslocamento e desenraizamento, que se tornam sentimentos dominantes. Eles atuam reificando e territorializando a "terra natal" imaginária (ver, por exemplo, LEMELLE e KELLY, 1994, p. 8). Tal objetivação é problemática tanto na esfera empírica como na analítica. Não existe África, ou Ásia leste, ou Ásia sul, ou Arábia, ou América para as quais a maioria dos sujeitos diaspóricos pode retornar. Para a maioria que participa do imaginário diaspórico, a possibilidade de retorno está distante, impedida. Isso tem menos a ver com as gerações que permanecem nos países de destino e mais a ver com a construção e o imaginário natural de suas terras de origem. As Índias ocidentais, por exemplo, não têm existência concreta. Mesmo que as diásporas de St. Kitts ou da Jamaica possam ter algum significado nesses dois países, estes tornaram-se insignificantes na construção diaspórica das sociedades que recebem seus emigrantes. Ambos são absorvidos dentro da diáspora do "Caribe" como uma "terra natal" que poderia existir apenas na imaginação. Diante disso, para muitos, a terra natal não tem existência concreta. Isso despertou Stuart Hall a fazer a distinção entre diásporas "abertas" e "fechadas". O autor refere-se a "comunidades diaspóricas, sem possibilidade ou desejo de retorno" (HALL, 2002). Entretanto, isso não resolve o nosso problema conceitual. A imaginação diaspórica é constitutiva das políticas culturais de lugar desenvolvidas contra imaginários nacionalistas e suas implicações materiais de exclusão.[4] Suas representações e práticas vão transformando significantes que respondem pelas particularidades materiais do lugar. Elas são condicionadas e forjadas pelos discursos de pertencimento e exclusão de realidades nacionais. Porém, elas respondem às diferenças na Geografia social da localidade. Diásporas são, então, as políticas culturais de subincluídos e não incluídos, desenvolvidas em arenas altamente localizadas. Nesse sentido, a imaginação diaspórica está organizada em torno de noções estruturais de diferença. Portanto, entendimentos estruturais nunca podem ser fixos. De preferência, eles emergem dialogicamente de processos conjunturais em constante mutação. Eles são reflexos das mudanças de posicionamentos de indivíduos e coletividades através do tempo, espaço e formação institucional. Isso é o que é transmitido na mobilidade social. E no sujeito em mobilidade encontra-se a rejeição do "eu" cartesiano como fixo e imutável no tempo e através do tempo. O "eu" é revelado como um produto do momento criado por meio de processos conjunturais que estão constantemente em fluxo.

O que é universal e fixo em tudo isso, pelo menos na condição moderna, é a relação entre raça, território e pertencimento. Essa relação refere-se, não ao nacional, mas sim, à identidade "racial". Em última análise, diáspora revela o vínculo

---

[4] Essa é uma complexidade que é bem reconhecida por Hall (1999, p. 1-18) que, com referência ao Caribe, vê imaginação diaspórica como um veículo de inclusão nacional, porque isso desafia a "concepção binária da diferença" da qual depende a "construção de uma fronteira exclusionária" (p 7).

inevitável entre raça e concepções de origem, porque esta é racialmente marcada. Isso é, não obstante, a reorganização do imaginário racial no século XIX. A fixação do conceito de raça em torno da biologia obscurece a associação integral entre raça e território. No entanto, isso não desloca a relação entre identidade racial e mitos de origem. Esse é o desafio que o hibridismo é capaz de oferecer à modernidade pelo desalojamento da subjetividade racialmente inscrita nos mitos de origem.[5] O biologismo introduzido na discussão racial pelo racismo científico veio sem refutação da África como a fonte de negritude nos discursos de origem construídos racialmente. Isso também aprofundou o significado de negritude como a personificação do não civilizado. Nessa construção de imaginário, corpos negros são destituídos de capacidades (entendidas como racionalidade e razão) para integralmente pertencerem aos espaços da modernidade civilizada. Essa recusa aplica-se também às localidades territorializadas da África organizadas na forma de estados jurisdicionais.[6] O Estado e a nação são demarcadores da civilização, e a negritude entendida como a condição de não civilizado se torna a designação a partir de um exterior que a constitui. Ao mesmo tempo, negritude torna-se o objeto de regulação do Estado, de controle e de jurisdição. A Identidade Diaspórica emerge na contradição da exclusão e inclusão que isso implica. A negritude não pode ser acomodada dentro de um espaço nacional pela sua negação de civilização. Ao mesmo tempo, o imperativo desse gerenciamento demanda a inclusão sob a jurisdição do Estado. A negritude é, portanto, uma presença intrusiva não desejada, mesmo apesar de necessária e inevitável, nos espaços nacionais onde a civilização é imaginativamente construída e aonde suas materialidades são desenvolvidas. Simultaneamente, sua inclusão na identidade nacional é limitada.

A imaginação diaspórica é produzida a partir das políticas culturais de exclusão. Ela é modelada pelas contradições que emergem da concretude da participação no projeto de modernidade, daqueles simbolicamente excluídos em bases raciais. A participação vem na forma de contribuições, empreendimentos e acessos às materialidades da modernidade. Raça não é somente determinante estrutural de posição social ou de um imaginário único em torno do qual reivindicações de pertencimento podem ser feitas. Ela não é sempre e singularmente a base que legitima o acesso às materialidades econômicas, políticas, sociais e culturais da modernidade. Em outras palavras, ela não é a única base sobre a qual os direitos de cidadania são concedidos.

---

[5] A ambiguidade e a natureza contraditória da subjetividade híbrida são bem reconhecidas, especialmente por aqueles que estudam o Caribe devido à sua história de contestação e colaboração com a modernidade. No Caribe e na América Latina, práticas híbridas funcionaram, universalmente, como instrumentos de colonização por meio da naturalização de hierarquias racializadas (PURI, 2004, MARX, 1998). Suas possibilidades e complexidades são reconhecidas por Hall (1999), Pratt (1992) e Braithwaite (1971).

[6] Uma distinção deve ser feita aqui entre os entendimentos "naturalista" e "historicista" da inferioridade negra. A primeira alude a uma "condição pré-histórica" daquele que é "naturalmente incapaz de desenvolvimento e, consequentemente, de progresso histórico" (GOLDBERG 2002, p. 43). Isso foi sucedido por um discurso "historicista" que remete a noções de "imaturidade histórica" que emergiram dos contatos e com as relações de tutela estabelecidas pelos civilizados. Isso permitiu incorporações diferenciais daqueles que demonstraram atributos da razão e racionalidade dentro da arena do pertencimento moderno de base estatal, ainda que circunscritos a este (ver GOLDBERG 2002, p. 36-80).

Reivindicações ao pertencimento nacional podem também ser feitas por meio de direito de nascimento e posições derivadas de capital social, econômico, cultural e simbólico.[7] Para o sujeito diaspórico, a "política cultural da diferença" é complicada pelas possibilidades de inclusão definidas pela aquisição desses atributos do pertencimento. Tais aquisições podem também ser negadas ou podem ser destituídas de significação racial. Os obstáculos dos racialmente excluídos com a modernidade e as possibilidades que eles produzem são o que fazem a identidade diaspórica ambígua, contraditória, polissêmica e polivalente.

A identidade diaspórica deve, também, contextualmente, responder às diferenças nas possibilidades de aquisição dos atributos da modernidade através do tempo, da Geografia social e do posicionamento social. E a aquisição nem sempre oferece acesso à cidadania. Da mesma forma, o nascimento num determinado local nem sempre garante tal acesso, mesmo sob condições jurídicas e constitucionais sancionadas. Riqueza e atributos culturais podem garantir plenas reivindicações de pertencimento para indivíduos que nasceram fora do espaço jurisdicional do Estado, e ao mesmo tempo continuar a excluir aqueles que reivindicam com base em seus direitos de nascimento. Então, a imaginação diaspórica surge em resposta às realidades de tempo, localidade e posicionamento. Isso não significa que ela seja algo inacabado. Mais apropriadamente, estando mais ou menos bem formada, ela está pronta para ser acionada, interpretada e reinterpretada – de acordo com as conjunturas do momento – tanto pelos indivíduos como pelas coletividades. Mas não há singularidade em seu desenvolvimento. E dentro dos limites impostos pela construção racializada, não há uma única imaginação diaspórica ou universalidade em sua interpretação. Existem múltiplos imaginários diaspóricos disponíveis para serem acionados, mesmo sob a rubrica única da identidade racial. Eles se tornam disponíveis em políticas culturais de diferença sob condições de exclusão nacionalista ou inclusão ambígua. O tema que dá unidade a qualquer imaginação diaspórica particular é a memória coletiva da terra natal. Contudo, não existe um corpo único de memória, e não há um imaginário único de terra natal, mesmo para aqueles identificados singularmente em ideologias de inclusão e exclusão racializadas. Um indivíduo pode ter vinculações com diversas terras natais e muitos imaginários diaspóricos para serem evocados em um momento particular de conflito racial.

A diáspora funciona como uma ponte construída sobre o vácuo existente entre o imperativo de pertencimento nacional imposto pelo Estado moderno, e, de outro lado, os discursos, a estética e a poética da exclusão. Isto preserva o vínculo entre identidade

---

[7] Eu uso essas dimensões de capital seguindo Pierre Bourdieu (1977; 1984; ver também Turner 1991, p. 512-518). Em sua formulação, capital econômico refere-se à propriedade e ao controle dos recursos produtivos. Capital social refere-se àqueles pré-requisitos que determinam o lugar organizado hierarquicamente nos grupos de status, agregados e/ou categorias e redes sociais associadas a eles. Capital cultural refere-se às "habilidades interpessoais, hábitos, maneiras, estilos lingüísticos, credenciais educacionais, gostos e estilos de vida" adquiridos pelas pessoas ao longo de suas vidas (TUNNER, 1991, p. 512). Capital simbólico tem a ver com as formas reconhecidas de desenvolvimento social, cultural e capital econômico através de manifestações ritualizadas e simbólicas.

e território enquanto reconhecimento – e mesmo em sua contestação, pelas práticas excludentes do Estado. Como a raça está inteiramente ligada às origens territoriais, a Diáspora, então, em última análise, deve ser conceitualizada racialmente. Ela dá sustentação à ideia de que os brancos, compreendidos como aqueles com vínculo de origem na Europa, podem pertencer a qualquer lugar na condição de portadores de civilização e como protetores da nação contra crises e ameaças (GOLDBERG, 2002, p. 40). Este ponto é fundamental, porque isso também é que permite a inclusão daqueles cujo vínculo originário remete ao continente africano na imaginação diaspórica negra. Em termos raciais, o continente Africano é interpretado como território de regiões não civilizadas, com o Estado visto como uma construção exógena (um "posto avançado") com funções civilizatórias de controle, administração e tutela de suas populações. No discurso da modernidade, os Africanos são entendidos como objetos da administração e controle do Estado. Mesmo quando Africanos controlam os aparatos do Estado, eles continuam a ser vistos a partir de termos historicistas de imaturidade, em contínua necessidade de tutelagem civilizatória do Norte. Desse modo, as tecnologias de poder de Estado, na África, permanecem embebidas em relações colonialistas, por causa da persistência das relações imperialistas, mesmo após o fim dos governos coloniais formais (GROSFOGUEL, 2003, p. 6). Estados africanos também mantêm relações de dependência caracterizadas pelas formas de exploração, subordinação e expropriação constitutivas da colonialidade. Como resultado, eles continuam a sofrer as consequências de um persistente subdesenvolvimento.[8] Desta forma, à incorporação dos Africanos no Estado moderno é tão ambígua quanto, por exemplo, a das populações negras naquilo que é convencionalmente entendido como Diáspora Africana. Essa é a ambiguidade do (sub)pertencimento que conecta a subjectividade africana naquele continente à consciência da diáspora negra, organizada em torno de noções de uma familiaridade negra universal.

A branquitude revela – de maneira visceral – a ambiguidade do pertencimento, que está no centro crítico da identidade diaspórica. Imigrantes europeus nos Estados Unidos podem manter sentimentos de ligação com seus espaços nacionais de origem, e ao mesmo tempo estarem inseridos no sentimento de pertencimento americano. Eles tornam-se Americanos "etnicizados". Ou ainda, passam facilmente para o grupo de Americanos, cujas associações com origens desaparecem completamente na construção de suas identidades. Eles tornam-se absorvidos dentro de um não ambíguo sentimento de pertencimento nacional da América. Afro-Americanos, como negros, não podem estabelecer estes vínculos de pertencimento não ambíguos, mesmo frente a imigrantes europeus cuja presença lhes é posterior no espaço territorial e jurisdicional do Estado Americano. Os nativos dos povos originários das Américas também não o podem.

---

[8] Para formulações mais ortodoxas sobre dependência ver, entre outros, Beckford, (1972); Amin, S, (1975 e 1976); Frank, (1967); Wallerstein (1980, 1984).

O papel da África no imaginário da Diáspora Africana levanta questões interessantes, que giram em torno dos vínculos entre civilização, o Estado e a nação. Em sua concepção naturalista, a África que existe no imaginário racializado da modernidade não pode ser civilizada. Em sua versão historicista, os Africanos representam a "imaturidade histórica" do sujeito colonial. Isto invoca a uma contínua necessidade da supremacia branca, exercida através das instrumentalidades do Estado pós-colonial. É neste sentido que a ideia de "posto avançado" alcança poder analítico. Em última análise, discursos racializados de inclusão e exclusão, mesmo quando organizados em torno de imaginários nacionais, referem-se inevitavelmente a distinções entre civilizados e não civilizados. Estas determinam quem – merecidamente – pode reivindicar os benefícios materiais da modernidade. Se nós aceitamos a ideia da Diáspora como uma política cultural da diferença constituída e desenhada na crítica à exclusão racializada da "modernidade", então podemos localizar o "Africano" continental dentro da imaginação diaspórica construída a partir da África. Isto por causa da tardia centralidade da política cultural da diferença, marcada pelas suas noções de reinvindicações originárias à própria África.[9] O Nacionalismo Africano e a sentimento de pertencimento nacional africano têm, ambos, emergido das políticas culturais da diferença onde a África adquire seu caráter diaspórico.

A identidade diaspórica conecta pessoas com descendência Africana dentro de uma trama global de familiaridade racial. Isso ocupa o centro (de base sentimental) nas alianças políticas negras transnacionais empreendias com tanto sucesso em várias lutas nacionalistas contra colonialismo e segregação racial. Nos Estados Unidos, isso foi o cimento que unificou imigrantes negros e Afro-Americanos dentro de uma aliança política dirigida para quebrar as restrições impostas pela exclusividade e privilégio dos brancos. Isso foi a justificativa para a pressão negra na intervenção americana nas Colônias Caribenhas Britânicas (Índias Ocidentais), durante os anos 1930 do século, em apoio às campanhas anticoloniais e nacionalistas da região (FRASER, 1994). E a imaginação diaspórica ocupou o centro critico dos conflitos constituídos contra a supremacia racial pelo menos desde a segunda década do século XX em diante. Esse período de lutas teve como principal expressão o "Movimento de Volta para a África" da Associação para o Progresso Negro Universal (United Negro Improvement Association – UNIA) liderada pelo Jamaicano Marcus Garvey. Sua continuidade se deu na forma da Luta Negra Nacionalista pelos direitos civis durante os anos 1960 e 1970.

A identidade diaspórica precisa ser distinguida da etnicização, que é o processo da acomodação cultural do heterogêneo. Ela é a política cultural da diferença em resposta à exclusão racial no espaço nacional moderno e seus benefícios materiais. Ela

---

[9] Existe uma relação íntima entre as materialidades da política do Nacionalismo Africano (como anti-colonialismo) no continente, por um lado, e as expressões da política cultural do Nacionalismo Negro como o Panafricanismo, Black Power, etc. ocorrendo fora da África. Estes últimos, de sua parte, têm informado a política cultural na forma, por exemplo, da negritude associada ao Oeste Africano Francês e à Consciência Negra na África do Sul.

é construída pelas memórias de uma história coletiva enraizada em origens comuns. A forma, natureza e a intensidade de práticas excludentes diferem no espaço, tempo e posição social. Isso explica a ausência de fixidez na imaginação diaspórica. A identidade diaspórica tem que responder às conjunturas de tempo, lugar e posição. Isto também é condicionado pelas possibilidades de inclusão no estado racial, oferecidas por meio de aquisição de atributos não racializados de pertencimento. A possessão desses atributos está integrada ao processo de hibridização cultural e social que está na raiz da modernidade.[10] Negros no espaço territorial da África, do Caribe, América do Norte e Europa podem com sucesso fazer reivindicações materiais, culturais, sociais e ideológicas à modernidade por meio da aquisição de capital social, cultural e econômico. Estes são inteiramente ligados à modernidade e são tão constitutivos dela, que aprimoram e fazem emergir representações e práticas de exclusão racial para aqueles que os possuem. Ao mesmo tempo, a exclusão racializada é indispensável ao funcionamento da modernidade por causa de seu papel na organização da divisão (racializada) do trabalho –, por isso, reivindicações por inclusão na nação-estado feitas exclusivamente em termos de acomodação racial nunca podem ser acomodadas. Isso é verdade, particularmente para aqueles com vínculos de origem da África, explicando a universalidade e penetração da consciência diaspórica Negra.[11]

Desse modo, a hibridização pode complicar os discursos racializados de exclusão em torno dos quais a identidade diaspórica está organizada. Podemos entender as expressões materiais da diáspora como uma política estrutural baseada na raça.[12] Possibilidades de inclusão são utilizadas numa política de desconstrução na qual os recursos disponíveis para aqueles que têm adquirido os atributos não racializados da modernidade podem ser posicionados contra as práticas excludentes construídas racialmente. Isto aprofunda ambiguidades e contradições. Identidade diaspórica pode, de uma só vez ou ao mesmo tempo, desafiar e colaborar com o estado racial. Tais tendências conflituosas aumentaram significativamente com o ímpeto universalizante da neoglobalização. A esta, eu associo as mais recentes inovações na comunicação e na tecnologia organizacional, o desenvolvimento de novas eficiências dos transportes, a emergência de redes coesas da produção global, consumo e finanças, e o complexo de ideologias legitimadoras que permitem sua dispersão, sua aplicação e suas derivadas práticas institucionalizadas. Na fusão do global com o local, existe um enfraquecimento que vai além do poder jurisdicional e legal no Estado-Nação. Isso vem acompanhado pela erosão da tardia integridade política, econômica e cultural.

---

[10] Como resultado, estudiosos pós-modernos propuseram o hibridismo como um inevitável questionamento ao estado racial e mesmo à modernidade. Ver, por exemplo Gilroy, 1993; e Bhabha 1994.

[11] O caso da negritude é especial por causa do papel da África no escravismo transatlântico e na produção da modernidade. Outras construções racializadas, organizadas em torno de mitos originários de pátrias localizadas fora da Europa e da África, vêm com implicações diferentes para o posicionamento no espaço da modernidade.

[12] Essa poderia incluir o Nacionalismo Africano, Panafricanismo, Nacionalismo Negro, Black Power, Consciência Negra, etc.

Desse modo, a neoglobalização contribui para a intensificação e universalização da familiaridade diaspórica, e assim as identidades coletivas são globalizadas com o enfraquecimento das alternativas nacionais, e estratégias transnacionais tornam-se o maior imperativo para a sobrevivência e o sucesso – o que cria a necessidade de uma acomodação rápida e fácil das múltiplas localizações.[13] Isto tem exposto o segredo da modernidade: seu enraizamento no movimento massivo (na sua maioria involuntário e coagido) de populações despossuídas dos direitos de propriedade, pertencimento e autodeterminação – e este é, precisamente, o ímpeto da imaginação diaspórica.

A neoglobalização então intensifica as muitas contradições do estado racial moderno, que criou na identidade diaspórica possibilidades tanto para seu desafio quanto acomodação. Isso oferece oportunidades crescentes para inclusão no Estado moderno através da aquisição de capital cultural. Ao mesmo tempo, isso intensifica significativamente o processo que produz o desenraizamento do lugar. Mobilidade social e migração desafiam o estado racial por fazerem a exclusão racial aumentar descontroladamente. Mas o deslocamento intensifica a imaginação diaspórica assim como as pessoas se voltam mais e mais para o imaginário de terra natal na formação de suas identidades. Então, o enfraquecimento do estado racial produziu, ironicamente, uma intensificação da identidade diaspórica racialmente definida, e isso tem a ver com o relacionamento entre raça e concepções de uma terra natal originária.

Para os imigrantes negros do Norte industrializado, a globalização trouxe possibilidades para a transformação de seus papéis, de vítimas em agentes. Isso forneceu o acesso a direitos e oportunidades anteriormente vedados pelas práticas racialmente excludentes da modernidade. Como agentes, imigrantes podem reverter as perdas materiais da exclusão através da reconstrução imaginativa de suas subjetividades, ou através do engajamento em lutas políticas para a inclusão: a identidade diaspórica facilita ambos os processos.

Mas a neoglobalização chega com novas complicações para a identidade diaspórica. Gilroy fala de uma "ambivalência" que é produzida a partir da "nostalgia diaspórica" de grupos e indivíduos em crescente e ininterrupta mobilidade transnacional. Ele localiza a identidade diaspórica nos interstícios entre "residência" e "origem". Isso é que produz esse caráter "ambivalente e complexo". Na sua base está uma política cultural do "relembrar e refazer" (GILROY, 1997, p. 10). Essas memórias e reelaborações respondem, eu argumentaria, a Geografias sociais localizadas. O Atlântico Norte é a atual destinação desejada para a grande maioria dos imigrantes negros. Lá, eles se tornam inseridos dentro de espaços nacionais brancos construídos a partir de imaginários brancos de pertencimentos raciais excludentes. Eles se ligam a um

---

[13] Gilroy (1197, p. 10-12) fala de forma um tanto pessimista das possibilidades da nova diáspora com o Estado-Nação (campo nacional) representando sua "negação". Ele vê nessa "ambivalência" e possibilidade de transformação num "exílio ambíguo". Em minha perspectiva, ela está integralmente ligada à neoglobalização como a trajetória lógica da modernidade. A possibilidade de sua negação através da absorção no Estado-Nação não elimina seu potencial transformador.

número crescente de imigrantes negros, alguns vindos de seus próprios países, que, como eles, estão respondendo à intensificação das condições da neoglobalização. O desenvolvimento de tecnologias de comunicação e transporte facilita enormemente as conexões diaspóricas para outros locais e localizações nacionais, para seus países de origem e para a África. Tudo isso contribui para uma intensificação dos imaginários diaspóricos através de Geografias fragmentadas. Ao mesmo tempo, a imigração aprofunda noções de diferença racial essencializada. Como os imigrantes com origens não europeias tornam-se inseridos dentro de espaços nacionais exclusivamente brancos, eles se juntam com aqueles historicamente engajados na confrontação racial. Essa política estrutural de raça contribui para aumentar o sentimento da consciência racial. Como a familiaridade diaspórica aumenta, afinidades nacionais ambíguas que acentuam o conflito racial abrem caminho para as políticas culturais de identidade racial transnacional. Imigração também produz tendências contraditórias pela introdução de distinções nacionais dentro de comunidades definidas racialmente. Isso está ocorrendo num momento de aumento da mobilidade social. Desafios bem-sucedidos para as práticas excludentes de raça e a presença de imigrantes hábeis e educados dentro de comunidades raciais abrem oportunidades que anteriormente estavam fechadas nas esferas raciais. Juntos, estes fatores podem desatar forças centrífugas introduzidas pela crescente diversificação no *status* socioeconômico e por vinculações a diferentes comunidades definidas nacionalmente e culturalmente.

Tais tendências conflituosas da identidade diaspórica têm se tornado evidentes na autorrepresentação coletiva de imigrantes das ilhas do Caribe e na Baia de São Francisco na Califórnia. A identidade dos Caribenhos emerge como confrontação e negociação do terreno racializado dos Estados Unidos. No nível mais básico, os Caribenhos são forçados a se definirem, coletivamente e individualmente, em relação à (e também contra) a comunidade Afro-Americana, na qual estão racialmente confinados. Seus posicionamentos sociais circunscrevem as escolhas de identidades disponíveis para eles. A economia social da comunidade dos Caribenhos vem sendo modelada pelo que pode ser chamado de materialidades da localização. O nordeste da Califórnia oferece abundantes oportunidades para a absorção bem-sucedida de hábeis e educados imigrantes da Índia Ocidental. Existem muito poucas oportunidades de emprego disponíveis para aqueles, entre eles, com educação limitada e pouca habilidade. Por causa disso, a comunidade de imigrantes Caribenhos é quase que exclusivamente classe média. Isso tem a ver com "fatores de atração" da imigração indiana ocidental, que opera contra os sem habilidades ou com poucas habilidades no nordeste da Califórnia, enquanto favorece os qualificados e educados. A massiva presença dos imigrantes Mexicanos, Latinos e dos países da "Borda do Pacífico" no trabalho intensivo e no setor de serviços na economia da Califórnia teve o efeito de fechar as portas para Caribenhos sem ou com pouca habilidade. Como resultado, sucesso e realização tornaram-se temas centrais na identidade diaspórica do indiano ocidental. Estes são publicizados em rituais e performances da identidade Indiana ocidental e estão inscritos nas compreensões populares da diáspora do Caribe.[14] Os indivíduos sem o capital econômico e social das classes médias e profissionais são marginalizados, isolados e excluídos. Eles tornam-se invisíveis na face pública da comunidade indiana ocidental. Desta forma, a identidade diaspórica impõe expectativas de sucesso e realização que dão suporte a práticas de inclusão seletiva e exclusão na reprodução social das comunidades.

Realização e sucesso podem sinalizar inserção dentro do espaço nacional. Para os Caribenhos na área da Baia de São Francisco, tal inserção é circunscrita por práticas excludentes de raça dentro do sistema de pertencimento nacional dos Estados Unidos. A contradição é resolvida através de políticas culturais da diferença que localizam os Caribenhos fora do terreno nacional dos Estados Unidos, em sistemas de representação baseados em termos nacionais e culturais, mais do que raciais. Em outras palavras, a comunidade Indiana ocidental responde à exclusão racial moldando sua identidade em torno de noções de origem nacional e diferença cultural. Enquanto a identidade diaspórica emerge inevitavelmente a partir de práticas de exclusão racial, esta pode se tornar organizada em torno de noções de pertencimento desprovida de significação racial. Em suas expressões nacionais e culturais, a identidade indiana ocidental torna-se incompatível com noções de pertencimento Americano. Isso mitiga os questionamentos aos discursos americanos de exclusão racial. Isso serve também para diferenciar Caribenhos das identidades definidas racialmente dos Afro-Americanos. Tal diferenciação é desenhada nos termos cultural e nacional.

Em suas construções diaspóricas, os Caribenhos manipulam imaginários essencialmente populares sobre o Caribe na construção de sua identidade. Eles se engajam em manifestações simbólicas, rituais, estéticas e poéticas que confirmam e reforçam as noções da sua exótica condição de estrangeiros. Isto acomoda noções racistas americanas do caribenho como sendo exótico, *hypersexual*, festeiro e dado a orgias em excesso. Isto lhes oferece certo acesso às materialidades da modernidade Americana, o que posiciona os Caribenhos dentro do grupo de estrangeiros permanentemente identificados com o sucesso tecnológico e financeiro da Califórnia.

A Diáspora pode agir como administradora da contradição existente entre os imperativos de heterogeneidade, de um lado, e a exclusão racial, de outro. Isso só se dá através de noções de pertencimento transnacional, o que desliga os sujeitos diaspóricos das questões de cunho nacionalista e cria predisposições para o desengajamento com as lutas raciais. A identificação como "estrangeiro" preserva o mito da pureza racial enquanto enfraquece as mudanças de discriminação por parte das minorias domésticas. Mas, em última análise, a identidade diaspórica não pode escapar da caracterização racial pelo fato de se esconder noções de pertencimento transnacional. A despeito dos esforços para escapar de uma caracterização racial, os Caribenhos são forçados a se acomodarem em imaginários racistas brancos com sua exotização.

---

[14] Para uma discussão completa sobre isso ver Hintzen (2001). O material para a discussão subsequente sobre os Caribenhos na área da Baia de São Francisco foi retirado desse trabalho.

Existem também forças que impelem imigrantes à identificação racial com as minorias domésticas. Isso tem a ver com a inelutável associação entre raça e identidade diaspórica. O imaginário branco racial está mergulhado na construção da identidade e pertencimento Americano, através de noções de inferioridade racial presas a mitos de origem que vêm de fora da Europa. Os imigrantes que vão para os Estados Unidos não podem escapar da obrigatoriedade dessa identificação racial. Por essa razão, os Caribenhos nos Estados Unidos são marcados como negros[15] – eles não podem escapar das implicações da identidade racial. Então eles são forçados a participar das políticas materiais Afro-Americanas da diferença e na política estrutural de raça. Nesse processo, eles tornam-se inseridos dentro de formas alternativas da consciência diaspórica que os vinculam aos Afro-Americanos amarram. O sucesso da luta dos Afro-Americanos contra as práticas raciais excludentes abriu oportunidades para aumentar a mobilidade social, sob as rubricas de "ações afirmativas", "direitos civis", "oportunidades iguais" "direitos de voto", etc. A classe média Indiana ocidental está, particularmente, bem localizada para explorar essas oportunidades. Isso se tornou quase evidente na Califórnia. Os Caribenhos reivindicam essas oportunidades na esfera racial. Eles o fazem também de maneira a explorar a significativa luta política da comunidade Afro-Americana, particularmente em Los Angeles e na Baía de São Francisco. O crescente acesso a oportunidades emergiu em resposta à massiva mobilização política durante a era dos direitos civis nos anos 1960 e 1970 (ver Fisher, 1992; Horne, 1995; Sorenshein, 1993; Wyman 1987). A força política negra na Califórnia trouxe com isso considerável acesso aos recursos dos setores público e privado. A classe média negra indiana ocidental tornou-se capaz de se inserir dentro daqueles espaços racialmente definidos criados pelo poder político Afro-americano. Isso está refletido no aumento da população indiana ocidental em Los Angeles, que estava em cerca de 500 antes de 1950 passando para em torno de 50.000 no início dos anos 1990. A maior parte desse crescimento ocorreu após a metade dos anos sessenta (Justus, 1976, p. 131).

Raça é o ingrediente crítico na definição do acesso às oportunidades criadas pela mobilização política Afro-americana. Por causa disso, os Caribenhos são forçados à identificação racial com os Afro-Americanos. Desta forma, eles asseguraram proteção contra reivindicações excludentes do pertencimento racial branco. Isso complica sua identidade diaspórica. Como uma minoria modelo, eles rejeitam a identificação racial e o engajamento com as políticas raciais Americanas. Mas o engajamento diaspórico com os Afro-americanos demanda a evocação de uma associação racial negra. Então os Caribenhos se enquadram em duas noções conflitantes de consciência diaspórica. A primeira é relacionada a suas identidades como Caribenhos, e a segunda, a suas

---

[15] A despeito da heterogeneidade, hibridismo e diversidade racial de muitos países e territórios do Caribe. Na construção racializada dos Estados Unidos, imigrantes Asiáticos Caribenhos perdem suas identidades Indianas ocidentais quando se transformam em Sul ou Leste Asiáticos. Caribenhos de língua espanhola tornam-se absorvidos dentro da diáspora Latina, etc.

identidades como negros. As duas não são compatíveis porque os Caribenhos identificam funcionalidades para a separação dos Afro-americanos racializados. Enquanto as duas subjetividades são mobilizadas contra as implicações materiais das práticas excludentes brancas, a identidade caribenha torna-se um meio discursivo de separação das políticas cultural, social e nacionalista dos Afro-americanos. A Negritude, por outro lado, obtém identificação com as políticas materiais recentes. A distinção é importante. Enquanto a identidade negra é necessária para a contestação da supremacia branca, a identidade indiana ocidental está simbolicamente mobilizada em conluio com esta.

***

A presença do imigrante caribenho nos Estados Unidos oferece um exemplo concreto das ambiguidades e contradições da imaginação diaspórica, que recebeu a atenção de estudiosos como Paul Gilroy (1997). Como Caribenhos, esses imigrantes da área da Baia de São Francisco simbolicamente rejeitam a identificação racial com os Afro-americanos. Eles também abdicam das reivindicações para a identidade Americana, pelo fato de acomodarem seus papéis como estrangeiros permanentes. Sendo um coletivo "não racial" e "não americano" seu acesso às materialidades de sucesso são aumentadas. Ao mesmo tempo, os caribenhos não podem escapar das consequências materiais de sua racialização. Isso os coloca dentro de uma identificação política com os Afro-americanos sob a abrangente rubrica da consciência diaspórica negra.

A identidade Indiana ocidental na área da Baia de São Francisco também destaca a relação entre posicionamento social e imaginação diaspórica. O *status* da classe média indiana ocidental impede a participação na poética e estética da expressão diaspórica negra Afro-americana, dada a secundária associação com entendimentos historicistas de inferioridade racial. Isso também impediu seu apelo ou estabelecimento de vínculos originários com África, devido às implicações raciais dessas reivindicações. Desse modo, a identidade negra indiana ocidental é restrita a se desenvolver dentro das materialidades da política institucional, local e nacional. Por isso, eu quero dizer que identidade negra (em oposição a Indiana ocidental) é desenvolvida na arena estrutural da política de engajamento com exclusão racial. Caribenhos participam de organizações profissionais negras, apoiam nacionalmente e internacionalmente causas negras, e se aliam como os Afro-americanos nas políticas locais e nacionais. Eles, contudo, não se engajam nas práticas sociais e culturais da subjetividade Afro-americana. O ponto aqui é que, como todas as identidades, a identidade diaspórica tem que estar contextualizada se suas ambivalências e contradições precisam ser entendidas e explicadas. Caribenhos são negros em certos contextos, quando eles estão engajados com as materialidades de sua existência e inserção na sociedade Americana. Em outros contextos, eles resistem à identificação americana e negra associadas.

Existe uma relação profunda entre identidade e Geografia social. A comunidade imigrante indiana ocidental na área da Baia de São Francisco difere, em importantes aspectos, das grandes comunidades de imigrantes Caribenhos da Costa Leste Norte Americana. Essa é relativamente pequena, contabilizando menos que dez mil pessoas. Seus membros não são concentrados em localidades definidas de concentração residencial homóloga. De preferência, os Caribenhos são disseminados por toda região em São Francisco e na região de Alameda, no Leste da Baía, nas regiões da Península e na cidade de São José. A maior parte veio de uma outra área da Diáspora Caribenha, muito mais que diretamente das ilhas do Caribe. Decisões de migração são feitas por causa da oferta de trabalho de transferências de empresas. Alguns se mudam depois de terem permanecido em bases militares na área. Outros chegaram como estudantes, estudando em um dos colégios ou universidades da área. Muitos chegaram como dependentes e não dependentes de família ou porque são capazes de usar suas redes de amizades para assegurar trabalhos. Em termos socioeconômicos, muitos pertencem às classes média e média-alta.

A área da Baia de São Francisco é uma das regiões mais diversas etnicamente nos Estados Unidos, sendo a primeira localização para imigrantes, particularmente os vindos da Ásia e América Latina. Junto com Los Angeles, esta é a comunidade receptora de uma significante proporção de oito milhões de estrangeiros residentes entre a população total de 32,4 milhões de habitantes da Califórnia (dados de 1996). Esses imigrantes compreendem 33 % de todos os estrangeiros residentes nos Estados Unidos e 25 % de todos os residentes na Califórnia. Por conta desses números, imigrantes e suas famílias dispõem de um alto grau de visibilidade. Isto, por si só, proporciona os lados positivo e negativo de avaliações sobre seus desejos, valores e méritos nas construções cognitivas do *mainstream* Americano, a polaridade branco e negro. Esses entendimentos aplicam-se diferentemente aos imigrantes, baseados em seus particulares países e regiões de origem.

A construção histórica da diferença na Califórnia produziu três grandes entendimentos sobre as populações diaspóricas do sul global. Esses entendimentos aplicam-se diferentemente aos Caribenhos. Sua negritude permite localizá-los dentro do espaço racial dos Afro-americanos. Sua "estrangeiridade" sustenta localizações em dois espaços construídos cognitivamente. O primeiro é aquele ocupado pelo "indesejado" agrupamento de imigrantes Mexicanos e Latinos. O segundo é o espaço diaspórico de uma "minoria modelo" ocupado pelos "imigrantes Asiáticos". A identidade indiana ocidental é organizada em torno de representações e práticas dessa minoria modelo. Por causa disso, eles não são associados na imaginação popular com os "indesejados". Ao mesmo tempo, eles têm disponível a identidade negra racializada.

Noções preexistentes generalizadas sobre a "caribeanidade" informam a identidade diaspórica indiana ocidental na área da Baia de São Francisco. Diferente dos Latinos, os Caribenhos são identificados na consciência popular como uma "minoria modelo", caracterizada por ideais de sucesso similar ao *mainstream* branco da população dos Estados Unidos. Isso é não obstante à similaridade ocupacional entre a maioria Indiana ocidental, vivendo a maioria na Costa Leste dos Estados Unidos e os Imigrantes Latinos na Costa Leste. Os dois são antes de tudo trabalhadores com salários baixos no setor de serviços. Tal qual a construção diaspórica, o modelo de minoria é disciplinador, autorregulador e segregador, e isto também está racialmente especificado desde que este se refira somente a imigrantes vindos do sul global. Isso é um elemento dentro da tecnologia de controle racial Americana. Esta aplica a lógica universalista do mérito a serviço da segregação e regulação racial. De acordo com esta lógica, grupos raciais diversos são compreendidos como possuindo aquilo que ganham e merecem. Minorias modelo são vistas como tendo suplantado os obstáculos da pobreza a perda de vínculos e laços sociais de enraizamento pela migração para alcançar, somente pelo seu mérito, o *status* socioeconômico de classes médias e altas (Fong, 1989; Yong–Jin, 1994; Petersen, 1966; Steinberg, 1981). Como uma construção diaspórica, o modelo de minoria recebe sua importância enquanto instrumento legitimador da supremacia branca, por causa de seu desdobramento na estrutura política de raça contra os questionamentos à exclusão racial (e racista). Ele confere destaque e celebra as possibilidades para uma bem sucedida incorporação meritocrática das minorias raciais dentro da excludente proteção social e econômica dos brancos. Isso serve como uma negação de reivindicações de racismo. Deste modo, estudiosos conservadores usaram o suposto sucesso dos Caribenhos para refutar argumentos que dizem que a pobreza Afro-americana deriva de efeitos imanentes da discriminação racial (Glazer; Moynihan 1963, p. 35; Sowwell, 1978, p. 41). A minoria modelo requer a erradicação e rejeição das reivindicações de pertencimento Americano. Já que a incorporação socioeconômica não é entendida simbolicamente como racialmente transgressiva, como se fosse para as minorias nacionais, ela mantém a ordem racial ilesa.

Reivindicações feitas em torno do sucesso dos Caribenhos são muito mais importantes para o papel que eles desempenham no terreno ideológico das relações raciais do que para o que eles dizem acerca das realidades materiais da presença dos imigrantes Caribenhos. Os Caribenhos, coletivamenete, não estão melhores do que os Afro-americanos (Kasinitz, 1988; Butcher 1994; Farley e Allen 1987). Eles entrentam as mesmas barreiras para a inclusão racial. A despeito das evidências contrárias, o mito da minoria modelo continua a persistir no entendimento popular dos imigrantes Caribenhos. Este mito recebe constante reforço, dos dois lados, de dentro e de fora das comunidades de Caribenhos e é sustentado por práticas que destacam os Caribenhos que alcançaram posições de proeminência nacional, como exemplos do sucesso universal dos Caribenhos.

A minoria modelo pode também destacar o potencial da imaginação diaspórica de expor a heterogeneidade como um ingrediente crítico na construção da modernidade. Isso desafia e contesta a exclusividade racial do Estado moderno e seu discurso homogêneo. A ligação racial entre imigrantes e minorias raciais intensifica a luta nestas duas frentes. A primeira é através da ligação forjada entre a diáspora tardia e a ampla por caminhos que contestam reivindicações à exclusividade nacional e racial feita pelo Estado-Nação. A segunda é pela intensificação da inserção imigrante dentro de arenas racialmente exclusivas em outras esferas que não de raça. Esses imigrantes são acomodados porque suas identidades são definidas muito mais culturalmente e transnacionalmente do que racialmente. Mas a sua acomodação não tem condição de romper o gargalo da exclusividade racial. Além disso, oportunidades para a acomodação não podem ser separadas do sucesso em lutas travada pelas minorias nacionais contra a exclusividade racial.

Ao mesmo tempo, a minoria modelo destaca as contradições da identidade diaspórica. A diáspora pode colaborar com o Estado para fortalecer seu caráter racial ao ser um instrumento de acobertamento de suas práticas e mecanismos de exclusão. Isso abre o caminho para disfarçar as práticas de exclusão racial do Estado, que se tornam camufladas pela imagem da inferioridade cultural aplicada às minorias racializadas.

Em última análise, a subjetividade diaspórica constrói uma ponte sobre o vácuo existente entre as demandas por heterogeneidade e hibridismo da modernidade, por um lado, e a demanda capitalista por exclusão racial para suportar seus imperativos de divisão racial do trabalho, por outro a neoglobalização tem intensificado essa contradição resultando num aprofundamento e ampliação da consciência diaspórica. Mas diáspora pode ser muito bem o calcanhar de aquiles da modernidade. Sua intensificação vem acompanhada com a possibilidade de uma objeção ao estado racial, mesmo enquanto continua a servir para seus propósitos.

Referências

AMIN, S. *Accumulation on a world scale*. New York: Monthly Review Press, 1975.

AMIN, S. *Unequal development: An essay on the social formations of peripheral capitalism*, translated by Brian Pearce. New York: Monthly Review Press, 1976.

ANDERSON, B. *Imagined communities,* London: Verso, 1991.

BHABBA, H. *The locations of culture*. London and New York: Routledge, 1994.

BOURDIEU, P. *Distinction: a social critique of the judgment of taste*. Cambridge: Harvard University Press, 1984.

BOURDIEU, P. *Outline of a theory of practice*. Cambridge: Cambridge University Press, 1977.

BRAITHWAITE. E. K. *The development of creole society in Jamaica – 1770-1820.* Oxford: Oxford University Press, 1971.

BRYCE-LAPORTE, R. S.;MORTIMER, D. M. *Caribbean immigration to the United States*. Washington: Research Institute on Immigration and Ethnic Studies, Smithsonian Institution.

BUTCHER, K. F. Black immigrants in the United States: A comparison with native blacks and other immigrants. *Industrial and labor relations review* (47), 1994, p. 265-285.

FARLEY, R, AND ALLEN, W. *The color line and the quality of life in America.* New York: Russell Sage Foundation.

FISHER, S. *From margin to mainstream: the social progress of black americans.* 2. ed., Lanham: Rowman and Littlefield, 1992.

FONG, C. V. *Tracing the origins of a "model minority." A study of the depictions of chinese americans in popular magazines.* Ph.D. Dissertation, Department of Sociology, University of Oregon, 1989.

FRANK, A. G. *Capitalism and underdevelopment in Latin America.* New York: Monthly Review Press, 1967.

FRASER, C. *Ambivalent anti-colonialism: The United States and the genesis of west Indian independence, 1940-64.* London: Greenwood, 1994.

GILROY, P. *Between camps: Race and culture in postmodernity. An inaugural lecture*. Goldsmiths College, University of London. 4 March, 1997.

GILROY, P., *The black atlantic*. Cambridge: Harvard University Press, 1993.

GLAZER, N; MOYNIHAN, P. *Beyond the melting pot*. Cambridge: Mass, M.I.T. Press, 1963.

GOLDBERG, D. T. *The racial state*. Oxford: Blackwell, 2002.

GROSFOGUEL, R. *Colonial subjects: Puerto Ricans in a global perspective*. Berkeley, Los Angeles, London: University of California Press, 2003.

HALL, S. "Routes" to "Roots". In: GREWAK, I.; KAPLAN, K. (Orgs). *An Introduction to women's studies: Gender in a transnational world,* New York: McGraw Hill, 2002. p. 458-459.

HALL, S. Thinking the diaspora: home-thoughts from abroad, *Small Axe*, 6, p. 1-18, 1999.

HALL, S. What is this "black" in black popular culture? In: MORLEY D.; KUAN-HSING, C. *Stuart Hall critical dialogues in cultural studies*, London and New York: Routledge, 1996.

HINTZEN, P. *West Indian in the West: Self Representations in an Immigrant Community*. New York: New York University Press, 2001.

HORNE, G. *Fire this time: the watts uprising and the 1960s*. Charlottesville: University Press of Virginia, 1995.

JUSTUS, J. B. *West Indians in Los Angeles: Community and Identity*. 1976

KASINITZ, P. From ghetto elite to service sector: a comparison of two waves of west indian immigrants in New York City", *Ethnic Groups* 7, p. 173-204, 1988.

LEMELLE, S.; KELLY, R. Introduction: Imagining Home: Pan Africanism Revisited" in: LEMELLE, S, and KELLY, R, (Eds.), *Imagining home: Class, culture, and nationalism in the African diaspora*. New York: Verso, 1994.

MARX, A. W. *Making race and nation: a comparison of the United States, South Africa, and Brazil*. Cambridge and New York: Cambridge University Press, 1998.

PETERSON, W. Success story, japanese american style, *New York Times*, January 6, 1966.

PRATT, M. L. *Imperial eyes: Travel writing and transculturation*. London: Routledge, 1991.

PURI, S. *The caribbean postcolonial: social equality, post-nationalism and cultural hybridity*. New York: Palgrave Macmillan, 2004.

SORENSHEIN, R. *Politics in black and white: Race and power in Los Angeles*. Princeton: Princeton University Press, 1993.

SOWELL, T. Three black histories. In: SOWELL, T. and COLLINS, L. D. (Eds). *American ehnic groups*. Washington: Urban Institute, 1978, p. 37-64,.

STEINBERG, S. *The ethnic myth: race, class and ethnicity in America*. Boston: Beacon Press, 1981.

TURNER, J. *The structure of sociological theory*. Belmont: Wadsworth, 1991.

WALLERSTEIN, I. *The modern world-system II*. New York: Academic Press, 1980.

WALLERSTEIN, I.. *The politics of world-economy*. Cambridge: Harvard University. Press, 1984.

WYMAN, B. Roots: the origins of black politics in the east bay. *Express* 9(43), August 7, 1987.

YOUNG-JIN, W. "Model Minority" strategy and asian american tactics. *Korea Journal*, Summer, 1994, p. 57-66.

PARTE III

A SEGREGAÇÃO RACIAL EM TELA: RELAÇÕES
RACIAIS E O ESPAÇO URBANO BRASILEIRO

Territórios negros nas cidades brasileiras:
etnicidade e cidade em São Paulo e Rio de Janeiro[1]

Raquel Rolnik

É comum, nas referências que são feitas à posição dos pretos e pardos nas cidades brasileiras, a menção à inexistência de guetos – bairros onde são confinadas certas minorias, por imposições econômicas e/ou raciais – como sinal de ausência de qualquer tipo de segregação racial. O gueto norte-americano sintetiza a imagem de discriminação racial aberta e da dominação branca. No polo oposto estaria o Brasil, onde pretos e brancos pobres compartilham o espaço das vilas e favelas, numa espécie de promiscuidade racial sustentada pelo laço comum da miséria e da opressão econômica.

Essa suposição nos motiva a querer percorrer favelas e vilas para tentar mapear a inserção territorial dos pretos e pardos nas cidades, seja localizando esse grupo mais precisamente no tecido urbano, seja penetrando em seus espaços cotidianos de vida e socialização.

Infelizmente, por ora podemos contar com muito pouco material empírico para tal pretensão. Na verdade, o tema empírico do negro nas cidades até agora foi pouco explorado nos textos brasileiros da sociologia do negro ou da sociologia urbana. Os mais importantes trabalhos na área da sociologia do negro não discutem especificamente a questão urbana, e muito menos de um ponto de vista físico-territorial. Por outro lado, a sociologia urbana tem trabalhado a questão da inserção das classes populares na cidade brasileira sem recortá-las do ponto de vista étnico. Os poucos trabalhos que se referem ao tema, produzidos em geral no âmbito da antropologia, trazem descrições e análises apenas de instituições negras específicas, como terreiros religiosos ou escolas de samba. Assim, embora de forma ainda preliminar e fragmentária, procuraremos aqui percorrer os espaços negros nas cidades de São Paulo e Rio de Janeiro, buscando suas origens e ligações, a partir do final da escravidão, e atentando para sua particular inscrição na cidade ao longo do tempo.

---

[1] Texto escrito em 1989 e publicado pela primeira vez na *Revista de Estudos Afro-Asiáticos* 17 – CEAA, Universidade Cândido Mendes, setembro de 1989.

Nossa intenção, ao delinear grosseiramente esse quadro, é demonstrar que existe um território negro específico nessas cidades, território que tem uma história, uma tradição. Embora tal quadro careça ainda de um trabalho empírico mais profundo e detalhado para se consolidar, é perfeitamente plausível falar-se em segregação racial, discriminação e dominação branca nessas sociedades: a história do Rio e de São Paulo é marcada pela marginalização e estigmatização do território negro.

É também nossa intenção, aqui, apresentar e discutir o próprio conceito de território urbano, espaço vivido, obra coletiva construída peça a peça por um certo grupo social. Assim, ao falarmos de territórios negros, estamos contando não apenas uma história de exclusão, mas também de construção de singularidade e elaboração de um repertório comum.

Nas cidades brasileiras em plena escravidão (e mesmo em seus últimos anos, a partir de meados do século XIX), o negro ou era escravo, ou liberto, ou quilombola. Se escravo, seu espaço era definido pela senzala e pelas regras de hierarquia que introduziam a diferença social em um contexto urbano pouco segregado. A maior parte desses escravos era encarregada do serviço doméstico e habitava as casas senhoriais, em sobrados contíguos nos centros das cidades. Nestes, as regiões de serviço, animais e escravos localizavam-se fora do edifício principal, junto a um pátio. Em São Paulo, como no Rio de Janeiro, senhores de escravos habitavam também em chácaras nos arredores da cidade, que reeditavam o projeto da senzala rural.

É importante salientar que mesmo a senzala, desenhada pelos senhores brancos como espaço de confinamento dos escravos – fileiras de quartos sem janelas ou mobília fechando-se em pátios de onde se podia vigiá-los e comandá-los –, acabou por se configurar como território negro. Para os negros desterritorializados da África e trazidos ao Brasil pela máquina comercial europeia, a senzala representava a submissão à brutalidade dos senhores. Porém, não eram só o olhar vigilante do senhor e a violência do trabalho escravo que estruturavam o cotidiano dos habitantes da senzala. Foi também no interior dessa arquitetura totalitária que floresceu e se desenvolveu um devir negro, afirmação da vontade de solidariedade e autopreservação que fundamentava a existência de uma comunidade africana em terras brasileiras. O confinamento na terra de exílio foi capaz de transformar um grupo – cujo único laço era a ancestralidade africana – em comunidade.

Um dos suportes mais sólidos desse repertório negro foi, desde a senzala, o próprio corpo, espaço de existência, continente e limite do escravo. Arrancado do lugar de origem e despossuído de qualquer bem ou artefato, era o escravo portador – nem mesmo proprietário – apenas de seu corpo. Era através dele que, na senzala, o escravo afirmava e celebrava sua ligação comunitária; foi através dele, também, que a memória coletiva pôde ser transmitida, ritualizada. Foi assim que o pátio da senzala, símbolo de segregação e controle, transformou-se em terreiro, lugar de celebração das formas de ligação da comunidade. A partir daí, o terreiro passou a ser um elemento espacial fundamental na configuração dos territórios negros urbanos – são terreiros de samba, de candomblé, de jongo que atravessam a história dos espaços afro-brasileiros nas cidades.

A rua era também território dos escravos. A contiguidade dos sobrados nas zonas centrais da cidade contribuía para que fosse intensa a circulação de escravos domésticos: buscando água nos chafarizes, indo ou voltando com a roupa ou os dejetos para jogar nos rios, carregando cestas perto dos mercados, transportando objetos de um ponto a outro da cidade. Em 1854, a população de São Paulo, em torno de 30 mil habitantes, era composta por oito mil escravos, quase 1/3 de sua população livre.[2] Na cidade do Rio de Janeiro, em 1860, havia cem mil escravos para uma população total de 250 mil habitantes, 60% dos quais envolvidos com o serviço doméstico (SOUZA E SILVA, 1870).

Nas ruas do Centro, escravos domésticos misturavam-se aos de ganho, alugados por seus senhores por hora ou dia. Ser escravo de ganho era um dos caminhos possíveis para a conquista da liberdade, na medida em que possibilitava a compra da alforria através da formação de um pecúlio próprio. Somam-se a estes os libertos pelas várias vias institucionais, brechas na legislação que regulava a escravidão que aumentavam à medida que findava o século e intensificava-se a ação abolicionista. O contingente de libertos nas cidades chegou a proporções surpreendentes nesse período. Em São Paulo, em 1872, dos 12 mil negros da cidade – ainda 1/3 da população –, apenas 3.800 eram escravos. No Rio de Janeiro, dos 125 mil pretos e pardos da cidade, quase a metade da população total, eram 47 mil os escravos.[3] Os libertos exerciam vários ofícios – de sapateiros a barbeiros, cirurgiões, lavadeiras e, as mais comuns, quitanda e cangalha.[4] Além de possibilitar o acesso à liberdade pelas vias institucionais, a cidade oferecia também uma chance maior de anonimato para os escravos evadidos das fazendas. Por isso mesmo, nessas cidades negras foi se tecendo uma rede de socialização e sobrevivência negra paralela à escravidão que cada vez mais representava uma alternativa concreta à senzala.

Nos limites da senzala estava a demarcação da autonomia desse território negro sob a escravidão – o corpo do escravo era propriedade do senhor. Só a fuga e a libertação eram capazes de romper esse limite, devolvendo ao honrem escravo o poder sobre sua própria vida. Daí nasce o quilombo, zona libertada da escravidão.

Embora a maior parte da historiografia dos quilombos refira-se àqueles situados em zonas rurais, havia também – crescentemente à medida que se aproximava o fim do período escravocrata – quilombos urbanos.[5] Esses locais ou eram cômodos e

---

[2] Em 1854, São Paulo tinha 31.824 habitantes, dos quais 22.834 eram livres e 8.068 escravos. Constavam ainda 922 estrangeiros. (os dados não incluem as vilas de periferia, como Nossa Senhora do Ó, Pinheiros ou Penha). Cf BASTIDE; FERNANDES, 1975.

[3] "Recenseamentos da população do Império do Brasil a que se procedeu no dia 10 de agosto de 1872, Quadros Gerais".

[4] "Quitanda" e "cangalha" eram expressões com as quais a comunidade negra se referia, respectivamente, a atividades dos vendedores de rua e carregadores.

[5] Palmares, quilombo situado na Serra da Barriga, Alagoas, no século XVIII, tem sido o grande tema das histórias de quilombos. Ver Freitas (1978), Carneiro (1958) e Moura (1972).

casas coletivas no centro da cidade ou núcleos semirrurais – as roças das periferias urbanas, bastante semelhantes ao que são hoje as roças de periferia dos terreiros de candomblé nas cidades. Núcleos negros importantes nasceram desse tipo de configuração; é o caso, por exemplo, do bairro do Bexiga, em São Paulo, originário do quilombo do Saracura.

Outros pontos focais do território negro urbano eram os mercados e espaços das irmandades religiosas negras. Nos mercados abasteciam-se os vendedores e as "negras de nação", quituteiras que se espalhavam pelos espaços públicos da cidade; ali também situavam-se os ervanários africanos, fundamentais para as práticas curativas dos pais de santo e as obrigações de seus filhos. As irmandades funcionavam como ponto de agregação. Em seus terreiros, nas festas religiosas, os negros dançavam o batuque. Muitas, como a Irmandade de Nossa Senhora do Rosário dos Homens Pretos de São Paulo, chegaram a abrigar libertos e, como a Confraria dos Remédios, envolveram-se diretamente na campanha abolicionista, articulando quilombos rurais às redes de apoio urbanas.[6]

O impacto da abolição foi, no entanto, diferente para as duas cidades. Desde logo é preciso ressaltar que, para o processo brasileiro como um todo, a abolição representou o deslocamento da população negra como mão de obra e a importação não só da ideia do trabalho livre e assalariado, como também de um grande contingente de mão de obra europeia. Isso ocorreu de forma mais radical em São Paulo, eixo dinâmico da economia brasileira no momento da abolição.

A crise da escravidão intensificou-se no momento em que a cafeicultura paulista, numa fome voraz por terras e homens, avançava em direção ao oeste da província, em ritmo de ferrovia. A maior fonte possível para a compra de escravos, o tráfico, estava então sendo desmantelada pela mesma máquina que a havia montado séculos antes – o capital inglês. Agora que o lucro não estava mais em fazer mercadorias navegarem pelos mares, era preciso criar mercados locais nos continentes aonde esses mares chegavam. Assim, a pressão inglesa pelo fim do tráfico aumentou até sua extinção final, em meados do século. Quando perceberam a inevitabilidade do processo abolicionista, os fazendeiros empresários do café paulista começaram a pensar na substituição da mão de obra.

A "solução" da questão foi o deslocamento de milhares de europeus, sobretudo italianos, para as terras paulistas. Os primeiros foram subsidiados pelo governo de São Paulo e encaminhados até as fazendas; porém, logo a imigração espontânea superou a subsidiada e São Paulo italianizou-se. A substituição do escravo negro pelo imigrante livre foi acompanhada de um discurso que difundia a solução como alternativa progressista, na medida em que europeus "civilizados e laboriosos" trariam

---

[6] A história do quilombo do Jabaquara, aldeia-refúgio situada no caminho de Santos, é um exemplo dessa ligação. A ala mais radical ao movimento abolicionista, sem poder decisório no Parlamento, passou a apoiar com dinheiro a retaguarda organizativa, fugas em massa e alforrias de escravos. Jabaquara funcionava como reduto para onde Antônio Bento e seus caifazes encaminhavam os fugitivos. Cf. Fontes (1976).

sua cultura para ajudar a desenvolver a nação. A alternativa implicou também a formulação de uma teoria racial: a raça negra estava condenada pela bestialidade da escravidão e a vinda de imigrantes europeus traria elementos étnicos superiores que, através da miscigenação, poderiam branquear o país, numa espécie de transfusão de puro e oxigenado sangue de uma raça livre.

Em São Paulo, essa formulação implicou uma intensa reorganização territorial, já que a partir do último quartel do século XIX, a cidade, que até então era um centro comercial modesto, tornou-se o centro da expansão cafeeira.

Antes de mais nada, a cidade veria sua população aumentar rapidamente em poucas décadas, fruto, sobretudo, da entrada de imigrantes. Em 1886, dois anos antes da promulgação da Lei Áurea, que abolia oficialmente a escravidão no país, os estrangeiros já começavam a chegar em massa. São Paulo era, então, uma cidade de quase 50 mil habitantes, 25% dos quais estrangeiros. A população negra da cidade, constituída basicamente por libertos (eram apenas 500 os escravos), a partir daí começaria a sofrer um decréscimo tanto relativo quanto absoluto. Se em 1872 havia em torno de 12 mil negros na cidade, em 1893 eles são menos de 11 mil, para uma população de quase 65 mil habitantes (16,92% da população).[7]

O Rio de Janeiro também embranqueceu após a abolição, embora em menor grau. Se, em 1872, pretos e pardos eram quase a metade da população da cidade, em torno de 250 mil habitantes, em 1887 os 195 mil pretos e pardos representavam 37% da população total (PINTO, 1953, p. 49). No entanto, essa região continuou sendo a área de maior concentração de negros do Sudeste. Pode ter contribuído para isso não só a menor entrada de imigrantes, como também a intensa migração de libertos da zona rural para a urbana, em função da decadência da cafeicultura na província fluminense naquele período.

De forma mais ou menos intensa, as duas cidades viveram, na virada do século, uma transformação profunda que repercutiu, em um primeiro momento, no crescimento populacional e no aumento da densidade demográfica, mas que significou, também, um embranquecimento e uma intensa redefinição territorial. Essa reestruturação vinha adaptar a cidade senhorial-escravista aos padrões da cidade capitalista, onde terra é mercadoria e o poder é medido por acumulação de riqueza. A face urbana desse processo é uma espécie de projeto de "limpeza" da cidade, baseado na construção de um modelo urbanístico e de sua imposição através da intervenção de um poder municipal recém-criado. Um dos principais alvos de intervenção foram, nas duas cidades, justamente os territórios negros. A violência dessa transformação foi maior no Rio de Janeiro, não só porque a cidade era maior e mais importante, mas sobretudo porque, na virada do século, era ainda uma cidade muito negra. Em São

---

[7] As fontes de dados são as seguintes: 1886 – *Relatório apresentado ao Exm.º Sr. Presidente da Província pela Comissão Central de Estatística*, São Paulo, Leroy Book-Walter, 1888; "1893 – Relatório apresentado ao cidadão Dr. Cesário Motta Júnior, Secretário dos Negócios do Interior do Estado de São Paulo, pelo Diretor da Repartição de Estatística e Arquivo, Dr. Antonio Toledo Piza, em 31 de julho de 1894".

Paulo, desde logo se configurou um padrão de segregação urbana marcado por uma espécie de zoneamento social: os ricos abandonaram a contiguidade dos sobrados do Centro da cidade para desenhar um espaço de privacidade e exclusividade burguesas. Assim, novos loteamentos foram surgindo em áreas de antigas chácaras, abrigando palacetes neoclássicos circundados por muros e jardins.

Por essa época, a população negra da cidade concentrava-se nos cortiços e porões do velho Centro de São Paulo, recém-abandonado pelos ricos, ao mesmo tempo em que novos núcleos iam surgindo literalmente aos pés das novas zonas ricas da cidade (Campos Elíseos, Higienópolis). Isso, evidentemente, está ligado ao fato de que uma das poucas fontes de emprego para os pretos e pardos da cidade era, naquele período, o serviço doméstico, uma vez que o imigrante realmente lhes havia substituído nas ocupações mecânicas antes realizadas por libertos. Em 1893 os imigrantes já constituíam 80% do pessoal ocupado nas atividades manufatureiras e artesanais, que cresciam com a expansão industrial da cidade.[8] Assim, os novos bairros proletários que surgiram na cidade nesse período eram, em sua maioria, habitados por imigrantes estrangeiros, com exceção do Bexiga e Barra Funda, que por razões peculiares abrigavam núcleos negros também: o Bexiga, em função do núcleo preexistente do Saracura e, posteriormente, devido à proximidade da Avenida Paulista e arredores, novo território burguês da cidade; a Barra Funda, em função da existência de um armazém da Estrada de Ferro – o Paulo Chaves – fonte de trabalho ocasional dos *capoeiras* ou *valentões*, que alternavam o serviço na Estrada de Ferro com o carregamento de café no Porto de Santos, quando não havia trabalho na capital. No início do século, Lavapés e Barra Funda eram as regiões mais negras da cidade. Em suas habitações coletivas moravam as *tias* negras e seus clãs, que praticavam o jongo, macumba ou samba de roda como extensões da própria vida familiar; pouco a pouco esses batuques familiares foram se transformando em cordões de carnaval.

Os dados de 1890 já revelam o perfil branco dos bairros proletários. Um novo distrito, o Brás, um dos primeiros bairros operários da cidade, abrigava então 25% da população e tinha uma porcentagem de pretos e pardos (13%) sensivelmente menor do que a média da cidade.[9]

Na São Paulo de 1890 aparecem, portanto, territórios negros específicos. Qualquer um desses quilombos urbanos paulistanos da Primeira República tinha a fama de ser lugar de desclassificados. Sua marginalidade era identificada com a não proletarização de sua população, o que é imediatamente associado à ideia de desorganização, uma vez que a ocasionalidade da distribuição dos tempos de trabalho e lazer contrasta com a disciplina e regularidade do trabalho assalariado.

---

[8] Cf. "Relatório apresentado ao cidadão Dr. Cesário Motta Júnior...," *op. cit.*

[9] Recenseamento Geral da República dos Estados Unidos do Brasil, realizado em 1890 (31 de dezembro), IBGE/RJ (os distritos paulistanos recenseados são: Sé, Santa Efigênia, Consolação, Bráz, Freguesia do Ó e Penha).

A imagem de marginalidade é também identificada como própria da habitação coletiva: a intensidade de uma vida em grupo não familiar e a densidade dos contatos no dia a dia do cortiço contrastam com a organização da casa burguesa (familiar, isolada, internamente dividida em cômodos com funções e habitantes segregados). Finalmente, a marginalidade é associada a um conjunto de gestos, um jeito de corpo. Se, para a comunidade negra, a linguagem do corpo é elemento de ligação e sustentação do código coletivo que institui a comunidade, para a classe dominante branca e cristã, a frequência com que se dança, umbiga, requebra e abraça publicamente desafia os padrões morais. A presença dos terreiros e práticas religiosas africanas completa o estigma: candomblé é marginal porque é "crendice", é "religião primitiva", que afronta a religião oficial.

Na cidade que se quer civilizada, europeizada, o quilombo é uma presença africana que não pode ser tolerada. Isso se manifesta desde a formulação de um código de posturas municipal em 1886, visando proibir essas práticas presentes nos territórios negros da cidade: as quituteiras devem sair porque "atrapalham o trânsito"; os mercados devem ser transferidos porque "afrontam a cultura e conspurcam a cidade"; os pais de santo não podem mais trabalhar porque são "embusteiros que fingem inspiração por algum ente sobrenatural".[10]

Finalmente, a população negra que ocupava o chamado "Centro Velho" de São Paulo acabou por ser desalojada pelos chamados "trabalhos de melhoramentos da capital", grandes operações de renovação urbana que se iniciam durante a administração de Antônio Prado (1899-1911): alargamento de ruas, transferência e demolição de mercados, construção de praças e *boulevards*. O que aí se esvoaçava era o desenho de um Centro burguês de ruas largas e fachadas uniformemente neoclássicas, que seria território exclusivo das classes dirigentes: seu espaço de trabalho, diversões, comemorações cívicas e religiosas. As reformas foram, em sua maior parte, realizadas durante o governo Raymundo Duprat (1910-1914). A operação limpeza foi implacável: para a construção da Praça da Sé e remodelação do Largo Municipal, os cortiços, hotéis e pensões das imediações foram demolidos.[11] Está ligado a esse processo de "limpeza" do Centro a expansão e consolidação do Bexiga como território negro em São Paulo.

Em matéria de reforma urbana e operação limpeza, o caso do Rio de Janeiro foi mais drástico e violento. A virada do século ficou conhecida na cidade como a "era do bota-abaixo". De 1904, quando as obras de remodelação dirigidas pelo engenheiro Pereira Passos tiveram início, até a inauguração triunfal da Avenida Central por Rodrigues Alves, uma transformação profunda do espaço central e da área portuária aconteceu. A reforma atingiu em cheio os mais importantes quilombos do

---

[10] Código de Posturas do Município de São Paulo, 6.10.1886. Arquivo Histórico Washington Luís.

[11] Até a Irmandade Nossa Senhora do Rosário, situada no antigo Largo do Rosário, foi desapropriada e demolida para dar lugar à Praça Antônio Prado.

Rio de Janeiro – a região portuária da Saúde e Gamboa e os cortiços e habitações coletivas da Cidade Nova (Sacramento, Santa Rita, Santana e Santo Antônio). A Gamboa, ou mais especificamente o Morro do Pinto, era a área dos capoeiras, que ocasionalmente trabalhavam como carregadores do porto. Assim como em São Paulo, as oportunidades de trabalho para os não brancos estreitaram-se com a abolição e a imigração.

Os dados de 1980 mostram que mais da metade dos 89 mil estrangeiros economicamente ativos que estavam na cidade naquele momento trabalhavam no comércio, manufatura e atividades artísticas. Enquanto isso, 48% dos não brancos economicamente ativos empregavam-se no serviço doméstico, 17% na indústria e 16% não tinham profissão alguma.[12] Grande parte dessa população preta e parda habitava os velhos casarões do Centro, aqui também recém-abandonados como moradia da classe dominante, que começara sua peregrinação em direção à privacidade e exclusividade da Zona Sul. Além de local predominante de moradia, era o Centro fonte de sobrevivência para ambulantes, quituteiras, pedintes, prostitutas, vendedoras, etc. Era no Campo de Santana (hoje Praça da República) e nos pátios e avenidas dos cortiços, que se transformavam em terreiros de samba, jongo ou macumba, que o território negro do Rio de Janeiro se estruturava na virada do século.

Sob a égide da luta contra a propagação da febre amarela e da necessidade de regeneração do Rio frente aos olhos estrangeiros – para que a cidade pudesse realmente assumir a imagem de bela, próspera e civilizada capital do país do futuro –, o espaço urbano central foi completamente remodelado, embelezado, ajardinado e europeizado, desenhado para uso e convívio exclusivo das "pessoas de bem".

As obras, além de provocarem uma das maiores crises de habitação que a cidade viveu, acabaram por detonar uma espécie de guerra civil. Durante quatro dias (12 a 16 de novembro de 1904) alastrou-se a insurreição pelos espaços plebeus da cidade: bondes foram virados e utilizados como trincheiras, combustores de iluminação foram quebrados, o comércio foi depredado e saqueado, os insurretos enfrentaram os policiais. O Exército acabou intervindo, e "Porto Arthur", zona comandada por Prata Preta, um capoeira do bairro da Saúde, foi o último bastão dos revoltosos a cair.

A grande expulsão do Centro resultou na ocupação dos morros, produzindo as favelas, e em uma expansão para os subúrbios, seguindo os caminhos das linhas de trem. É nesse momento que o território negro carioca desloca-se do Campo de Santana para a zona imediatamente contígua, a Praça Onze. É aí, na casa de uma das tias afro-brasileiras (Tia Ciata), que nasceu a primeira escola de samba carioca. É para aí que afluíam os "arengueiros", herdeiros dos capoeiras da virada do século. Eram os "perigosos" do Morro da Mangueira (então Morro do Telégrafo), um dos primeiros locais de samba de terreiro da cidade. Salgueiro, Andaraí, Tijuca e Serrinha são morros que começaram a ser ocupados de forma mais intensa naquele momento.

---

[12] Recenseamento Geral da República dos Estados Unidos do Brasil, realizado em 1890 (31 de dezembro).

O *compound*[13] semirrural que caracterizava o território negro nos subúrbios e morros que circundavam a cidade, no final do século, vai dar lugar, então, à habitação densa do morro, que será, a partir daí, o território mais caracterizadamente negro da cidade do Rio de Janeiro.

Se no Rio de Janeiro a luta pela apropriação do solo urbano acabou por consolidar as favelas como os espaços mais caracterizadamente negros da cidade é porque para ali afluiu uma mistura peculiar de histórias, um caminho singular que passou pela África, pela experiência da senzala e pelo deslocamento e marginalização operados pela abolição e a República. Da mesma forma, embora a população negra de São Paulo fosse menor do que a do Rio na década de 1920, na Barra Funda, Bexiga, Liberdade, além de certos pontos da Sé, não só moravam negros como se configuraram territórios negros importantes, com suas escolas de samba, terreiros, times de futebol e salões de baile. Ainda nas primeiras décadas do século, nas duas cidades organizaram-se também sociedades negras, com atividades culturais e recreativas que envolviam a publicação de jornais, a produção literomusical e teatral, passeios, piqueniques e bailes de fim de semana em salões alugados. Em São Paulo, no Rio, os chamados "Salões de Raça", situados no Centro da cidade, eram a opção de lazer da "elite negra" (funcionários públicos, comerciários, contadores e técnicos).

Os locais apontados até aqui como territórios negros jamais foram exclusivamente negros: desde os tempos da escravidão misturavam os pobres da cidade. O Bexiga, por exemplo, tem sido negro e italiano; o velho centro do Rio, negro e português, e assim por diante. No entanto, isso não quer dizer que historicamente não tenham existido, nessas cidades, comunidades afro-brasileiras fortemente estruturadas e circunscritas a territórios particulares.

Infelizmente, não dispomos de dados discriminados por cor para 1906, 1920 e 1930: os recenseamentos do Distrito Federal de 1906 e Geral de 1920, refletindo a ideologia oficial racista do período, que queria de todo modo ver a população como branca, não discriminam os habitantes pela cor; em 1930 simplesmente não houve recenseamento.

A partir da leitura da imprensa negra nesse período e de entrevistas com membros ativos da comunidade, é possível, no entanto, delinear algumas novas tendências na década de 1930, pelo menos para o caso de São Paulo. Em primeiro lugar, observamos um movimento geral de periferização das classes populares: o antigo padrão do cômodo de aluguel superdenso e da cidade limitada ao percurso do bonde foi gradativamente cedendo lugar à chamada expansão periférica, caracterizada pela abertura de loteamento e a autoconstrução em bairros distantes da área equipada da cidade e pelo transporte por ônibus. Por outro lado, todo um discurso de re-

---

[13] O *compound* (como é denominado nos países africanos de língua inglesa), ou collectivité (nos de língua francesa), compõe-se de uma série de cômodos contíguos que dão para um pátio ou quintal comum. É geralmente habitado por uma família extensa. Cf. Davidson (1978). O mesmo tipo de configuração é apontado por Sidney (1984).

valorização da mão de obra nacional, que passava pela xenofobia ao estrangeiro sindicalista e anarquista e já apelava para a propalada índole pacífica do povo brasileiro, começava a disseminar-se nos círculos oficiais, preparando terreno para o grande movimento de migração interna que se instauraria a partir de 1940. Assim, aparece e ganha corpo o tema da "integração" do negro, dentro e fora da própria comunidade. Para os membros da comunidade, a desmarginalização colocava-se claramente em termos territoriais – era preciso sair dos cômodos e porões para organizar um novo território negro, familiar. Essa foi uma das palavras de ordem da Frente Negra Brasileira, agremiação política fundada em 1931 que pregava a necessidade de instrução e organização da vida familiar nuclear na comunidade para que os negros pudessem atingir a igualdade com o branco. Uma das ações concretas dos membros da Frente em São Paulo foi comprar terrenos em loteamentos recém-abertos nas periferias da cidade e fundar núcleos negros formados por casas próprias. Casa Verde, Vila Formosa, Parque Peruche, Cruz das Almas e Bosque da Saúde são exemplos dessa nova forma de territorialização: em bairros inicialmente sem qualquer infraestrutura e distantes do Centro, famílias negras começaram a edificar casas próprias em lotes comprados.

É interessante apontar que novas e importantes instituições negras nasceram nesses bairros, definindo-os como futuros eixos de expansão e funcionando como uma espécie de base para a configuração dos atuais vetores territoriais negros da cidade de São Paulo.

Os dados censitários de 1940 e sua comparação com dados posteriores revelam o início da reversão da tendência ao embranquecimento das cidades. Se as primeiras décadas do século foram um momento de decréscimo relativo da proporção de negros nas cidades, a década de 1940 parece ter marcado um ponto de inflexão. Para o município de São Paulo, dos quase 1,3 milhão de habitantes, são apenas 108 mil ou 8,45% os pretos e pardos.[14] Em 1950, os 224.906 pretos e pardos representavam 10,3% da população.[15] Para o Rio de Janeiro o mesmo fenômeno se verifica: a participação do negro na composição populacional da cidade atinge seu ponto mais baixo em 1940 (28,62% de uma população total de 1.764.142 habitantes), para subir novamente em 1950, quando beira os 30%.[16] Sem dúvida, as migrações internas que levaram às duas grandes cidades mineiros e nordestinos contribuíram para elevar novamente o número e a participação de não brancos na população. Se observamos a composição da população em alguns dos mais importantes estados de origem dos migrantes, temos Pernambuco com 50,14%, Bahia com 70,19% e Minas Gerais com

---

[14] Recenseamento Geral do Brasil, 1940. População de fato, por sexo e cor, segundo os municípios do IBGE/RJ.

[15] Recenseamento Geral do Brasil, 1950. População de fato, por sexo e cor, segundo os municípios do IBGE/RJ.

[16] Idem notas 15 e 16. 1940 – Distrito Federal; 1950 – População presente por sexo e cor, segundo os distritos e circunscrições do Distrito Federal.

41,36% de sua população composta por pretos e pardos, o que apoia a hipótese de uma migração predominantemente não branca para as grandes cidades a partir da década de 40 (FERNANDES, 1972, p. 77-79).

Com os dados de que dispomos é difícil avaliar o impacto territorial dessa onda negra. Para o município de São Paulo, o censo de 1940 só apresenta os totais gerais, sem discriminar os dados pelos distritos, o que só pode ser obtido através de tabulações especiais, o mesmo ocorrendo para 1950. Nas tabulações gerais para 1960, os dados não são apresentados discriminados por cor ou por município, aparecendo apenas os totais gerais do estado. Em 1970 a variável cor não entrou no censo, o que significa que só poderemos trabalhar um pouco mais detidamente com as informações de 1980.

Para o Rio de Janeiro, por ter sido Distrito Federal e posteriormente estado da Guanabara, podemos contar com dados em bases menores para 1950 e 1960. A distribuição da população por distrito e circunscrições censitárias por cor e sexo, no Censo de 1950, apresenta algumas características marcantes. Em primeiro lugar, a periferia da cidade, mais do que o Centro e a Zona Sul, é a que apresenta a maior participação de pretos e pardos – em Campo Grande e Guaratiba estão nesta categoria quase 40% dos habitantes; Anchieta, Realengo e Jacarepaguá aparecem, todos, com mais de 34% de não brancos na população (enquanto a porcentagem para a cidade como um todo é de 19,79%). Em segundo lugar, há uma aparente homogeneidade no resto da cidade, que oscila entre 20% (Santa Teresa e Glória) e 30% (Lagoa, Gávea, Engenho Novo, Andaraí) de população não branca.

No entanto, em alguns desses locais há uma grande desproporção entre o número de homens e mulheres no interior da população negra. Em bairros como Copacabana, são mulheres 70% dos não brancos, o que provavelmente indica enorme contingente de empregadas, faxineiras, copeiras e arrumadeiras negras, necessário para a sobrevivência desse bairro eminentemente branco da Zona Sul carioca em 1950. Finalmente, há a especificidade das favelas cariocas, que, como já apontamos, concentram parte do território negro na cidade. Assim, uma proporção de 30,21% de pretos e pardos para as circunscrições de Gávea e Lagoa não significa necessariamente mistura racial nesses bairros, uma vez que ali se encontravam, já na década de 1950, por exemplo, as favelas da Catacumba e Rocinha. Na verdade, são territórios bem demarcados e em oposição, o que sem dúvida é agravado pela proximidade e vizinhança. O dilema desse tipo de configuração é histórico na trajetória das cidades brasileiras: o bairro segregado e exclusivo burguês produz um território marginal contíguo, depende de sua expansão para ter garantida sua manutenção, mas acaba por se envolver num conflito territorial inevitável e violento.

A resposta a essa situação foram, no caso do Rio de Janeiro, os programas de remoção de favelas, que atuaram com intensidade na década de 1960, embora desde 1947 uma chamada "Comissão para Erradicação de Favelas" já existisse. Foram as condições de centralização de poder e recursos e o autoritarismo do período pós-1964 que possibilitaram a consecução dessa política, já enunciada anteriormente. Em 1968 foi criada a Coordenação de Habitação de Interesse Social da Área Metropolitana do Grande Rio – CHISAM, órgão que, em 1973, já havia removido 62 favelas e transferido um total de 175.785 pessoas para conjuntos habitacionais populares – as refavelas ou "senzalões", como são popularmente conhecidos esses espaços no Rio de Janeiro e em São Paulo.[17]

Vale a pena apontar para a diferença espacial radical entre a favela e o grande conjunto habitacional, além da localização. Exatamente no projeto de homogeneidade, simetria e repetição do espaço dos conjuntos está a ideia do esquadrinhamento possível da população, que se opõe frontalmente à imagem de caos associada à favela. Esse ponto é importante na medida em que, em termos de melhoria das condições de saneamento, acesso, infraestrutura e equipamentos em geral, existe a opção de urbanização como alternativa à remoção. Além, evidentemente, das pressões imobiliárias pela remoção de uma ocupação pouco rentável na terra lucrativa, pesa consideravelmente o fato de se tratar de um território singular, espaço sobre o qual não se tem controle.

O objetivo deste artigo não é exatamente discutir os limites dos programas de remoção de favelas, fato é que eles não conseguiram varrê-las da paisagem do Rio – alguns núcleos grandes e importantes persistem até hoje, mesmo na Zona Sul (como a Rocinha e o Morro de Santa Marta). Mas, de qualquer forma, um processo de branqueamento da Zona Sul é visível se analisarmos os dados de 1980.

Em primeiro lugar, confirma-se a tendência à mulatização crescente da cidade como um todo. Se, em 1960, pretos e pardos representavam 30% da população da cidade, em 1980 a proporção eleva-se para 34,78%.[18] No entanto, sua distribuição pelos bairros do Rio de Janeiro é bem desigual. A predominância de brancos é bem marcada na Zona Sul (Copacabana, com 13,41% de pretos e pardos; Botafogo, com 16,35%; e a Lagoa, com 22,43%) e no *filet-mignon* da Zona Norte (Tijuca, com 18,73%, e Vila Isabel, com 18,96%), regiões que sofreram um processo claro de "gentrificação".[19] Enquanto há regiões com mais de 80% de brancos, há outras com menos de 50%. É o caso, por exemplo, do distrito de Santa Cruz, com 52,6% de pretos e pardos. Os subúrbios de Campo Grande, Jacarepaguá, Bangu, Anchieta e Penha, que já apareciam, em 1950, como regiões concentradoras de não brancos, em 1980 têm todas mais de 40% de sua população composta por pretos e pardos.

Se esses podem ser considerados indicadores de segregação, é legítimo concluir que o escurecimento da cidade foi acompanhado por demarcações territoriais mais claras. Como, no Brasil, a questão racial "não existe", os conflitos aparecem

---

[17] CHISAM – Rio de Janeiro, Ministério do Interior, 1971, p. 78-103.

[18] População residente por cor e sexo, segundo mesorregiões, microrregiões e municípios. Recenseamento Geral 1980 – IBGE/RJ.

[19] Gentrificação – do termo inglês "gentrification", designa um processo de enobrecimento de um determinado território da cidade, marcado pela valorização imobiliária, atração da população residente e usuária de maior renda e expulsão da população e atividades de baixa renda.

mais como tensões territoriais do que como tensões raciais. Se hoje a população preta e parda está cada vez mais longe da vista e do alcance da Cidade Maravilhosa, nas áreas onde há proximidade (e não mistura!) a conjuntura atual é de guerra civil. Os episódios violentos que envolveram nos últimos anos os moradores de algumas favelas (sobretudo Rocinha e Santa Marta), o tráfico de drogas e a polícia apontam claramente para a existência de um território autônomo que perversamente encontrou na riqueza e poder gerados pelo tráfico de drogas que abastece a Zona Sul o caminho de sua autonomia. A perversidade não está na ilegalidade, senão no fato de que essa atividade é umbilicalmente ligada e indissociável do modo de vida e modelo de cidade que se opõe à favela. Está, portanto, na armadilha que transforma um devir autônomo, um quilombo, em zona escrava.[20] De qualquer forma, a violência das incursões policiais nesses locais tem contribuído para reforçar a demarcação desse território como zona inimiga e, consequentemente, para estigmatizá-lo ainda mais.

Para o caso de São Paulo, é impressionante constatar, com base nos dados censitários de 1980, o quanto os territórios já configurados converteram-se em direções ou vetores de expansão. De uma maneira geral, em São Paulo, como no Rio de Janeiro, observa-se um aumento da proporção de pretos e pardos – de 10,23% da população, em 1950, para 23,3%, em 1980. Em segundo lugar, constata-se também o fenômeno da periferização da comunidade: a totalidade dos bairros centrais e o anel intermediário abrigam uma porcentagem de pretos e pardos abaixo da média da cidade – em alguns casos com taxas inferiores a 11% (Bela Vista, Cerqueira César, Jardins, Pinheiros). Poder-se-ia, então, argumentar que isso revela, mais do que segregação racial, um zoneamento social. No entanto, pretos e pardos tampouco estão uniformemente distribuídos nas zonas mais periféricas. Em primeiro lugar, há uma gritante concentração na região noroeste da cidade, a partir do Rio Tietê, que vai ficando cada vez maior à medida que nos afastamos do Centro. Assim, de Casa Verde (com 22,14%) se passa por Limão (com 26,14%), Nossa Senhora do Ó (com 26,67%), Pirituba (com 26,6%) e Vila Nova Cachoeirinha (com 27%) para chegar a Brasilândia – também conhecida como "África paulistana" –, com 49% de pretos e pardos.

Outra concentração está na Região Sudeste: em Jabaquara (30%) e no município de Diadema (que faz parte da Região Metropolitana e possui 40% de sua população preta e parda). Um terceiro núcleo, no extremo sul, é composto por Capela do Socorro (com 36,4%) e o município de Embu (com 42%). Finalmente, na Zona Leste, a única região que apresenta uma concentração acima da média do município e da Grande São Paulo (que é de 26%) é Vila Matilde, com 27% de não brancos na população. É importante lembrar que esses núcleos existem como territórios negros pelo menos desde a década de 1930 e que neles se encontra hoje implantada uma rede complexa

---

[20] A historiografia urbana norte-americana contemporânea tem desenvolvido raciocínio semelhante para interpretar a emergência da máfia e suas relações com a comunidade italiana. Cf. Nelli (1973).

e variada de instituições negras. De acordo com o Cadastro de Entidades, organizado pelo Festival Comunitário Negro Zumbi (Feconezu), realizado em São Paulo em 1984, só no município de São Paulo existiam mais de 150 entidades, entre centros de cultura, grêmios recreativos e esportivos e escolas de samba. Um estudo da localização dessas entidades na cidade confirma completamente os dados censitários. Com exceção do Centro e do Bexiga (que aparece no censo como Bela Vista), os demais endereços referem-se a Casa Verde, Limão, Peruche, Tucuruvi, Vila Matilde, Vila Prudente e proximidades, Ipiranga, Jabaquara, Vila Guarani, Diadema ou Socorro e Embu.

A lista seria ainda mais completa e eloquente se incluíssemos os terreiros religiosos, salões de baile *funk,* bares e quintais de pagode, relação que não possuímos no momento.[21]

O mergulho no passado das duas cidades, neste breve percurso ensaístico, fornecem-nos alguns elementos para refletir acerca do papel e do destino da comunidade negra na cidade e revelam-nos como os espaços que couberam aos negros ao longo da história da cidade foram investidos por um devir negro que estruturou e sustentou a comunidade mesmo nas situações mais extremas de confinamento, humilhação, segregação e miséria.

Quando nos referimos aqui – e insistimos – à existência de uma comunidade afro-brasileira, não o fizemos a partir de uma visão que opõe tal noção àquela de sociedade moderna ou como referência a qualquer tipo de arcaísmo que perduraria insistentemente, apesar da industrialização e metropolização. Muito menos apelamos para uma visão romântica, idílica, de comunidade, como uma forma de organização social unitária e *boa* por natureza. Estamos falando, sim, de um grupo diferenciado e singular, de especificidades culturais e de um repertório comum que vai se forjando e transformando através da história e que, também, assim como toda a sociedade, é dividido, campo de tensões e conflitos os mais diversos.

Usamos para isso a noção de território urbano, uma Geografia feita de linhas divisórias e demarcações que não só contém a vida social mas nela intervém, como uma espécie de notação das relações que se estabeleceram entre os indivíduos que ocupam tal espaço. A história da comunidade negra é marcada pela estigmatização de seus territórios na cidade: se, no mundo escravocrata, devir negro era sinônimo de subumanidade e barbárie, na República do trabalho livre, negro virou marca de marginalidade. O estigma foi formulado a partir de um discurso etnocêntrico e de uma prática repressiva; do olhar vigilante do senhor na senzala ao pânico do sanitarista em visita ao cortiço; do registro esquadrinhador do planejador urbano à violência das viaturas policiais nas vilas e favelas.

Para a cidade, território marginal é território perigoso, porque é daí, desse espaço definido por quem lá mora como desorganizado, promíscuo e imoral, que pode

---

[21] Por exemplo, três dos maiores bailes funk da cidade, que congregavam semanalmente alguns milhares de negros e mulatos (Chic Show, Toko e Black Mad), eram situados, respectivamente, na Ponte do Limão, na Vila Matilde e em Pirituba.

nascer uma força disruptora sem limite. Assim se institui uma espécie de *apartheid* velado que, se, por um lado, confina a comunidade à posição estigmatizada de marginal, por outro, nem reconhece a existência de seu território, espaço-quilombo singular.

À guisa de posfácio – revisitando os territórios negros em São Paulo e Rio de Janeiro no ano 2000[22]

Ao republicar este estudo mais de 15 anos depois, não poderíamos deixar de nos aventurar em breve comentário sobre o tema, fruto de observação preocupada e de atuação militante em políticas urbanas e habitacionais no país, mas não de pesquisa ou qualquer investigação sistemática, que infelizmente não tivemos oportunidade de fazer. Em primeiro lugar, vale saudar a crescente visibilidade que o tema da etnicidade ganhou nos últimos anos, especialmente no campo das políticas públicas. Além do debate – mais do que urgente e oportuno das políticas de reparação – o importante movimento quilombola conseguiu trazer à tona a existência de mais de 2.000 quilombos em todo o país, em áreas urbanas e rurais, lutando pelo reconhecimento e regularização de seus territórios.

Por outro lado, um rápido exame nos dados do Censo de 2000 para as cidades do Rio de Janeiro e São Paulo, na comparação com as informações de 1980 analisadas pelo artigo, revela um quadro ainda mais agudo da apartação étnico-social. Na duas cidades o processo de mulatização detectado entre 1950 e 1980 continua: São Paulo conta em 2000 com 30% de pretos e pardos em sua população e Rio de Janeiro com 41%, proporções que 20 anos antes eram respectivamente 23% e 34%. Porém, estas médias estão longe de representar qualquer homogeneidade; em São Paulo a participação de pretos e pardos nos distritos variam de menos de 5% (Moema ou Jardim Paulista) para quase 52% (Lajeado ou Jardim Ângela). No Rio de Janeiro esta variação é de 13,5% (Lagoa) para 62% (Cidade de Deus).

No caso de São Paulo, a periferização da população preta e parda nas duas últimas décadas é evidente: todos os distritos com maiores percentuais deste grupo localizam-se na extrema periferia: Leste (Lajeado, Cidade Tiradentes 49,8%; Itaim Paulista 48,5%; Jardim Helena 48,1%; Guaianazes 47,3%), Sul (Jardim Ângela, Grajaú 48.7%; Parelheiros 48,4%, Capão Redondo-45,5%), ou Norte (Brasilândia, Perus e Anhanguera, em torno de 39,5%). Justamente nestes novos territórios negros situados nas zonas de expansão periférica da cidade emergiram movimentos culturais como o hip-hop, expressão contemporânea da singularidade de um devir negro que atravessa o tempo e espaço.

No caso de Rio de Janeiro a guerra civil que opõe favela a asfalto, anunciada no final dos anos 1980, cada vez mais dilacera a cidade. Diante dela, por incrível que pareça, voltam as vozes temerosas da Zona Sul (Lagoa 13,5%;Copacabana 14,8%,Bo-

---

[22] Os dados apresentados nesta parte são da pesquisa de amostragem do Censo Demográfico do IBGE (2000) e foram tabulados e gentilmente cedidos pelo Centro de Estudos da Metrópole do CEBRAP.

tafogo 15,4% de pretos e pardos) a clamar por remoção das favelas (Complexo do Alemão 56,10%;Rocinha 45,10% de pretos e pardos). Como se o exemplo de Cidade de Deus – fruto da política de remoção de favelas da Zona Sul nos anos 60, território mais negro do Rio de Janeiro (62,24% de pretos e pardos) já não tivesse mais do que provado o enorme equívoco e crueldade das políticas de remoção.

Estes breves comentários da situação atual mostram a continuação de um modelo de urbanização excludente, do qual pretos e pardos são ainda o grupo populacional mais preterido. Políticas sociais e culturais reparadoras e includentes são urgentes e necessárias –, entretanto não é mais possível deixar intacto e incólume um modelo de crescimento e expansão urbana que não consegue sair do paradigma do gueto/senzala.

Referências

BASTIDE, Roger; FERNANDES, Florestan. *Brancos e negros em São Paulo*. São Paulo: Companhia Editora Nacional, 1975.

CARNEIRO, Edson. *Quilombo de Palmares*. São Paulo, 1958.

DAVIDSON, Basil. *The lost cities of Africa*. Boston: Little Brown, 1978.

FERNANDES, Florestan. *O negro no mundo dos brancos*. São Paulo: Difel, 1972.

FONTES, Alice Aguiar de Barros. *A prática abolicionista em São Paulo: os caifazes (1822-1888)*. Dissertação de mestrado. Departamento de História da FFLCH-USPP, 1976.

FREITAS, Décio. *Palmares – a guerra dos escravos*. Rio de Janeiro: Graal, 1978.

MINTZ, S. W. Houses and yards among caribbean peasantries. In: MINTZ, S. *Caribbean transformation*. Londres: The John Hopkins University, 1984.

MOURA, Clóvis. *Rebeliões da senzala*. Rio de Janeiro, 1972.

NELLI, H. S. The italians and organized crime. In: CALLOW JR., B. *American urban history*. Oxford: Oxford University Press, 1973.

PINTO, L. A. C. *O negro no Rio de Janeiro*. São Paulo: Companhia Editora Nacional, 1953.

SOUZA E SILVA, Joaquim Norberto. *Investigações sobre os recenseamentos da população geral do Império e de cada província de per si tentados desde os tempos coloniais até hoje, feitas, aviso de 15 de março de 1870*. Rio de Janeiro: Perseverança, 1870.

Desigualdades raciais nas condições habitacionais da população urbana[1]

Eduardo Rios Neto
Juliana de Lucena Ruas Riani

Tratar da questão racial na população urbana brasileira significa contemplar duas dimensões da questão racial no processo urbano. De um lado, há a questão da diferenças raciais intraurbanas, conforme refletido na análise do processo de segregação residencial urbana por raça que se segue. Por outro, torna-se necessário uma análise descritiva das condições habitacionais dos domicílios, no tocante a aspectos de cobertura de serviços públicos, estrutura fundiária do terreno, etc. A análise que se segue contempla estas duas dimensões, dentro da ótica de identificar as desigualdades raciais tanto com a cristalização e pobreza existentes na sociedade brasileira, quanto a identificação de processos claramente discriminatórios, que são observados quando a pobreza ou seus determinantes são fatores controlados na análise.

Segregação racial residencial em algumas capitais brasileiras

De acordo com Iceland *et al.* (2003), a segregação racial residencial – onde indivíduos do mesmo grupo se concentram nos mesmos lugares, levando, dentre outras coisas, a uma desigualdade urbana – pode ser consequência de fatores relacionados às diferenças socioeconômicas, discriminação no mercado imobiliário ou a preferência de viver em vizinhança com pessoas de cor ou raça similar.

No caso do Brasil existe, entre alguns grupos, a ideia de que grande parte da segregação racial residencial esteja vinculada aos fatores socioeconômicos, ou seja, segregação por classe social. Como os negros, definidos aqui como a população preta e parda,[2] são maioria na classe social mais baixa e, ao contrário, os brancos

---
[1] Estudo produzido especialmente para o Relatório de Desenvolvimento Humano do Brasil (2005), do Programa das Nações Unidas para o Desenvolvimento (PNUD).
[2] A classificação do indivíduo segundo a sua cor foi a mesma utilizada no Censo Demográfico de 2000 fornecido pelo Instituto Brasileiro de Geografia e Estatística (IBGE).

são maioria nas classes mais altas, a aglomeração habitacional dos negros seria atribuída por essas diferenças sociais. Autores como Pierson, Fernandes e Ianni, citados por Telles (1994), são defensores dessa hipótese. Entretanto, pesquisas mais recentes têm mostrado que a condição econômica não é o único fator de segregação no Brasil, e que aspectos raciais e étnicos também estão envolvidos Telles (2003).

Com o intuito de investigar como ocorre a configuração espacial entre as raças em algumas capitais brasileiras, foi feita uma análise da distribuição espacial dos negros e brancos e dos pobres e indigentes para as áreas de ponderação – unidade geográfica mínima que possibilita a manipulação dos dados censitários – utilizando os dados do Censo Demográfico de 2000. As capitais incluídas na análise são Belo Horizonte, Curitiba, Porto Alegre, Recife, Rio de Janeiro, Salvador e São Paulo. Esta análise permite mostrar que a configuração racial no espaço intraurbano possui total aderência com os indicadores de pobreza tal aderência é também observada no caso do uso de outros indicadores socioeconômicos.

Nos mapas a seguir são contrastadas três distribuições espaciais: da cor, da porcentagem de domicílios abaixo da linha de pobreza e da porcentagem de domicílios abaixo da linha de indigência. Os valores das linhas de pobreza e indigência das capitais são aqueles obtidos para os seus respectivos estados, de acordo com o cálculo e metodologia descritos no *Atlas Racial*.

Através desses mapas percebe-se que a distribuição espacial da população branca e negra parece estar associada com a distribuição espacial por nível de renda, ou seja, a maior proporção de negros concentra-se nas áreas de ponderação de maior incidência de pobres. Cabe ressaltar que não se pretende no presente artigo fazer uma análise de causa e efeito dessa associação, ou seja, não se pretende entrar na questão de que o fator racial pode ser um dos causadores do baixo nível de renda entre os negros, devido principalmente a existência de um mercado de trabalho discriminador.

Tomando como exemplo a cidade de Belo Horizonte (Mapa 1), observa-se que a região centro-sul, cujo nível de renda é mais alto, possui a menor proporção de negros (menos de 18,3%). Por outro lado, as regiões periféricas no norte, como Isidoro Norte e Capitão Eduardo, que se caracterizam por serem regiões mais pobres, possuem maior concentração de negros. Destaca-se também alguns pontos da região central com maior proporção de negros e pobres, que são sabidamente regiões de favelas, como Morro das Pedras, que possui o maior número de indigentes (16,57%) e com uma população negra de 63,59%.

Além disso, este padrão é encontrado praticamente nas sete cidades analisadas, ou seja, os brancos concentram-se nas regiões habitadas pelas classes média e alta e os negros nas regiões mais pobres. Interessante notar o caso de Salvador, que possui a maior proporção de negros dentre as demais cidades. Nesse caso, os negros não concentram-se apenas nas áreas mais pobres – mas, apesar disto, as áreas com menor proporção de pobres indicam uma predominância de brancos.

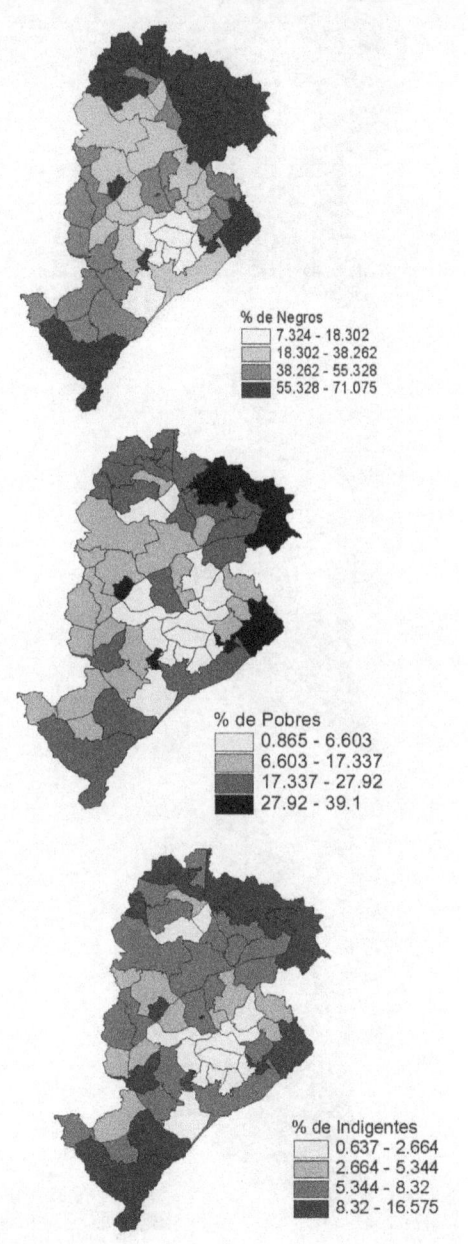

Mapa 1 – Proporção de pessoas negras, pobres e indigentes por área de ponderação – Belo Horizonte, 2000

Fonte: IBGE, Censo Demográfico de 2000.

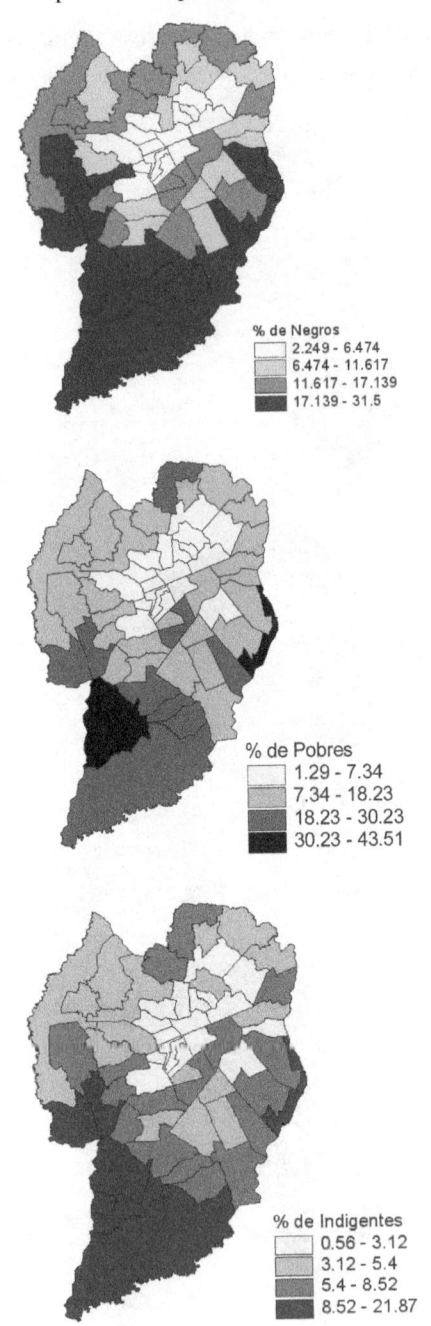

Mapa 2 – Proporção de pessoas negras, pobres e indigentes por área de ponderação – Curitiba, 2000.

% de Negros
2.249 - 6.474
6.474 - 11.617
11.617 - 17.139
17.139 - 31.5

% de Pobres
1.29 - 7.34
7.34 - 18.23
18.23 - 30.23
30.23 - 43.51

% de Indigentes
0.56 - 3.12
3.12 - 5.4
5.4 - 8.52
8.52 - 21.87

Fonte: IBGE. Censo Demográfico de 2000.

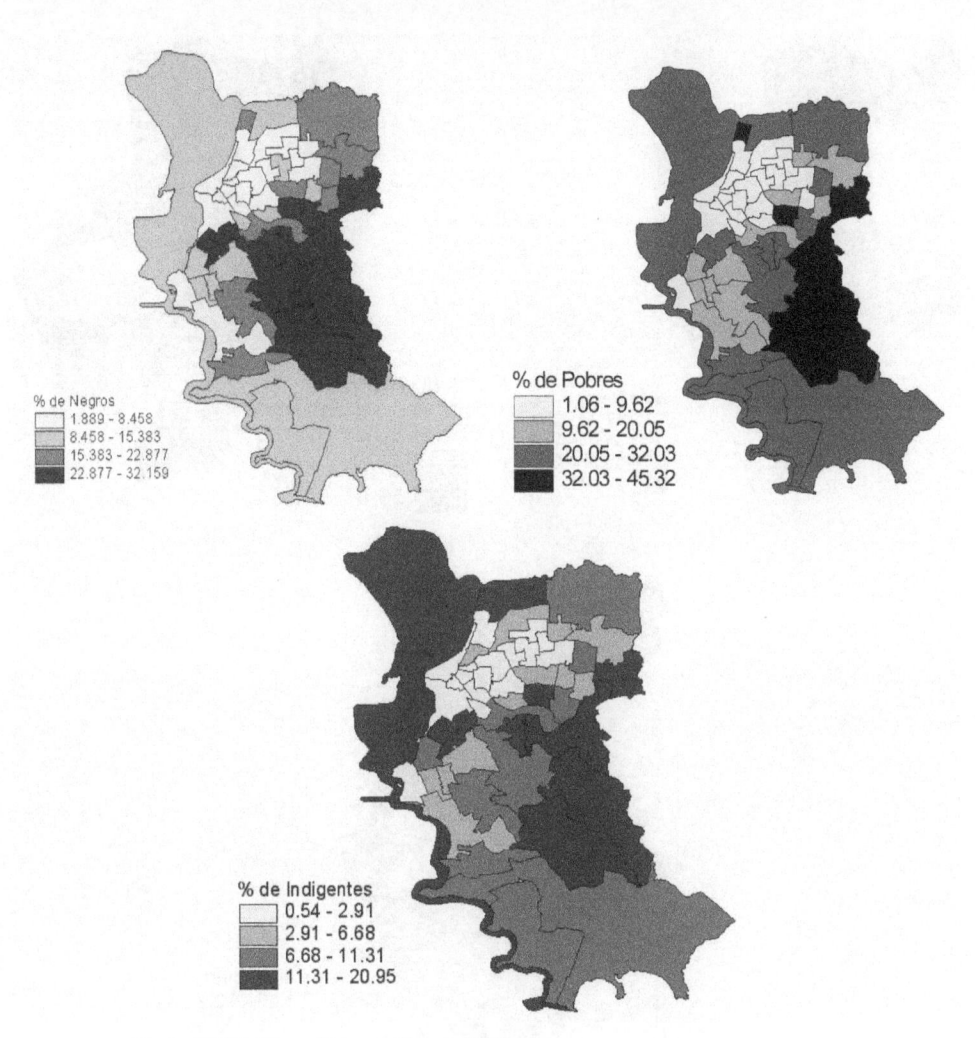

Mapa 3 – Proporção de pessoas negras, pobres
e indigentes por área de ponderação – Porto Alegre, 2000.

% de Negros
- 1.889 - 8.458
- 8.458 - 15.383
- 15.383 - 22.877
- 22.877 - 32.159

% de Pobres
- 1.06 - 9.62
- 9.62 - 20.05
- 20.05 - 32.03
- 32.03 - 45.32

% de Indigentes
- 0.54 - 2.91
- 2.91 - 6.68
- 6.68 - 11.31
- 11.31 - 20.95

Fonte: IBGE, Censo Demográfico de 2000.

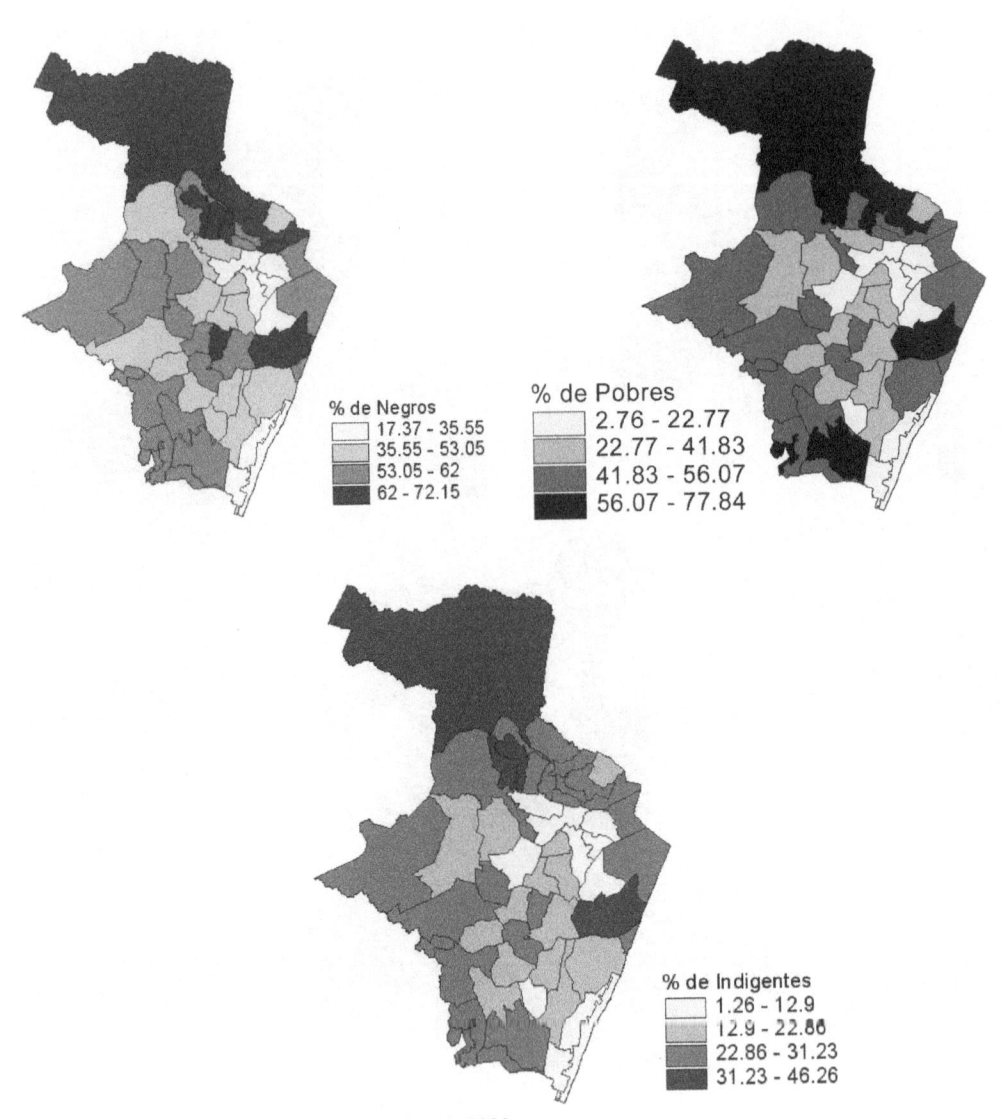

Mapa 4 – Proporção de pessoas negras, pobres
e indigentes por área de ponderação – Recife, 2000.

% de Negros
- 17.37 - 35.55
- 35.55 - 53.05
- 53.05 - 62
- 62 - 72.15

% de Pobres
- 2.76 - 22.77
- 22.77 - 41.83
- 41.83 - 56.07
- 56.07 - 77.84

% de Indigentes
- 1.26 - 12.9
- 12.9 - 22.86
- 22.86 - 31.23
- 31.23 - 46.26

Fonte: IBGE, Censo Demográfico de 2000.

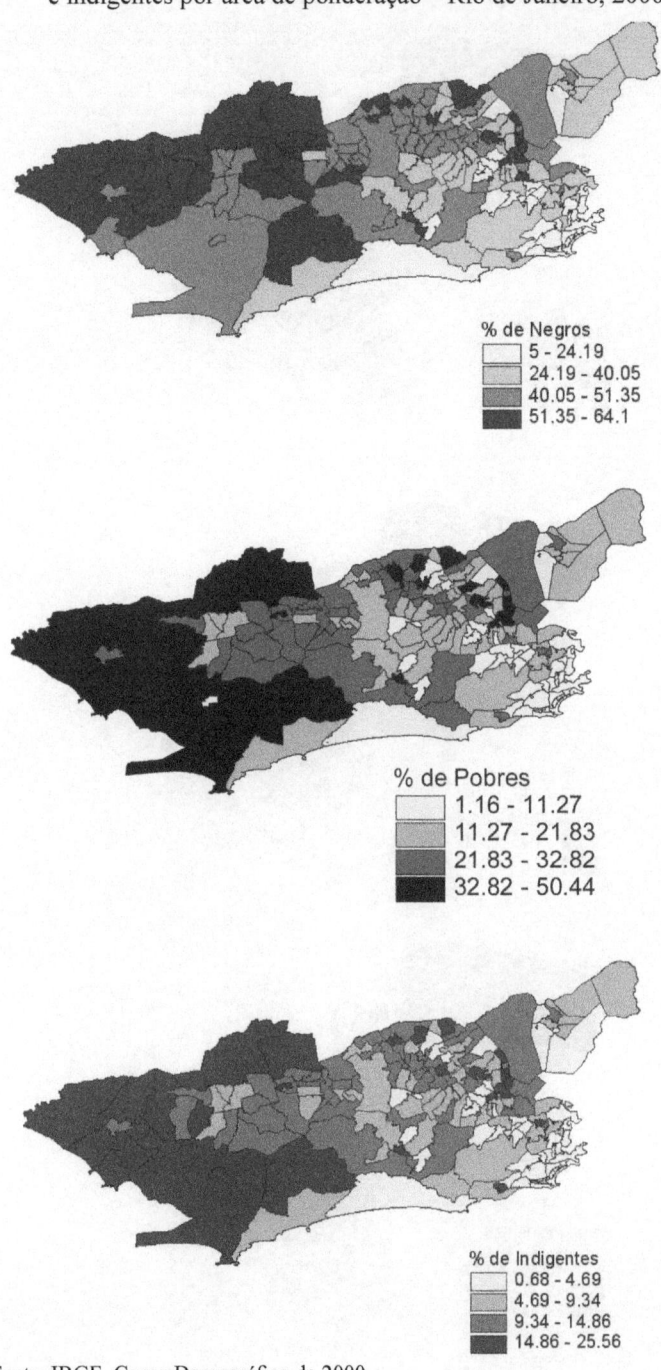

Mapa 5 – Proporção de pessoas negras, pobres e indigentes por área de ponderação – Rio de Janeiro, 2000.

% de Negros
- 5 - 24.19
- 24.19 - 40.05
- 40.05 - 51.35
- 51.35 - 64.1

% de Pobres
- 1.16 - 11.27
- 11.27 - 21.83
- 21.83 - 32.82
- 32.82 - 50.44

% de Indigentes
- 0.68 - 4.69
- 4.69 - 9.34
- 9.34 - 14.86
- 14.86 - 25.56

Fonte: IBGE, Censo Demográfico de 2000.

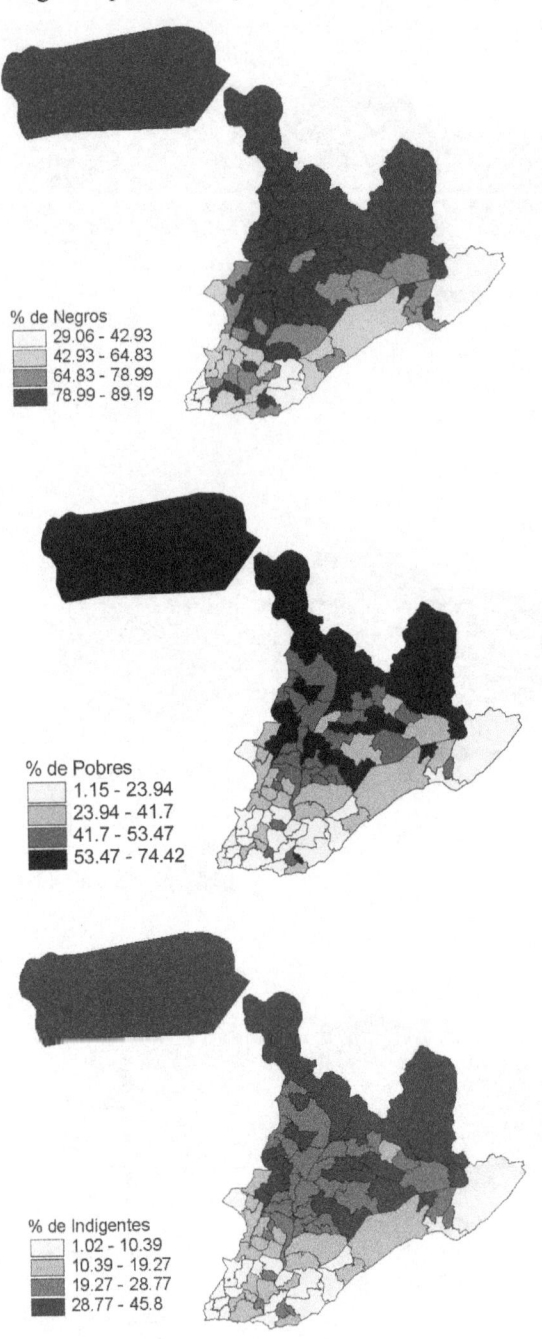

Mapa 6 – Proporção de pessoas negras, pobres
e indigentes por área de ponderação – Salvador, 2000.

% de Negros
- 29.06 - 42.93
- 42.93 - 64.83
- 64.83 - 78.99
- 78.99 - 89.19

% de Pobres
- 1.15 - 23.94
- 23.94 - 41.7
- 41.7 - 53.47
- 53.47 - 74.42

% de Indigentes
- 1.02 - 10.39
- 10.39 - 19.27
- 19.27 - 28.77
- 28.77 - 45.8

Fonte: IBGE, Censo Demográfico de 2000.

Mapa 7 – Proporção de pessoas negras, pobres
e indigentes por área de ponderação – São Paulo, 2000.

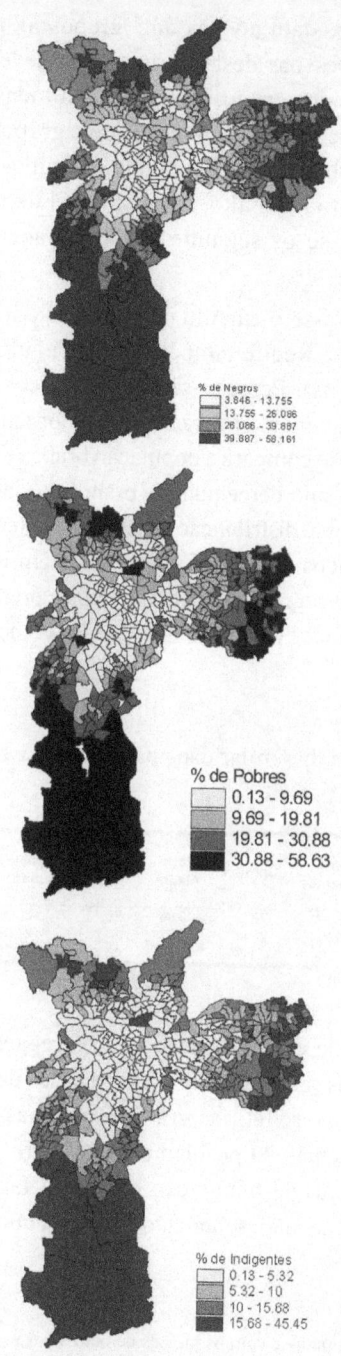

Fonte: IBGE, Censo Demográfico de 2000.

Existem índices que sintetizam a segregação racial residencial, sendo que o mais utilizado é o Índice de Dissimilaridade, definido formalmente no apêndice.

Considerando que existam apenas dois grupos na população, esse índice mede a porcentagem de pessoas desses grupos que devem mudar de área para que a mesma distribuição dos grupos prevaleça em todas as áreas. O Índice de Dissimilaridade varia entre 0 – caso em que os dois grupos estão uniformemente distribuídos numa área urbana – a 100 –, onde os grupos não compartilham nenhuma área urbana. Quanto mais alto, maior o nível de segregação residencial. Neste estudo, considerou-se os seguinte grupos: brancos e negros, brancos e pretos e brancos e pardos.

Na Tabela 1 encontra-se o cálculo deste índice para as cidades selecionadas (para Belo Horizonte e Recife também foi calculado esse índice separando os aglomerados subnormais). Percebe-se que os índices são bastante próximos e se encontram em um patamar moderado.[3] Salvador apresentou o maior índice, atingindo 30,20%, quando se compara a população branca e negra. Isso significa que 30,20% dos negros e o mesmo percentual de brancos teriam que mudar de área de ponderação para que houvesse distribuição igualitária em termos de cor em Salvador. O menor índice entre brancos e negros foi observado em Recife (20,13). Os dados também demonstram que a segregação entre brancos e pretos é quase sempre maior que a segregação entre brancos e pardos, embora a diferença maior seja encontrada em Recife.

Tabela 1 – Índice de dissimilaridade para capitais selecionadas – 2000

Categorias	Belo Horizonte - com subnormais	Belo Horizonte	Curitiba	Porto Alegre	Recife	Recife - com subnormais	Rio de Janeiro	Salvador	São Paulo
Brancos e negros	29,05	28,31	22,57	29,69	20,13	21,69	25,64	30,20	29,94
Brancos e pretos	30,06	28,80	21,85	31,07	26,05	27,08	25,34	32,95	25,53
Brancos e pardos	29,09	28,49	23,28	28,81	19,83	21,28	26,21	29,28	31,53

Fonte: IBGE, Censo Demográfico de 2000.

Os baixos índices de dissimilaridade ou segregação espacial encontrados para as capitais brasileiras (baixos comparados a casos de estudos de minorias em outros países) parecem não refletir as grandes manchas de distribuição espacial por raça mostrada nos mapas. O problema é que a grande participação relativa dos grupos raciais no total da população brasileira faz com que as diferenças entre áreas de ponderação não sejam tão grandes quanto as diferenças entre aglomerados espaciais.

---

[3] Fala-se moderado quando compara-se com os índices de outros países, como os Estados Unidos, cujo valor se encontra acima de 70 (TELLES, 2003).

Apesar da aparente ligação entre a segregação racial e por classe social no Brasil, é prematuro dizer que não existe racismo no mercado imobiliário do Brasil, sem uma análise mais detalhada da segregação residencial por raça, até porque nas áreas mais pobres esse mercado é bastante informal. Telles (2003, p. 177) investiga o índice de dissimilaridade para algumas cidades brasileiras separando os indivíduos que se encontram no mesmo estrato de renda. Seus resultados demonstram que há uma maior segregação nas classes mais altas, o que se pode inferir que a segregação racial entre brancos, pretos e pardos não pode ser atribuída apenas ao *status* socioeconômico, fatores como autossegregação e racismo também têm que ser levados em consideração.

Nas tabelas a seguir foi calculado o índice de dissimilaridade para o município de Belo Horizonte separando por grupos de escolaridade (Tabela 2) e quintil de renda familiar per capita (Tabela 3). Em outras palavras, calculou-se a discriminação considerando-se apenas os indivíduos com mesmo nível educacional e de renda.

Percebe-se que a segregação racial aumenta nos grupos mais favorecidos, ou seja, com escolaridade e renda *per capita* maiores. O aumento não é gradual, no caso da escolaridade o aumento se dá nos grupos com 8 a 10 anos de estudo e 11 anos de estudo ou mais do chefe do domicílio. No caso da renda *per capita* familiar, o aumento na dissimilaridade é mais pronunciado no quarto quintil e, mais exagerado ainda, no quinto quintil de renda familiar *per capita*. Dessa forma, não se pode considerar que apenas os fatores socioeconômicos são os responsáveis pela segregação residencial em Belo Horizonte, fatores como autossegregação e racismo também têm que ser levados em consideração, visto que aparece uma tendência a que, mesmo alcançando ascenção social em termos de renda *per capita* familiar e escolaridade do chefe do domicílio, negros continuem residindo em bairros onde as médias destes indicadores estejam abaixo da sua, mas onde se verifica concentração de negros – e, deve-se lembrar, também, de pobres. Este resultado é coerente com aqueles obtidos por Telles (2003), e provavelmente podem ser generalizados para as demais capitais analisadas anteriormente.

Esta segregação racial urbana, capturada em grandes aglomerados de áreas de ponderação e numa certa discriminação espacial por raça para os setores de alta renda e escolaridade, configura um potencial de reprodução das desigualdades socioraciais por dois motivos. Em primeiro lugar, pelo fato de o espaço favorecer a reprodução da desigualdade por intermédio de limitações de capital social decorrentes do padrão espacial de desigualdade –, o que condicionaria que negros em ascensão social, ao permanecer em bairros onde se concentram negros e pobres, teriam menor acesso a tais capitais sociais, o que se configuraria num limitador de sua própria mobilidade ascendente, sobretudo se consideramos o movimento intergeracional. Em segundo lugar, pelas limitações de acesso aos serviços urbanos, decorrentes da correlação entre este acesso e pobreza da área intraurbana. A análise que segue, sobre os diferenciais raciais refletidos nas condições de moradia, complementa a análise do processo intraurbano do componente racial.

Telles (1994, p. 191) diz que

> [...] essa desigualdade racial combinada com segregação de classe conduz inevitavelmente um certo grau de segregação racial. Um dos traços mais notáveis do crescimento rápido e explosivo das cidades é a segregação residencial pela classe social. A separação espacial de classes sociais ou grupos raciais afeta negativamente o acesso dos pobres, conseqüentemente dos negros, ao mercado de trabalho e aos serviços de educação e saúde, criando uma distância social crescente entre classes e raças. À medida que os bairros se tornam mais homogêneos, intensificam-se os preconceitos, diminuem as oportunidades de interação e se tornam mais patentes as diferenças raciais e de classe. em conseqüência, sobrevêm conflitos comunitários, criminalidade elevada, rivalidades no trabalho e hostilidade inter-racial e inter-classes. [...]. A redução de oportunidade decorrente da pobreza é exacerbada pela localização residencial desvantajosa.

Tabela 2 – Índice de dissimilaridade por anos de estudo para Belo Horizonte – 2000

categorias	Indice de Dissimilaridade
zero ano de estudo	
brancos/amarelos e negros/indígenas	19,98
brancos e pretos	22,86
brancos e pardos	20,04
1 a 3 anos de estudo	
brancos/amarelos e negros/indígenas	19,28
brancos e pretos	21,24
brancos e pardos	19,45
4 a 7 anos de estudo	
brancos/amarelos e negros/indígenas	17,83
brancos e pretos	19,24
brancos e pardos	17,02
8 a 10 anos de estudo	
brancos/amarelos e negros/indígenas	23,46
brancos e pretos	24,44
brancos e pardos	23,61
11 e mais anos de estudo	
brancos/amarelos e negros/indígenas	35,88
brancos e pretos	40,75
brancos e pardos	35,17

Fonte: Rios-Neto (2004) em *Projeto Belo Horizonte no Século XXI*. Execução Cedeplar/UFMG.

Tabela 3 – Índice de dissimilaridade por quintil da renda familiar per capita para Belo Horizonte – 2000

categorias	Índice de Dissimilaridade
1º quintil de renda	
brancos/amarelos e negros/indígenas	11,72
brancos e pretos	17,01
brancos e pardos	11,79
2º quintil de renda	
brancos/amarelos e negros/indígenas	11,45
brancos e pretos	16,41
brancos e pardos	11,59
3º quintil de renda	
brancos/amarelos e negros/indígenas	12,82
brancos e pretos	16,84
brancos e pardos	12,91
4º quintil de renda	
brancos/amarelos e negros/indígenas	17,94
brancos e pretos	21,85
brancos e pardos	17,99
5º quintil de renda	
brancos/amarelos e negros/indígenas	34,58
brancos e pretos	39,19
brancos e pardos	33,92

Fonte: Rios-Neto (2004) em *Projeto Belo Horizonte no Século XXI*. Execução Cedeplar/UFMG.

Habitação em aglomerados subnormais

Em 1991, de acordo com dados do Censo Demográfico, a porcentagem de negros vivendo em aglomerados subnormais (expressão utilizada pelo IBGE para designar as favelas, mocambos, palafitas e aglomerados similares, localizados sobretudo nas áreas urbanas e metropolitanas) era mais de duas vezes superior à porcentagem de brancos vivendo nas mesmas situações. Embora representassem menos da metade da população total, os negros constituíam 2/3 da população "favelada" do Brasil.

As condições dos dois grupos melhoraram ao longo da década, e a disparidade apresentou um ligeiro declínio, mas, em 2000, a proporção de negros nesses aglomerados ainda era quase o dobro da proporção de brancos.

Tabela 4 – População em aglomerados
subnormais (AS)*, por raça, 1991 e 2000

	1991	2000
Porcentagem da população branca vivendo em AS	3,1	2,8
Porcentagem da população negra vivendo em AS	6,6	5,1
Porcentagem da população total vivendo em AS	4,8	3,9
Negros como porcentagem da população dos AS	65,6	59,7
Negros como porcentagem da população urbana	43,7	42,4
Negros como porcentagem da população total	47,4	45,3

(*) Aglomerados subnormais são favelas, mocambos, palafitas e similares
Fonte : IPEA, a partir dos Censos Demográficos do IBGE

Domicílios construídos de material não durável

Além dos aglomerados subnormais, outro indicador bastante utilizado para avaliação das condições de habitação de uma residência vem a ser a porcentagem de lares com tetos e paredes construídos com materiais não duráveis. Neste caso, parece evidente que as famílias que moram em tais lugares tendem a estar sob permanente situação de risco, seja por intempéries naturais, seja por acidentes, especialmente com fogo.

Gráfico 1

Percentual de Domicílios Feitos com Tetos Duráveis, Segundo a Raça/Cor do Chefe, 1992-2001

Fonte: IPEA, com base nos microdados da PNAD/IBGE

Gráfico 2

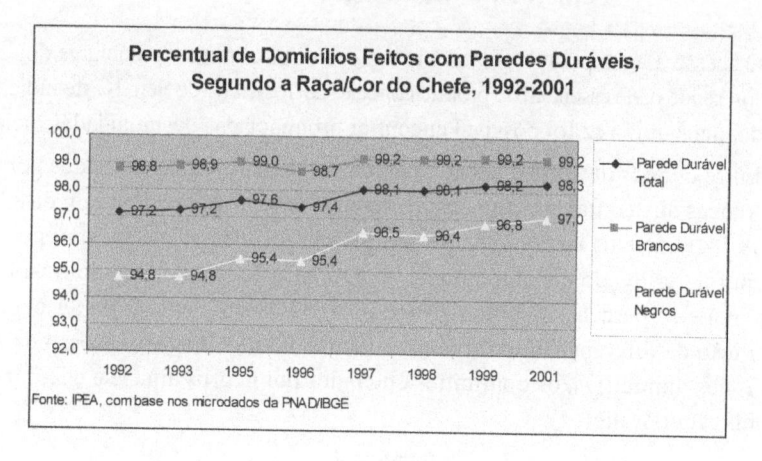

Percentual de Domicílios Feitos com Paredes Duráveis, Segundo a Raça/Cor do Chefe, 1992-2001

Fonte: IPEA, com base nos microdados da PNAD/IBGE

A análise dos gráficos 1 e 2 revela que, nas regiões urbanas brasileiras, mais de 90% dos domicílios localizados em áreas urbanas contava com paredes e tetos construídos com materiais duráveis. De todo modo, mesmo nestes dois casos pode-se perceber que havia uma ligeira vantagem favorável à população branca.

Excesso de densidade do domicílio

O indicador de densidade do domicílio é calculado pela quantidade de famílias que têm mais de três pessoas por dormitório. Entre 1992 e 2001, verifica-se que o percentual de famílias chefiadas por pessoas brancas vivendo nestas condições passou de 7,2% para 4,9%. Entre as famílias chefiadas por pessoas negras, no mesmo período, igualmente ocorreu uma redução neste indicador, tendo passado o mesmo de 14,3% para 10,4% (Gráfico 3).

Gráfico 3

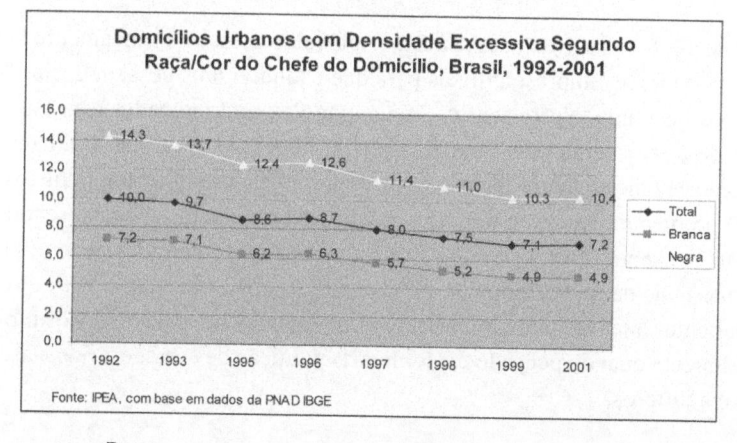

Domicílios Urbanos com Densidade Excessiva Segundo Raça/Cor do Chefe do Domicílio, Brasil, 1992-2001

Fonte: IPEA, com base em dados da PNAD IBGE

Abastecimento de água adequada

O acesso à água potável representa um dos direitos mais elementares dos seres humanos, sendo parte essencial do próprio conceito de *liberdade* de Sen. Neste indicador, contudo, mais uma vez foi possível encontrar pronunciadas desigualdades raciais.

Entre os anos de 1992 e 2001, o percentual de domicílios chefiados por pessoas brancas que contavam com abastecimento de água potável passou de 83,3% para 88,5%. Entre os lares chefiados por afrodes cendentes, no mesmo período, também foi verificado um aumento de 73,6%, para 82,5% dos domicílios. Desta forma, pode-se perceber que no período de 1992 a 2001, apesar de ter ocorrido diminuição da diferença entre brancos e negros no que tange ao acesso de água potável nos domicílios, os domicílios chefiados por negros ainda se encontra em desvantagem (Gráfico 4).

Gráfico 4

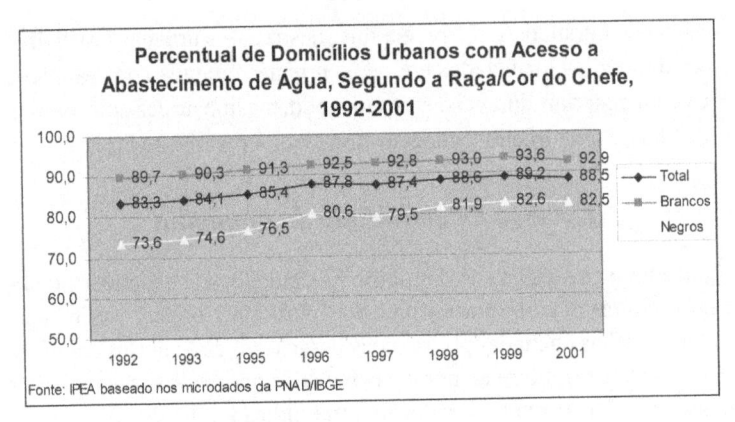

Percentual de Domicílios Urbanos com Acesso a Abastecimento de Água, Segundo a Raça/Cor do Chefe, 1992-2001

Fonte: IPEA baseado nos microdados da PNAD/IBGE

Adequação das Formas de Saneamento Básico e ao Esgotamento Sanitário

Tal como no caso do acesso à água potável, o acesso ao saneamento básico é uma das condições imprescindíveis para que os indivíduos possam gozar de boas condições de saúde. Neste sentido, mais uma vez este indicador está totalmente imbricado com o tema das capacidades e da liberdade, *a la* Sen. Infelizmente, a população brasileira ainda padece hoje da falta de investimentos públicos nesta área. O problema é que este tipo de serviço, pela sua natureza, acaba sendo quase invisível, posto que os canos e dutos ficam quase sempre enterrados. Assim, segundo um termo mais ou menos popular, tal investimento não traz votos. Por outro lado, cabe salientar que este tema imbrica-se intimamente com o da questão ambiental, especialmente quando pensado em termos da poluição de córregos, rios, nascentes, praias e aquíferos.

Gráfico 5

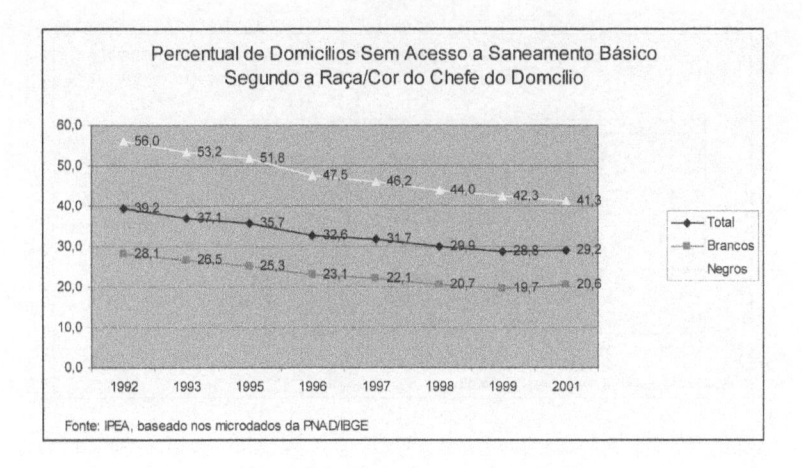

Percentual de Domicílios Sem Acesso a Saneamento Básico
Segundo a Raça/Cor do Chefe do Domcílio

Ano	Total	Brancos	Negros
1992	39,2	28,1	56,0
1993	37,1	26,5	53,2
1995	35,7	25,3	51,8
1996	32,6	23,1	47,5
1997	31,7	22,1	46,2
1998	29,9	20,7	44,0
1999	28,8	19,7	42,3
2001	29,2	20,6	41,3

Fonte: IPEA, baseado nos microdados da PNAD/IBGE

No ano de 1992, o percentual de domicílios chefiados por pessoas brancas que não contavam com este tipo de serviço, localizados nas áreas urbanas, alcançava a marca de 28,1%, tendo passado este número relativo, em 2001, para 20,6%. Nos lares chefiados por pessoas negras, este percentual, no mesmo período, passaria de 56% para 41,3%. Portanto, a proporção de domicílios chefiados por pessoas negras nas áreas urbanas sem acesso a este serviço essencial era o dobro do que ocorria entre os domicílios chefiados por pessoas brancas (Gráfico 5).

No Gráfico 6, pode-se ver que, também no indicador de acesso ao esgotamento sanitário, se fazem presentes pronunciadas disparidades raciais. Em 1992, o percentual de domicílios chefiados por pessoas negras sem acesso a este serviço era 24,3 pontos percentuais acima do percentual de domicílios chefiados por pessoas brancas na mesma condição. Em 2001, este hiato desfavorável aos afrodescendentes caiu para 18,5. Apesar da queda no hiato, o percentual de domicílios chefiadas por pessoas negras que não tinham acesso ao esgotamento sanitário, em 2001, era 13 pontos percentuais superior ao percentual de domicílios chefiados por brancos nesta mesma condição em 1992 (Gráfico 6). O que projetaria, mantendo-se tais tendências, mais uma década e meia para que os domicílios chefiados por negros atingissem o mesmo patamar de falta de assistência que os domicílios chefiados pelos brancos apresentavam em 1992. Ou seja, os negros estão, neste quesito, 25 anos atrás dos brancos!

Gráfico 6

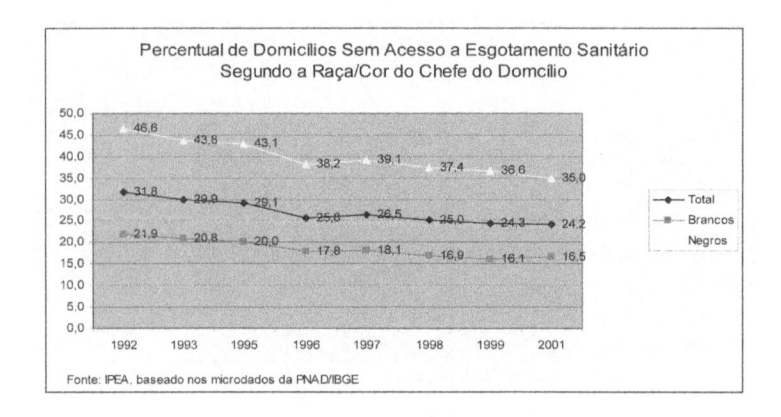

Percentual de Domicílios Sem Acesso a Esgotamento Sanitário Segundo a Raça/Cor do Chefe do Domcílio

Fonte: IPEA, baseado nos microdados da PNAD/IBGE

Indicadores de coleta do lixo

Ao longo dos anos 1990, o sistema de coleta do lixo passou por uma grande melhoria para toda a população brasileira. Deste modo, tanto entre os lares chefiados por pessoas brancas, como entre os domicílios chefiados por pessoas negras, ocorreu uma pronunciada queda no percentual de residências sem acesso a este tipo de serviço.

Gráfico 7

Percentual de Domicílios Urbanos Sem Acesso à Coleta Regular do Lixo Segundo a Condição do Chefe, Brasil, 1992-2001

Fonte: PNAD 1992-2001

Apesar destas melhorias, as desigualdades raciais presentes neste indicador persistiram durante toda a década passada. Deste modo, entre 1992 e 2001, o percentual de lares chefiados por brancos sem acesso aos serviços de coleta de lixo passou de 10,7% para 2,6%, praticamente se universalizando no interior deste contingente racial ou de cor. No mesmo período, a queda de lares chefiados por afrodescendentes sem acesso ao serviço de coleta do lixo também reduziu significativamente, de 29% para 8,4%. Assim, cabe salientar que a carência deste tipo de serviço entre os lares chefiados por negros, comparativamente, era 3,2 vezes maior do que os lares chefiados por brancos (Gráfico 7).

Domicílio sem acesso à energia elétrica

Nas sociedades modernas, o acesso à energia elétrica constitui um bem de primeira necessidade. Na verdade, entre os indicadores de acesso aos bens de uso coletivo (especialmente comparando-se com o acesso à água potável, à coleta do lixo e ao esgotamento sanitário), esta variável tende a apresentar números relativos menos gritantes. Não obstante, o motivo pelo qual isto ocorre, além dos investimentos realizados pelo setor público na expansão da rede de energia elétrica, é explicado por conta de uma prática generalizada de uso dos chamados *gatos*, isto é, a captação clandestina de energia elétrica das redes convencionais.

Gráfico 8

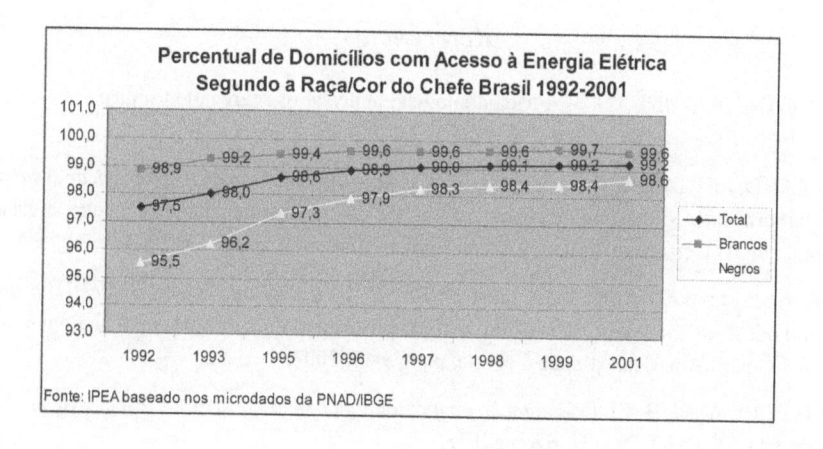

Percentual de Domicílios com Acesso à Energia Elétrica Segundo a Raça/Cor do Chefe Brasil 1992-2001

Ano	Total	Brancos	Negros
1992	98,9	97,5	95,5
1993	99,2	98,0	96,2
1995	99,4	98,6	97,3
1996	99,6	98,9	97,9
1997	99,6	99,0	98,3
1998	99,6	99,1	98,4
1999	99,7	99,2	98,4
2001	99,6	99,2	98,6

Fonte: IPEA baseado nos microdados da PNAD/IBGE

Não obstante, o percentual de lares chefiados por pessoas brancas com acesso à energia elétrica, entre 1992 e 2001, passou de 98,9% para 99,2%. Destaca-se o aumento na proporção de domicílios com acesso à energia elétrica, que passou, entre as famílias chefiadas por pessoas negras, de 95,5%, para 98,6% no mesmo período. Estes percentuais significam que, não obstante uma pequena vantagem para o contingente branco, entre as pessoas de ambos os grupos raciais ou de cor, este serviço já está praticamente universalizado (Gráfico 8). O caso da energia elétrica é importante para demonstrar como a universalização de um dado serviço público é condição suficiente para extinguir os diferenciais raciais e de outros atributos entre os domicílios

Comentários finais

O estudo sobre condições habitacionais mostrou que as condições habitacionais são diferenciadas racialmente, em grande medida porque a provisão de serviços urbanos está correlacionada com a pobreza e esta com a composição racial. Tal constatação da correlação entre pobreza e raça não desqualifica a premência política da última, ou sua subordinação exclusiva ao processo universal de combate à pobreza, embora ambos possam caminhar juntos. O foco na questão racial ajuda mostrar a cara do foco na pobreza, embora não se trate de advogar um esquecimento de políticas dirigidas ao pobre branco. A análise da segregação espacial e dos mapas de prevalência racial e pobreza mostrou uma nova dimensão espacial da questão; esta análise é apenas descritiva, mas pode estar identificando, pioneiramente, processos espacializados de reprodução da desigualdade racial, processos estes que podem estar relacionados à formação de capital social e sua interação com o capital humano, entre outros aspectos. O indicativo de uma maior discriminação na segregação racial residencial entre os setores de escolaridade e renda mais elevados aponta a necessidade de estudos mais aprofundados acerca deste processo.

Referências

DUNCAN, O.; DUNCAN B. A Methodological analysis of segregation indices. *American Sociological Review*. 20. p. 210-217, 1955.

ICELAND, J.; SHARPE, C.; STEINMETZ, E. *Class differences in african american residential patterns in U.S. metropolitan areas: 1990-2000*. Artigo apresentado no encontro anual da Population Association of America, Minneapolis, Minnesota, maio 1-3, 2003.

ICELAND, J.; WEINBERG, D. H.; STEINMETZ, E. *Racial and ethnic residential segregation in the united states: 1980-2000*. Artigo apresentado no encontro anual da Population Association of America, Atlanta, Geórgia, maio 9-11, 2002.

OLIVEIRA, A. M. H. C. *A segregação ocupacional por sexo no Brasil*. (Tese de Mestrado). CEDEPALR/UFMG. Belo Horizonte, 1997.

RIOS-NETO, Eduardo L.G. (Coor.), Módulo 8 - A dimensão humana em Belo Horizonte: Família, educação e raça. *Projeto Belo Horizonte no Século XXI*. Execução Cedeplar/UFMG, Belo Horizonte, Julho de 2004.

TELLES, E. E. *Racismo a brasileira: Uma nova perspectiva sociológica.* Rio de Janeiro: Relume Dumara, 2003.

Apêndice

Metodologia

ÍNDICES DE POBREZA

Para mensuração da pobreza extrema, utilizou-se a abordagem tradicional do nível de renda familiar *per capita* como definidor dos pobres. Os valores das linhas de pobreza e indigência das capitais são aqueles obtidos para os seus respectivos estados, de acordo com o cálculo e metodologia descritos no *Atlas Racial*. Assume-se, portanto, que os valores para as capitais são os mesmos para os respectivos estados.

Com base nas referidas linhas, calcula-se o número de indivíduos com renda familiar per capita inferior (À)a linha de pobreza ou indigência fixadas. Nesse exercício, optou-se por trabalhar apenas com um dos três índices de pobreza proposto por Foster, Greer e Thorbecke (1984), que é o índice de proporção dos pobres (P_0), dada pela seguinte equação:

$$P_0 = \frac{q}{n}$$

Sendo:

P_0 é a proporção de pobres;

n a população total e

q o número de indigentes ou pobres.

ÍNDICES DE DISSIMILARIDADE

É a medida mais utilizada para medir segregação residencial proposto por Duncan & Duncan (1955), sua fórmula é dada por:

$$D = \sum_{j=1}^{J} \left| \frac{x_j}{X} - \frac{y_j}{Y} \right| * 0,5 * 100$$

Onde:

D é a porcentagem de pessoas de determinado grupo que devem mudar para que tenha a mesma distribuição dos grupos em todas as áreas j;

x_j é o número de pessoas do grupo minoritário (nesse presente trabalho seria o número de pretos e/ou pardos) em cada área j;

X é o número total do grupo minoritário;

y_j é o número de pessoas do grupo majoritário (nesse caso, os brancos) em cada área j;

Y é o número total de pessoas no grupo majoritário.

Esse índice varia entre zero e cem, quanto mais alto maior o nível de segregação residencial.

Inadequação de domicílio

Para medir a inadequação de domicílio optou-se por calcular a inadequação fundiária urbana. O seu cálculo se dá da seguinte forma:

Onde;

Inad é a proporção de domicílios inadequados;

D_{inad} é o total de domicílios particulares permanentes urbanos próprios construídos em terrenos que não são de propriedade do morador ou situados em setores definidos como subnormais;

D é o total de domicílios particulares permanentes urbanos.

PARTE IV
GEO-GRAFIAS DE LUTAS, GEO-GRAFIAS HISTÓRICAS: RELAÇÕES RACIAIS E O ESPAÇO AGRÁRIO BRASILEIRO

A geografia negra das comunidades remanescentes de quilombo no Brasil

Renato Emerson dos Santos

Gabriel Siqueira Correa

Introdução

Nas últimas décadas tem havido um debate cada vez mais intenso e complexo sobre a titulação de terras das comunidades remanescentes de quilombo no Brasil. Se durante grande parte do século passado esses coletivos despertaram pouca ou quase nenhuma atenção por parte do Estado, hoje eles ocupam um grande espaço nas discussões sobre disputa por território, principalmente por atacar diretamente questões referentes à histórica concentração fundiária e a especulação imobiliária, dois aspectos centrais da organização capitalista do espaço brasileiro.

Um dos marcos para a intensificação desse debate aconteceu a partir da Constituição Federal de 1988, através do Art. n. 68 do Ato das Disposições Constitucionais Transitórias (ADCT), que anuncia no corpo do seu texto que "Aos remanescentes das comunidades de quilombos que estejam ocupando suas terras é reconhecida a propriedade definitiva, devendo o Estado emitir-lhes os títulos respectivos".

Desde então, o conceito de quilombo passa por um processo de ressemantização (ARRUTI, 2006) que ocorre pela convergência de tradições discursivas em luta (sobretudo aquelas pela reforma agrária e antirracismo) que, no bojo da definição dos sujeitos de direitos, promove uma releitura do passado e do presente, da história e das relações sociais que constituem os quilombos e as geografias inerentes a sua construção.

Cabe destacar que, no ato da elaboração daquele dispositivo constitucional, era imaginado, por parte do Estado, que apenas algumas comunidades reivindicariam o direito à titulação (ARRUTI, 2006), já que a leitura que se tinha sobre a população brasileira era homogeneizante. Assim, era forte a ideia de que a identidade quilombola (se é que se pensava em uma identidade quilombola) já estava dissolvida em meio ao projeto hegemônico de nação (branco e eurocêntrico), construído ao longo da história tanto pelas políticas de branqueamento quanto pela ideologia da democracia racial – denunciada como "mito".

Esse desconhecimento do potencial de reconfiguração étnica detonado pelo Ato pode representar a imaginação de que com o fim da escravidão as comunidades quilombolas desapareceram. Outra possibilidade é que muitas das comunidades mantiveram-se invisíveis à leitura feita pelo Estado sobre o território brasileiro como estratégia própria, forma de evitar mais confrontos e expulsões, já que a maioria sofria um histórico de perseguição. Tornar-se invisível (por exemplo, não buscando a legalização de títulos de propriedade) era uma forma de manter a sua existência.

O resultado desse desconhecimento foi a surpresa – ou temor por parte da bancada ruralista – em ver que pouco mais de duas décadas depois da criação do dispositivo existiriam 1.088 processos abertos junto ao INCRA para a titulação da terra, mais de 1.800 comunidades autodeclaradas e certificadas pela Fundação Cultural Palmares e de três a cinco mil comunidades com possibilidade de requerer esse direito, como apontam alguns levantamentos.

Porém, outros dados demonstram a complexidade aliada a uma série de dificuldades que acompanham esses números: apenas 120 comunidades receberam o título, ou seja, pouco mais de 10% do total com processos abertos junto ao INCRA conseguiram a propriedade definitiva da terra. A maior parte das comunidades, enquanto espera uma resposta, fica exposta a violências dos mais diversos atores, como grandes fazendeiros (e os grupos de "capatazes" contratados por eles), empresas multinacionais, policiais que mantêm relações de cumplicidade com os grandes fazendeiros e até mesmo a pressão de instituições públicas, como a Marinha.

Esse número ainda pouco expressivo de comunidades tituladas frente à grande demanda que é gerada à medida que mais comunidades passam a conhecer seus direitos e a se organizar representa uma dificuldade que as comunidades que se autodeclaram quilombolas atravessam: a resistência em fazer valer seus direitos, ganhando o título da terra. Isso ocorre devido à difusão da crença, por parte de determinados grupos, de que um alto número de comunidades não representa ou se encaixa em uma definição de comunidade remanescente de quilombo. Essa definição, ainda hegemônica no imaginário social, pensa as comunidades a partir de características do passado, atreladas ao isolamento, ao conflito e à escravidão, e que apenas essa configuração indicaria uma "real" identidade quilombola. Esse processo, no qual uma determinada configuração é eleita como ideal e legítima, destituindo de direito outras comunidades que não se encaixem nesse padrão, pode ser entendido sob a denominação de *captura de rótulos* (ARRUTI, 2008). O resultado disso é a tentativa de indicar quem é ou não quilombola e, consequentemente, quem tem ou não direito a terra, sem compreender que uma definição pautada na singularidade ignora o caráter múltiplo, descontínuo, conflitivo e heterogêneo que as comunidades quilombolas possuíram/possuem em todo o território brasileiro.

Diante disso, busca-se através deste artigo questionar essa captura de rótulos, a partir de leituras espaciais das comunidades remanescentes de quilombos. Um olhar centrado nas dinâmicas das relações espaciais dessas comunidades, problematizando processos e relações que elas estabelecem dentro do processo de formação do território e de organização do espaço brasileiro, revela-nos uma diversidade de configurações, no passado e no presente, contribuindo para a compreensão da ressemantização do conceito de quilombo, em curso desde a promulgação do artigo constitucional. Sendo o Brasil talvez o país que deu o maior salto econômico no último século, deixando de ser um conjunto de regiões de formação colonial primário-exportadora desarticuladas entre si, configuração chamada de "padrão arquipélago", para se transformar numa potência industrial (o que não elimina as produções em setores primários, pelo contrário, as moderniza tecnológica e socialmente, e articula à indústria), as transformações ocorridas no território desautorizam uma fixação, no presente, de uma configuração quilombola que remeta exclusivamente às formas espaciais do passado.

Quilombo e o paradigma isolacionista

Os quilombos são grafagens da presença negra no espaço brasileiro. O ponto de partida da constituição dessa geo-grafia (PORTO-GONÇALVES, 2001) são as diversas formas de resistência à escravização. Em primeiro lugar, é preciso relembrar que o Brasil foi o país de destino da maior parte das populações africanas expulsas de suas terras, escravizadas de forma violenta e tratadas juridicamente na condição de não humanas, durante quase quatro séculos. O Brasil foi também o último país a abolir oficialmente a escravidão, fato que demonstra sua importância na manutenção de pactos de poder entre as elites dominantes. Manter a escravidão por mais de três séculos envolveu o combate a todas as formas de resistência engendradas contra ela – e que tiveram papel fundamental na sua abolição, diferentemente da narrativa hegemônica, que invisibiliza as formas de resistência e apontam a ruptura com o sistema escravocrata como algo externo (as pressões inglesas), ou enquanto projeto unicamente dos abolicionistas,[1] retirando o protagonismo das revoltas negras. Essa leitura condiciona uma narrativa que nega um espaço de importância aos quilombos como formas de luta e consolidação da liberdade por parte de milhares de grupos negros em todo o território brasileiro.

---

[1] Joaquim Nabuco, considerado um dos grandes propagandistas da abolição da escravidão, deixa bem claro, no seu manifesto intitulado *O abolicionismo*, que o fim da escravidão não deveria acontecer por meio dos conflitos, manifestados nos quilombos. Em suas palavras: "A emancipação há de ser feita, entre nós, por uma lei que tenha os requisitos, externos e internos, de todas as outras. É assim, no parlamento e não em fazendas ou quilombos do interior, nem nas ruas e praças das cidades, que se há de ganhar, ou perder, a caudal da liberdade. Em semelhante luta, a violência, o crime, o desencadeamento de ódios acalentados só podem ser prejudiciais ao lado que tem por si o direito, a justiça, a procuração dos oprimidos e os votos da humanidade toda" (NABUCO, 2010, p. 52).

Isso não significa que os quilombos eram inexistentes ou ignorados no sistema colonial, desconsiderados enquanto sistema social a ser combatido. Um levantamento histórico evidencia que existiam várias referências sobre comunidades quilombolas, demonstrando que as autoridades estavam atentas à existência desses grupos. Já para os negros, o quilombo aparecia como uma forma de resistência à escravidão que se espalhava não só por todo o Brasil, mas também atingia todo o continente americano. Eram *palenques* na Colômbia, *cumbes* na Venezuela, *marrons* no Haiti, *cimarrones* em outras partes da América Espanhola.

Essa manifestação de resistência à escravidão por parte da população negra, durante o período colonial, traz diversos significados e interpretações para os quilombos. Eles eram sinônimo de liberdade para uns e de ameaça (de roubos, de libertação de escravizados, de guerrilhas, etc.) para outros. Representavam para muitos escravos fugidos (e também para homens livres desprovidos de recursos dentro da ordem escravocrata) a possibilidade de inserção num sistema de produção e repartição social mais igualitária, sendo assim um modelo alternativo de sociedade que engendrava um confronto com o modelo escravista, baseado na escravidão e na monocultura.

Tais significados expressam a diversidade de inserções e relações territoriais dos quilombos dentro da ordem escravocrata. Havia quilombos em guerrilha contra fazendas e núcleos de ocupação, outros com relações de troca (comercial, social, etc.), ou ainda em situações de isolamento (relativo ou absoluto). A onipresença do quilombo na formação social escravocrata engendrava essa multiplicidade, bem como a existência de quilombos de portes bastante diferenciados, indo desde núcleos com dezenas de habitantes até outros bastante populosos, como os casos de Palmares, em Alagoas, ou o do Negro Cosme, no Maranhão.

Essas menções remetem – em parte – a uma determinada configuração espacial de quilombo, estruturado a partir da fuga dos escravos, organizado em torno de atividades produtivas. Tal concepção de quilombo, de base restritiva, é indicada pelo Conselho Ultramarino de Portugal em 1740, que o define como "toda habitação de negros fugidos, que passem de cinco, em parte despovoada, ainda que não tenham ranchos levantados e nem se achem pilões nele". Tal acepção, segundo Almeida (1999, p. 14-15), estrutura-se sobre cinco pilares analíticos:

> 1) a fuga; 2) uma quantidade mínima de fugidos; 3) o isolamento geográfico, em locais de difícil acesso e mais próximos de uma 'natureza selvagem' que da chamada civilização; 4) moradia habitual, referida no termo 'rancho'; 5) autoconsumo e capacidade de reprodução, simbolizados na imagem do pilão de arroz.

Na disputa por direitos que as comunidades remanescentes atravessam hoje, essa definição acaba sendo recuperada e "defendida" por grupos conservadores que lutam contra o direito dessas comunidades, entendendo essa significação como padrão histórico oficial do que é um quilombo, apelando para uma definição colonial, que em nada representa a realidade e dinâmica organizacional que tais comunidades possuem na contemporaneidade.

A acepção colonial do quilombo também é difundida pelo discurso hegemônico jornalístico, que transmite uma imagem pretérita, reduzida e limitativa que acaba por desvalorizar agressivamente, através de insultos e dados fantasiosos, as lutas atuais dos quilombolas pelo direito ao território. Utilizar-se de uma concepção de 300 anos passados para remeter a uma configuração atual é não apenas um anacronismo histórico, como também ignora toda a revisão bibliográfica e a recuperação de documentos em andamento nas pesquisas feitas por todo o país. É, ainda, ignorar que o território é dinâmico, de nenhuma forma se apresenta de maneira estática, porque a sociedade que o constitui, com suas teias de relações, muda também.

Essa compreensão de quilombo a partir da definição colonial pode ser vista como "frigorificada", funcionando como uma camisa de força (ALMEIDA, 1999) e podendo ser compreendida como base para a captura de rótulos. A própria dimensão do ensino exercido nas escolas acaba reforçando essa imagem e a tornando senso comum, pois quando conteúdos sobre quilombos estão presentes – e são raros os casos – a referência que se tem é a de Palmares, e apenas essa. O fenômeno da quilombagem dificilmente é destacado como um fator múltiplo e contínuo de resistência da população negra em todos os contextos onde houve escravidão – uma verdadeira criação de espaços de autonomia, que dinamizava e modificava a atuação de quem continuava escravo.

É preciso ressaltar, ainda, que uma definição restrita a esse modelo, também conhecido como palmariano (em alusão a configuração do maior quilombo conhecido), desconsidera outras formas de protestos e lutas, em que grupos utilizavam estratégias que não envolviam diretamente o conflito durante o combate contra a ordem escravocrata. Teias de solidariedade construídas no cotidiano através da atuação e da relação entre cativos (em plantações, minerações ou de ganho, entre outros), libertos e comunidades de senzalas são exemplos de interferências individuais ou coletivas que, mesmo sem atuar abertamente em conflitos, eram dotadas de práticas que contribuíam na busca pela liberdade.[2] Sendo assim, mesmo a poucos metros das fazendas existiam grupos que exerciam papéis na ação contra o regime escravocrata – concedendo informações, executando furtos, cometendo sabotagem e possibilitando trocas –, os quais eram essenciais para a continuidade simbólica e material da comunidade africana.

Mesmo a relação com taberneiros, autoridades locais, arrendatários e inclusive donos de fazenda era possível, como pesquisou Gomes (2006), mediante o cruzamento de interesses que os diversos atores poderiam ter nas produções agrícolas, facilitando transações comerciais e gerando cumplicidade para a manutenção de vantagens econômicas.

---

[2] Um filme que retrata tal situação é *Chico Rei* (1985), dirigido por Walter Lima Jr.

Outra forma possível de desmistificar a visão homogeneizadora sobre quilombo, ainda dentro do próprio contexto colonial, é refletir sobre a recaptura dos africanos escravizados que haviam fugido. Estes, ao serem trazidos de volta ao domínio da fazenda, reproduziam práticas adquiridas fora, estratégias de organização que contribuíam na desarticulação e no enfraquecimento das fazendas, estimulando, através de histórias e conhecimentos sobre rotas e outros grupos, a fuga dos escravos. Nesse sentido, eles acabavam por "aquilombar" a própria fazenda, o que obriga a uma reflexão sobre a presença do quilombo dentro e fora da propriedade escravocrata (ALMEIDA, 1999) e contraria, novamente, a tese da organização pautada no paradigma isolacionista, aliada à concepção de que a fuga e o conflito direto eram a única maneira de combate contra a escravidão. Essa desconstrução pode ser feita também ao observar as dezenas de coletividades negras que se localizam hoje em antigas fazendas, abandonadas, compradas ou conquistadas, tanto durante a escravidão como no momento posterior à sua abolição.

Dentro dessa leitura de diferenciação e complexificação das comunidades quilombolas, é preciso enfatizar a própria dinâmica de formação do território brasileiro. A história e a geografia do território brasileiro possuíram uma heterogeneidade de formas de apropriações e transformações, devido a fatores de ordem econômica, política, populacional, morfológica. Além desses fatores, diferenças como as origens dos africanos escravizados, o tipo de trabalho a ser executado e o modelo de repressão adotado tiveram um impacto direto na configuração social desses grupos formadores de quilombo, uma verdadeira geo-grafia em mutação de acordo com os contextos espaciais em que estavam inseridos. Portanto, não foram poucas as variações de condições em que esses grupos se originaram, logo suas formações e configurações se distinguiam e singularizavam, mesmo antes do século do final do século XIX.

Desterritorialização, racialização e branqueamento

Nas últimas décadas antes de 1888, data oficial da abolição da escravatura, bem como nas décadas seguintes, o Brasil experimentou um projeto de branqueamento da população – a exemplo de outros países nas Américas. Tal projeto, executado com descontinuidades no espaço e no tempo, teve como uma de suas dimensões constitutivas a difusão de um ideário de superioridade racial do branco sobre os não brancos, o que ajudou a organizar os mercados de trabalho livre (assalariado ou não) segundo hierarquias raciais. Com isso, a assimilação inferiorizante de populações negras (nos espaços agrários e urbanos) na sociedade de classes trouxe como marcas a discriminação, a desqualificação (de indivíduos, de grupos, de patrimônios culturais, de formas comportamentais, etc.) e a segregação de base racial.

A tentativa de uma homogeneização passava pela criação de uma nação que não incorporava as populações não brancas (dentre as quais, as negras) no território. Essas discussões, iniciadas no século XIX, se consolidaram com a República: a pergunta sobre que população deveria compor a nação (e ocupar o território) era frequente, visto que a que vivia por aqui era constantemente desqualificada, por seu caráter "não puro" (leia-se "não branco e europeu"), como era proposto, por exemplo, por Oliveira Viana (REIS, 2006).

A resposta para tamanha inquietação que afligia a elite brasileira veio sob a forma da busca por um *sujeito nacional* e de uma história oficial na qual a experiência negra foi ocultada, dentro de um conjunto de ideologias geográficas (MORAES, 1991) que procuravam trazer a ocupação, a imagem e a cultura branca, europeia e "civilizada" ao território. Isso resultou no apagamento de outras narrativas de/sobre grupos presentes em nossa história e geografia, o que já foi denominado de *branqueamento do território* (SANTOS, 2009).

Esse processo provocou uma verdadeira invisibilização de diversas narrativas e grafagens espaciais, como a dos grupos quilombolas. Tal procedimento de tentar tornar as geo-grafias negras (e indígenas) invisíveis pode ser compreendido como uma produção de não existências[3] (SANTOS, 2003), que influenciou na crença, por parte do Estado, de que haja poucas comunidades existindo hoje. Para isso, dentro desse projeto de nação, as comunidades quilombolas foram proclamadas como atrasadas, localizadas em um determinado tempo da história, e espacialmente imaginadas como vivendo tanto em isolamento quanto concentradas em determinadas regiões.

No processo de apagamento de narrativas e da ocupação, era imprescindível também desterritorializar esses grupos, tanto no sentido simbólico (suas raízes e suas culturas) quanto no material (o chão que ocupavam e os meios de subsistência que possuíam). Esse papel de remover grupos que não interessavam ao processo de nacionalização do território de base eurocentrista coube, sobretudo, às divisões (leia-se concentrações) arbitrárias de terras no Brasil – incluindo a Lei de Terras de 1850.

O Brasil, que mesmo com o fim do colonialismo continuaria a passar por um sistema de colonialidade do poder (QUIJANO, 2006, 2010), mantinha seu sistema escravocrata (último a ser abolido oficialmente), em que a independência não acompanhou a liberdade e o direito a cidadania, e milhares de africanos escravizados e seus descendentes sofriam inúmeras restrições e exploração agregadas à violência corporal e cultural. Compete questionar: como, nessas condições, seria possível para o negro conseguir comprar um território sob as determinações da Lei de Terras?

Fica evidente, ao enxergar a Lei de Terras como mais um componente de exclusão da população negra do território, que a obrigatoriedade da compra como forma de acesso reconhecido à terra, inserida pelo dispositivo, vedou definitivamente tal possibilidade para essa parcela da população. É óbvio que isso também impactou parcelas de população não negra (branca e indígena), mas nas áreas onde se investiu no minifúndio pelo colonato as população negras jamais foram contempladas – além

---

[3] Há produção de não existência sempre que uma dada entidade é desqualificada (ou subalternizada) e tornada invisível, ininteligível ou descartável de um modo irreversível (SANTOS, 2003, p. 787).

de ter sido preterida nos mercados de trabalho livre dentro dos latifúndios em favor de trabalhadores brancos. É imensurável a quantidade de comunidades que sofreram devido a esse princípio de compra (e toda grilagem que veio junto dele) ao serem perseguidas e expulsas de *suas* terras. Ilka Leite (2010) chama a atenção para o fato de que esse ordenamento opera na lógica de uma universalização de direitos que mantém grupos à margem. Isso acontece à medida que o direito, que se diz universal, em vez de facilitar realmente o acesso a todos, acaba propiciando a legitimação de poucos e a exclusão da maioria.

Reforçando essa concepção de sujeito jurídico, que só existiria mediante a compra da terra, os lugares habitados por milhares de grupos e coletividades negras passaram a ser juridicamente vistos como "vazios demográficos", e a violência para removê-los e expulsá-los passou a ser regra.

Ainda hoje, os coletivos que buscam reconhecimento como comunidades remanescentes de quilombo sofrem com a falta de documentos que os regularizem, de acordo com a burocracia jurídica, nas terras que ocupam.[4] Tem-se ainda a ação de grileiros que atuam na falsificação de documentos, dificultando ainda mais o acesso ao território. Quando alguns desses grupos estão com a posse desses documentos, surgem indivíduos que se aproveitam da condição de analfabetos que atinge muitos negros dessas áreas, que tiveram privado o acesso à educação escolar, e os fazem assinar documentos de vendas e concessão da propriedade.

Os grupos que resistiram foram intitulados como "comunidades negras", rurais e urbanas, em padrões de relações raciais hierárquicos da sociedade brasileira no pós-abolição da escravatura. A ideologia do racismo foi assim refuncionalizada no século XX, seja dentro do projeto nacional agrarista-exportador-imigrantista (ver VAINER, 1990), seja no processo de industrialização (compreendido como a forma hegemônica das relações capitalistas) e sua extensão ao campo, a chamada modernização (social) da agricultura.

A racialização das relações sociais emerge, portanto, como mais uma dimensão de dominação e exploração. No campo, a emergência dos quilombolas enquanto modalidade de "campesinato negro" (GOMES, 2006), que se enuncia sujeito coletivo, evidencia que a não consideração da racialidade nas relações de espoliação é, na verdade, um alisamento analítico do território (DELEUZE; GUATTARI, 1997), não contemplando a gama de relações que constituem as condições concretas das experiências cotidianas de indivíduos e grupos. Se remetendo-nos ao passado podemos pensar os quilombos como sendo a expressão da luta de classes entre senhores e escravos, na contemporaneidade eles aparecem como expressão da multiplicidade de hierarquias constitutivas do sistema capitalista (assim como gênero, cultura, religiosidade, classe, entre outras – GROSFOGUEL, 2010).

---

[4] Afinal, a maquina cartorial, conforme assinala Ilka Leite (2010), foi montada por e para donatários, e assim acostumou-se a atender aos seus interesses, com trâmites e dinâmicas muito próprias dessa instituição, que muitas vezes tem em seu percurso mais que a legislação, incorporando também as relações de poder historicamente estabelecidas dentro desse campo.

A própria racialidade das relações sociais, no padrão brasileiro, deve ser compreendida como fenômeno multidimensional. Raça é um fenômeno e um conceito social, e não biológico (QUIJANO, 2005; 2007; 2010). Enquanto reguladora de comportamentos e relações, a raça não é uma variável social independente em absoluto, sendo comumente associada a outras variáveis. É dessa forma que o racismo se manifesta nas experiências concretas de indivíduos e grupos, em diferentes eixos de discriminação: pela cor/fenótipo corpóreo, pela cultura, pela religiosidade, por práticas culturais, por saberes, entre outros. Isso explica a pluralidade (de organizações e de agendas) da luta antirracismo do Movimento Negro Brasileiro e permite compreender a luta quilombola como interseção entre o antirracismo e a luta pela democratização do acesso ao território (no campo ou na cidade).

A (re)emergência do quilombismo frente aos processos de branqueamento

Apesar de causar danos quase irreparáveis, as múltiplas intervenções (imigrações financiadas, doações de terras e facilidades para empréstimos destinados a europeus) com o objetivo de trazer uma imagem e uma ocupação branca ao território – mesmo que se afirmasse o caráter mestiço da população durante parte do século XX – não foram capazes de dar fim à população negra no Brasil.[5]

Os processos que constituíram e deixaram uma herança da branquitude (BENTO, 2002), a desarticulação de várias comunidades e a tentativa de inserção de um rótulo de harmonia racial no Brasil tinham como objetivo eliminar do país a população negra e, consequentemente, as comunidades negras que se territorializavam por toda a sua extensão.

Um dos fatores para retomar a visibilidade desses grupos na atualidade foi o reconhecimento oficial, por parte do Estado, da existência de comunidades quilombolas, no fim da década de 1980, na Constituição Federal, em meio ao processo de redemocratização da sociedade. Apenas 100 anos depois da abolição da escravidão tal medida era tomada, esperando-se que as comunidades quilombolas não fossem mais um incômodo para a sociedade.

O impacto desse acontecimento nos anos seguintes foi grande e causou surpresa, já que a maior parte da população brasileira desconhecia o fenômeno da quilombagem. A Constituição abriu, nesse momento, um caminho para a conscientização sobre a não aceitação da condição imposta de escravidão, mostrando a resistência e a luta como intrínsecas aos escravizados. O quilombo reemerge, então, como símbolo de

---

[5] Uma das previsões mais famosas, que apontava que demograficamente o Brasil se tornaria branco, era a de João Baptista Lacerda, diretor do Museu Nacional no início do século XX. No I Congresso Internacional das Raças, realizado em Londres, em 1911, ele apresentou um documento, traduzido como "Sobre os mestiços no Brasil", que dizia que em 100 anos toda a população brasileira seria branca (ver SCHWARCZ, 1993).

lutas dos negros (no passado e no presente), significado que vinha sendo construído pelo Movimento Negro Brasileiro – o jornal *O Quilombo*, organizado por Abdias do Nascimento na década de 1940, e a eleição do dia 20 de novembro (data do assassinato do líder Zumbi dos Palmares) como Dia da Consciência Negra são exemplos dessa construção pelo movimento social.

Em meio a esse movimento que enxerga o quilombo como símbolo da luta negra no território brasileiro, é importante o resgate do conceito de *quilombismo* elaborado por Abdias Nascimento, representando liberdade e luta. Esse conceito, que se apresenta como um "valor dinâmico na estratégia e na tática de sobrevivência e progresso das comunidades de origem africana" (NASCIMENTO, 1980, p. 255-256), é elaborado junto à necessidade de recuperar a memória negra frente aos processos de genocídio e etnocídio sofridos nos mais diversos campos da vida.

Assim sugere os quilombos não apenas como símbolo de fuga e conflito,[6] mas como resultado de um esforço no sentido do resgate da dignidade e da liberdade, que também significa multiplicidade de manifestações e resistência. A liberdade é a do corpo, da prática cultural e religiosa, lugar de valorização da ancestralidade, uma estratégia de continuidade frente às táticas que tinham intenção de invisibilizar, de apagar corpos, sujeitos, memórias, práticas exercidas por africanos e seus descendentes. Assim, vai contra a base de "colonização mental eurocentrista" algo próximo à colonialidade do poder, do saber e do ser (MIGNOLO, 2005; TORRES, 2010).

Ao apontar o quilombo como signo de resistência e perpetuação da cultura negra, Abdias Nascimento fala sobre os terreiros, centros e gafieiras enquanto *quilombos legalizados*,[7] representantes da força de um grupo que busca assumir o comando da própria trajetória, em resposta à violência sofrida em todos os campos. O quilombismo[8] vai comportar esse amplo e complexo campo de significações que indicam resistência, persistência e continuidade de uma *práxis afro-brasileira*.

---

[6] Essa abordagem é interessante por olhar o quilombo não somente como fuga, dificuldade e sofrimento; nessa visão, "quilombo não significa escravo fugido. Quilombo quer dizer reunião fraterna e livre, solidariedade, convivência, comunhão existencial. [...] que a sociedade quilombola representa uma etapa no progresso humano e sócio-político em termos de igualitarismo econômico" (NASCIMENTO, 1980, p. 263). Quilombo denota, então, um território onde o ser negro e descendente de africano é positivo.

[7] Ele vai indicar que os "quilombos legalizados" correspondem a formas mais toleradas, o que, nesse caso, não significa que sejam expressamente aceitas. Essas manifestações eram permitidas pois muitas vezes acomodavam as tensões geradas por um sistema opressor e racista (SODRÉ, 2002). Porém, mesmo essas manifestações culturais e religiosas sofreram (e ainda sofrem) ataques sistemáticos, como é apontado em outros artigos sobre o quilombismo ou em Sodré (2002).

[8] Chega a ser proposto o "A B C" de diversas práticas e propósitos do quilombismo indicando direções possíveis para a compreensão dos sentidos que transmite. Entre as indicações mais recorrentes podem ser encontradas referências a igualdade, mediante o fim das hierarquias e discriminações; um Estado pautado no respeito e na coletividade das terras; educação gratuita para todos; o ensino sobre a história dos afrodescendentes e o respeito à mulher. Destaca-se que o quilombismo viria revestido de um caráter nacionalista, não a ponto de ser xenofóbico, mas sim combatendo o imperialismo, a exploração, a opressão, o racismo e as desigualdades.

O campo de significados que o quilombismo apresenta pode ser lido como uma resposta necessária aos processos de branqueamento, evidenciando o negro como sujeito ativo dos processos formadores do território brasileiro em sua totalidade, modificando, construindo e se reproduzindo no espaço brasileiro. Algumas das coletividades que conseguiram se reproduzir e mantiveram suas práticas, comportando traços gerados por, a partir, com e contra as relações de escravidão, constituíram-se como comunidades quilombolas e buscam hoje o direito ao território.

Dos quilombos às comunidades remanescentes de quilombo: estendendo o diálogo

Os quilombos estão inseridos no fluxo da luta antirracismo, sendo a própria promulgação do ADCT que lhes confere o direito à titulação uma parte dessa luta – resultado e condição da sua configuração atual.[9] A complexidade da luta do Movimento Negro, com suas variantes, vai permitir a multiplicidade de diálogos em convergência na luta quilombola, com intercâmbios de problemáticas, bandeiras e agendas de luta e reivindicações. O alargamento do escopo da luta quilombola, de uma luta pela titulação da terra para uma luta pelo território, se dá nesse imbricamento de múltiplas dimensões: lutar pelo território significa buscar manter (e, mesmo, reconstituir) práticas, saberes, sociabilidades, formas de relação com a natureza, patrimônios culturais e históricos (memórias), entre outros aspectos inerentes aos processos de territorialização de cada grupo (ARRUTI, 2002, 2006). Em cada comunidade, tais agendas assumem configurações variadas conforme suas especificidades, atribuindo maior ou menor peso a determinadas características, configurando diferentes vetores de valorização. Mas a articulação das comunidades em luta sob essa identidade evidencia a importância da dimensão territorial dos quilombos.

A existência dessa diversidade de agendas com as especificidades de cada comunidade gera a necessidade de descolonizar o olhar deformado[10] produzido – e imposto – por um grupo restrito. Esse olhar é resultado de aspirações eurocêntricas, e é influenciado por uma complexa estrutura de hierarquias e monopólios de construção de leituras, que tenta perpetuar uma definição pautada sempre na violência, na qual

---

[9] O ordenamento jurídico não cria os conflitos, ele apenas visibiliza o que para muitos era apenas um grupo negro sem direitos. É a partir do Art. 68 que esses coletivos passam a ter ferramentas para lutar contra a opressão histórica contra negros no Brasil.

[10] "A semelhança entre essas comunidades decorre da deformação do olhar que a ação hegemônica da sociedade mais ampla provoca. O conhecimento dessas comunidades, por isso mesmo, reclama o pluralismo como princípio, a diversidade como pressuposto e a diferença como episteme" (LEITE, 2004, p. 13).

o grupo que agride denomina o outro,[11] fato que desconsidera as comunidades que não atuavam diretamente nos conflitos, pois não custa lembrar que "a designação histórica 'quilombos' está associada a uma legislação repressiva, de origem colonial, que para ser eficaz, se fazia genérica e exterior àqueles a quem designava, situação bastante distinta da que vivemos hoje" (ARRUTI, 2002, p. 12).

As práticas de branqueamento do território contribuíram ainda mais no processo invisibilização, exclusão e desmantelamento de grupos, a partir do não acesso ao território, do apagamento de narrativas, da subalternização da cultura e da destituição do posto de protagonista não apenas da história e da geografia brasileira, mas também da própria trajetória, gerando lacunas na memória de grupos, que são atacadas durante a tentativa do direito ao território.

Porém, a quantidade de comunidades e coletividades negras reivindicando o direito ao território a partir da articulação quilombola torna ainda mais nítido que nem o fim da escravidão nem os projetos de branqueamento conseguiram desarticular – ou desterritorializar – esses grupos totalmente. Na verdade, eles se reterritorializaram, mesmo invisibilizados, passaram por processos de continuidades, em alguns casos, vivendo em áreas consideradas desvalorizadas, e de descontinuidades, tanto migrando e se reterritorializando em outras regiões do Brasil como se reconstituindo a partir da recuperação da memória dos ancestrais.

Diante dessas problematizações, é preciso reafirmar que uma definição de quilombo pautada na singularidade não pode ser aceita, mediante a pluralidade de processos no tempo e no espaço envolvendo coletividades negras no território brasileiro. Nessa visão, as diferentes formas de resistência superam aquelas a partir da fuga e do isolamento, incorporando outras relações mantidas no território entre comunidades negras, denominadas como *terras de preto, terras de santo, comunidades negras rurais, comunidades de senzalas, mocambos*, entre outros.

A aplicação do preceito constitucional vai ensejar disputas entre interpretações sobre os quilombos, processo no qual ocorre uma redefinição e um *alargamento conceitual*, em que se disputa "o quanto da realidade social o conceito será capaz de fazer reconhecer" (ARRUTI, 2008, p. 317). O deslocamento do alcance do conceito, de expressão de uma forma de organização e existência no passado para definidor de direitos no presente, não só impulsiona como demonstra a necessidade – ou urgência – de uma releitura da formação do território brasileiro, e, nesse sentido, constitui novas formas de articulação entre passado e presente. As definições que vão surgir, ressaltando a formação de sujeitos coletivos, processos identitários, territorialidades, patrimônio cultural, entre outros aspectos mobilizados como traços

---

[11] Uma das grandes questões colocadas por Gomes (2005) é a ausência de material sobre como os quilombos se enxergavam, já que grande parte do que se utiliza em trabalhos históricos são referências que outros grupos faziam sobre os quilombos (registros de viajantes, agendas de ataques e posteriormente boletins de ocorrência); por isso mesmo, os grupos que conseguiam passar como invisíveis e não entravam abertamente em conflito não eram registrados como quilombos.

diacríticos constituintes de sujeitos de direitos, retiram da história o monopólio na instituição de representações do que é ou não é quilombo, entendendo que esses grupos passaram por um intenso processo de desterritorialização/reterritorialização durante a formação do território.

Tal perda do monopólio não é ruptura com fatos históricos, e sim uma nova interpretação, junto a outras documentações, de leituras da história, permitindo emergir o que muitas vezes era ocultado sob o véu de uma homogeneidade territorial. Assim, além das comunidades e núcleos formados a partir da fuga, ganha em importância histórica a multiplicidade de processos originários de comunidades negras engendradas por e a partir das relações de escravidão: comunidades surgidas em antigas senzalas, fazendas abandonadas, heranças, doações ou direito de uso por proprietários com o fim da escravidão, bem como a compra de terra durante e depois da escravidão, são apenas alguns exemplos de origens de comunidades relacionados à ordem escravocrata (durante sua vigência e em seu processo de derrocada, que não pode ser simplificado e restringido ao dia 13 de maio de 1888). Ignorar tais processos ou negar às comunidades assim geradas a condição de sujeitos de direitos coletivos é que rompe com o fato histórico de que entre elas e os quilombos formados por fuga existia, muitas vezes, mais continuidades do que isolamento, dentro da ordem escravocrata.

O que se impõe é a compreensão de processos sociais que engendram formas espaciais, as quais podem durar mais do que eles próprios, transformando-se em "rugosidades" no espaço. Essas formas não apenas se mantêm, mas, pela sua propriedade de "inércia dinâmica" (são práticos inertes), são refuncionalizadas diante de novos processos espaciais que elas também influenciam. A ressignificação do passado escravocrata, ao levar em conta a dimensão processual do fim da escravidão (em vez de operar com a ideia de que ela foi extinta numa mesma data em todo o território nacional), deve então incorporar seus legados e continuidades na transição para o trabalho livre e observar as formas de inserção das comunidades negras na nova ordem.

Entre o judicial e a autoatribuição: as comunidades remanescentes de quilombo e sua territorialização

Desde a promulgação do Art. 68, observa-se uma instabilidade nas políticas de implementação dos direitos territoriais quilombolas, devido aos interesses envolvidos – ao impactar principalmente a estrutura fundiária – que abrangem principalmente as oligarquias que ainda predominam no rural brasileiro, mas também o capital imobiliário em grandes cidades. Logo, não são poucas as mudanças que a legislação vem sofrendo. Arruti (2008) retrata, por exemplo, uma gama de mudanças, entre os anos 1988 e 2008, de normas que modificam e imprimem nova dinâmica aos processos de reconhecimento. Dentre essas mudanças, a mais significativa e importante para as comunidades que desejam se assumir enquanto remanescentes foi o Decreto n.

4.887,[12] de 2003,[13] em que a autoatribuição passou a ser um fator essencial para se obter a terra.[14]

Essa mudança é fundamental na busca pelo alargamento do conceito de comunidades remanescentes de quilombo, já que dá o direito às várias comunidades negras, com trajetórias próprias, a partir de suas experiências, de se assumirem enquanto quilombolas. Será a oportunidade desses grupos para se apropriarem – e não serem simplesmente apropriados, alvos passivos – de uma política governamental que teoricamente os via apenas como residuais e folclóricos.

A autoatribuição passa então a ser o primeiro passo para qualquer comunidade que quer ser reconhecida. Ao contrário do que muitos afirmam, autoatribuir-se é fruto de um processo de negociação intensa dentro do grupo, na qual está em jogo a posse coletiva da terra, que acaba sendo retirada da lógica capitalista, devido à indivisibilidade para a venda. Esse fator provoca os defensores da propriedade privada, principalmente latifundiários e agentes fundiário-imobiliários do meio urbano, a tentar de todas as formas retirar a legitimidade desses grupos.

Dois casos podem ilustrar essa situação. A primeira é a das comunidades remanescentes de quilombos que fazem fronteira com a empresa Fibria (antiga Aracruz Celulose), no Espírito Santo, e sofrem constantemente pressões para a sua retirada. Eles disputam judicialmente a posse das terras com a empresa, em uma história que envolve grilagem, violência, ameaças e até mesmo pressão do poder público. Outro caso é o quilombo da família Silva, em Porto Alegre, que se destaca por ser o primeiro localizado em um perímetro urbano titulado no Brasil. Ele está localizado em uma área de grande valor no mercado imobiliário, e sofre pressão até mesmo da polícia.[15]

---

[12] O Art. 2 desse Decreto aponta que "Consideram-se remanescentes das comunidades dos quilombos, para os fins deste Decreto, os grupos étnico-raciais, *segundo critérios de auto-atribuição*, com trajetória histórica própria, dotados de relações territoriais específicas, com presunção de ancestralidade negra relacionada com a resistência à opressão histórica sofrida" (grifos meus).

[13] No ano anterior, o Brasil já havia ratificado a Convenção n. 169 da Organização Internacional do Trabalho, que ajuda a regular a aplicação do Art. 68.

[14] Gomes (2001) nos ajuda a compreender essa validação, pelo Estado brasileiro, da autoidentificação como base para a definição de beneficiários de políticas públicas a partir da influência no campo jurídico do paradigma do multiculturalismo. Denunciando a dominação racial, étnica e cultural, essa vertente vai apontar a não neutralidade do Estado em relação aos diferentes grupos (sobretudo em campos como a educação) e, a partir disso, propor a ideia de que o reconhecimento e a identidade, bem como a representação proporcional em espaços de poder e de construção da riqueza social, são também direitos humanos vitais. O reconhecimento à diferença se torna, então, uma necessidade universal, mais um "bem primário" – assim como a renda, a saúde, a educação, as liberdades religiosa, de consciência, de expressão, de imprensa, de associação, e os direitos de votar e de exercer cargos públicos, entre outros. Evidentemente, mais uma vez aparecem questões no desenho das políticas e na definição dos beneficiários a partir dessa perspectiva, pois, sendo o reconhecimento uma luta travada pelos oprimidos, ele deriva de uma tomada de consciência e de um agir a partir dela – e, com isso, a luta pelo reconhecimento é fundamentalmente uma luta pelo e a partir do autorreconhecimento. Portanto, a definição de beneficiário passa fundamentalmente pela autoidentificação – lida aqui como uma tomada de posição política.

[15] Em 2010, um vídeo foi produzido com denúncias de abuso de autoridade por parte de policiais no tratamento aos moradores do quilombo. O vídeo pode ser visto em <http://www.youtube.com/watch?v=sauyqIuU_NE> (acesso em 5 out. 2012).

Autoatribuir-se envolve ainda um sentimento de identidade, que, no caso quilombola, deve ser vista a partir de um processo dinâmico, demandada por lutas históricas, que não se prende à esfera econômica e atinge dimensões culturais e políticas, por isso não é luta simplesmente por terra, mas sim disputa por território. Ao falar "eu sou quilombola", incorpora-se o legado do nome, e este, na sociedade brasileira, não corresponde necessariamente à valorização. Logo, a autoatribuição, além de ser um meio de obter o território, é também uma forma de fazer uma política dotada de movimento e ação, que envolve conflitos e disputas por espaços de reprodução e representação.

Em 2005, outra importante mudança foi a Instituição Normativa n. 20, que diz, no seu Art. 4º, que "Consideram-se terras ocupadas por remanescentes das comunidades de quilombos toda a terra *utilizada para a garantia de sua reprodução física, social, econômica e cultural*" (grifos meus). O reconhecimento do aspecto territorial fica evidente aqui, no que diz respeito a suas características simbólicas e materiais, afinal, é impossível nos apropriarmos apenas em uma dimensão da existência do grupo enquanto coletividade, que é dinâmica. Como afirma Porto-Gonçalves (2001), só nos apropriamos daquilo que faz sentido, assim, toda apropriação material é também uma apropriação simbólica, e não uma ou outra, ou uma antes da outra. Esse artigo reforça esse caráter e tem grande importância, pois nele encontram-se elementos que extrapolam os limites usufruídos apenas para a moradia; enquanto territórios dotados de significados, é necessário ter condições para a continuidade de determinados hábitos. Assim, áreas que possuem recursos ambientais extremamente importantes para a preservação e continuação dessas comunidades também devem ser reconhecidas, bem como as áreas necessárias para a reprodução de costumes, tradições e lazer.

A autoatribuição e a dimensão territorial considerada como um todo (econômico, simbólico e político) colocam em evidência outro aspecto que causa surpresa: o título de forma coletiva. Essa opção de reivindicação pela titulação coletiva, em vez do parcelamento individual de propriedades, é parte dessa luta pelo território. A valorização de práticas e regimes fundiários em ampla medida baseados no uso comum é resultado e condição das territorialidades construídas no seio das comunidades: a coletividade e a comunalidade como condições para a vida, em oposição à valorização da individualidade. Isso se relaciona diretamente com o remetimento a origens comuns, dadas pela ancestralidade africana e/ou laços sanguíneos entre os membros do grupo. A memória de um ancestral comum (matriarca, patriarca, uma família ou um conjunto pequeno de núcleos familiares originários, dimensão de origem que substitui o tempo histórico por um tempo mítico) é traço diacrítico demarcador de identidade que, na verdade, equilibra hierarquias entre os indivíduos no presente e reforça a supremacia do coletivo sobre individualidades.

Os processos de reconfiguração identitária quilombola compreendem a reprodução das formas de existência, a transmissão de patrimônio cultural, a valorização de origem comum e laços sanguíneos, entre outros, de maneira que o grupo reconstitui e mantém sua memória do passado para (re)elaborar sua existência étnica no presente. Dissociar tais dimensões da forma como é encaminhada a luta pela terra (titulação coletiva) bloqueia a percepção de que esse campesinato negro vive experiências diferenciadas no capitalismo brasileiro e tem na valorização de suas matrizes de relações sociais (culturais, de ancestralidade, de africanidades, entre outras) estratégias fundamentais de resistência e sobrevivência.

Traço marcante dessa luta por territórios quilombolas é a manutenção e a valorização de relações com a natureza, que aparece, entre outras, em práticas etnobotânicas e agroecológicas (GOMES, 2009). Estas se particularizam e singularizam na articulação sistêmica da vida de quilombolas: plantas e plantios associam dimensões como a religiosidade, ritos e manifestações culturais, alimentação, estética (do interior e/ou do exterior da casa, da rua ou da comunidade), medicina e mesmo atividades econômicas. Uma mesma planta pode cumprir várias dessas (e mesmo outras) "funções", evidenciando a indissociabilidade delas para a vida nessas matrizes de relações sociais. Isso não elimina valorizações mais específicas dentro de sistemas de saberes, que vão definir algumas espécies mais como "plantas litúrgicas" (utilizadas em rituais ou integradas ao cotidiano – por exemplo, como proteção na porta de casas), "plantas de cura/medicinais" (que podem estar num quintal, na rua ou numa área "vazia", de uso coletivo) ou "plantas alimentares", entre outras.

Essas relações são reproduzidas e mantidas por redes de saberes transmitidos através da oralidade, de ritos religiosos/culturais ou da própria observação de exemplos de usos. É assim que se constitui um entrelaçamento entre diversidade biológica e diversidade cultural, com heterogêneas misturas de espécies que já compunham etnobotânicas africanas e espécies autóctones, presentes em grotões, matas ciliares e outros ambientes de territorialização de comunidades quilombolas. A manutenção desses costumes e tradições é base para sustentos, para a reprodução do grupo enquanto coletividade (reprodução material, simbólica), mas também, inequivocamente, resistência às múltiplas dimensões do capitalismo. Por exemplo, a preservação de uma etnobotânica de origem africana através das chamadas "farmácias vivas" permite a manutenção do controle sobre a saúde e o bem-estar, que vem sendo expropriado pela Indústria farmacêutica através da apropriação, do monopólio de saberes e de epistemicídios. Manter e utilizar plantas "medicinais" é resistir a uma dimensão de alienação do capital, concernente à relação homem-natureza, aquilo que Milton Santos denominou avanço do "meio técnico-científico-informacional". É também uma contraposição à forma moderno-colonial e eurocêntrica de manejo da agricultura, de homogeneização de cultivos e espécies, de valorização da dimensão comercial das plantas em detrimento de outras dimensões da vida.

Mas, simultaneamente ao fato de adquirirem direitos para a titulação, as comunidades remanescentes de quilombo recebem também pressões de setores sociais contrários, que julgam ser o Decreto n. 4.887/2003 inconstitucional. Em 2007, passa a tramitar uma emenda na Câmara dos Deputados que pretendia anular o decreto, podendo revogar todos os títulos concedidos a partir de 2003. Isso pode fazer regredir toda a política e os direitos conquistados até aqui. A autoria de parlamentares ligados à grande produção rural demonstra que o combate a esses direitos sociais se dá principalmente por parte dos latifundiários e seus representantes.

É no seio dessa complexidade das formas de territorialização e inserção socioespacial das comunidades que são engendradas lutas, resistências, processos identitários. É nesse contexto também que se dão as disputas, no campo da conceituação do que são as comunidades remanescentes hoje, e também no plano legislativo.

Os quilombos passam a representar "uma modalidade de representação de uma existência coletiva" (ALMEIDA, 1999) – a condição de "remanescente" não deve, portanto, considerar apenas uma forma de existência no passado, devendo levar em conta a multiplicidade de formas do presente.

Um panorama atual nos indica que na leitura sobre comunidades quilombolas, nenhuma delas pode ser vista como parte preponderante do todo, ou seja, uma parte não pode representar o todo, muito menos o todo pode negar uma das partes. Não há definições corretas e incorretas, mas sim contextos espaciais, que representam uma marca distinta no território, uma territorialização dotada de singularidade, em meio a toda a complexidade em que o território brasileiro foi constituído e ocupado.

Panorama atual

O plano conceitual e legislativo não se desprende das realidades empíricas atravessadas pelas comunidades. Conforme mudam as regras, mudam também as estratégias para o alcance da titulação. Os grupos se organizam e imprimem uma movimentação em torno da identidade quilombola, mesmo com todas as adversidades que surgem. As demandas e as vidas das pessoas que habitam essas áreas de disputas não param esperando resoluções normativas. O movimento é constante e afeta outros grupos, que, ao tomar conhecimento de experiências semelhantes às suas, passam a conhecer melhor seus direitos e, dessa forma, são obrigados a se conhecer melhor.

Diante dessa realidade, essa movimentação alimenta a esperança de comunidades que passam a recuperar sua história e buscam o reconhecimento como quilombolas. O primeiro passo é o reconhecimento da autoatribuição emitido pela Fundação Cultural Palmares (FCP).

Segundo dados de 2011, havia, nesse ano, 1.820 comunidades certificadas, com maior incidência na Bahia (438) e no Maranhão (407), revelando uma concentração de quase metade das comunidades certificadas nesses dois estados, o que resulta também da região Nordeste ser a que possui o maior número de comunidades reconhecidas. Destaca-se também um alto número de comunidades certificadas em Minas Gerais (148), Pernambuco (108) e Pará (102). Apesar da crença de que a região Sul é caracterizada pela brancura decorrente do processo de ocupação pela imigração (e, portanto, por uma não presença negra), o estado do Rio Grande do Sul abriga 86 comunidades certificadas e concentra um alto número de comunidades urbanas, em comparação com outras regiões. Os outros estados variam bastante, destoando apenas o Amazonas, com apenas uma comunidade certificada, e Rondônia, com sete.

Comunidades quilombolas certificadas pela Fundação Cultural Palmares por estado

Número de comunidades quilombolas certificadas pela FCP por estado

AC	0	PA	102
AL	64	PB	34
AM	1	PE	108
AP	27	PI	43
BA	438	PR	34
CE	32	RJ	26
ES	29	RN	21
GO	22	RO	7
MA	407	RS	86
MG	148	SC	11
MS	20	SE	22
MT	66	SP	45
		TO	27

Legenda: 1 - 29; 30 - 45; 46 - 86; 87 - 148; 149 - 438

Fonte: Fundação Cultural Palmares

Ainda assim, o olhar sobre o mapa das comunidades certificadas demonstra uma geografia negra marcante sobre o território brasileiro. A luta por direitos ainda está em movimento, e muitas comunidades ainda estão começando a se reconhecer, o que possibilita que os números possam se elevar a quantidades que chegam a três mil comunidades, de acordo com a Comissão Pro-Índio.

Porém, quando se fala das comunidades com processos jurídicos abertos junto ao INCRA, o número ainda está distante dos divulgados pela FCP. Enquanto, em dados de 2011, o número de comunidades reconhecidas pelo INCRA era 1.088, o da FCP chegava a 1.826. Isso demonstra que, entre a autoatribuição e a abertura do processo junto ao INCRA, entraves burocrático-jurídicos dificultam o acesso de grupos aos seus direitos.

De acordo com os dados de 2011[16] do INCRA, que totalizavam 1.088 comunidades com processos abertos, o estado com maior incidência é o Maranhão (252),

---

[16] Optou-se por trabalhar com os dados de 2011 das comunidades quilombolas com processos abertos e tituladas nos mapas por estar disponível a quantidade de comunidades por estado. Já os dados de 2012 disponibilizados pelo INCRA continham apenas o numero total, impossibilitando essa análise por estado. Porém, nesse período cabe assinalar que apenas uma comunidade foi titulada.

com mais que o dobro de processos abertos na Bahia (107) – proporção diferente das certificações pela FCP, nas quais a Bahia supera o Maranhão, conforme mencionado anteriormente. Nesse mapa, o segundo estado com maior número de comunidades certificadas é Minas Gerais (128). No entanto, há processos em quase todos os estados brasileiros (menos Acre e Roraima), com um alto número na Região Sul, 126 comunidades, e na região Sudeste, 213, dos quais 77 se encontram no eixo Rio de Janeiro-São Paulo, onde o forte processo de urbanização certamente afetou outras inúmeras comunidades que deveriam existir.

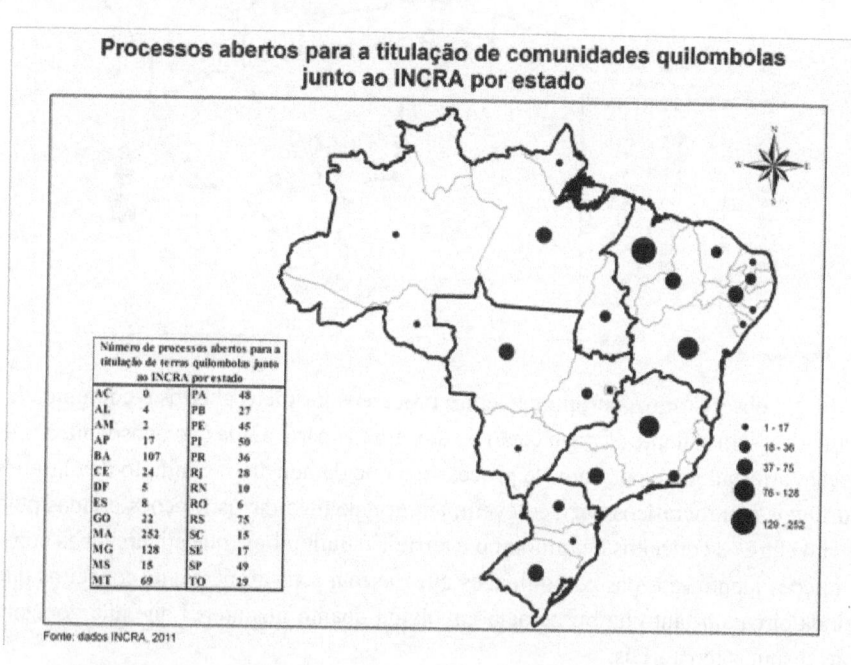

Processos abertos para a titulação de comunidades quilombolas junto ao INCRA por estado

Número de processos abertos para a titulação de terras quilombolas junto ao INCRA por estado

AC	0	PA	48
AL	4	PB	27
AM	2	PE	45
AP	17	PI	50
BA	107	PR	36
CE	24	RJ	28
DF	5	RN	10
ES	8	RO	6
GO	22	RS	75
MA	252	SC	15
MG	128	SE	17
MS	15	SP	49
MT	69	TO	29

Legenda:
- 1 - 17
- 18 - 36
- 37 - 75
- 76 - 128
- 129 - 252

Fonte: dados INCRA, 2011

Contudo, o que causa maior espanto são os dados das comunidades já tituladas. A diferença em relação à quantidade de processos abertos é gigantesca, representando apenas 11%. Se comparada com as comunidades reconhecidas pela FCP, essa proporção torna-se ainda mais espantosa, apenas 7%. A maior parte dos títulos concedidos foram no Pará (51) e no Maranhão (26), ambos estados que apresentam grande concentração fundiária no Brasil. Em Minas Gerais, apenas uma comunidade foi titulada, e na Bahia, apenas seis. Entre os estados brasileiros, dez não apresentam nenhuma comunidade titulada.

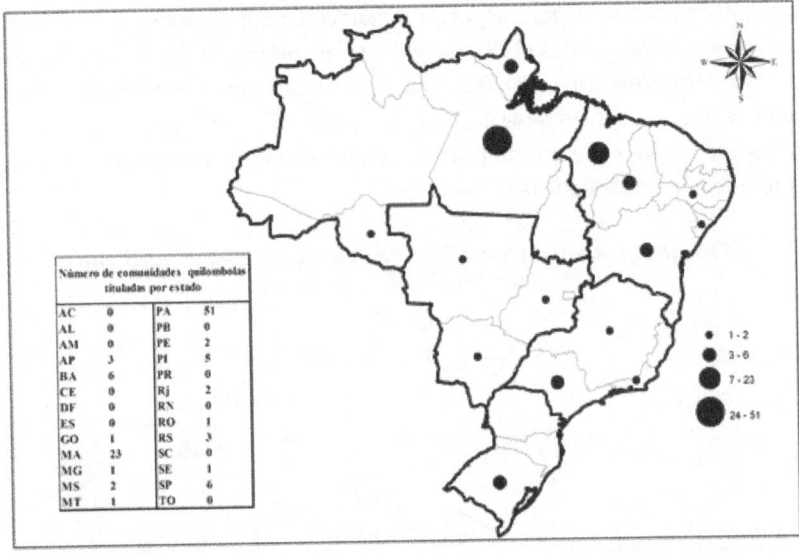

Comunidades Quilombolas tituladas por estado

Número de comunidades quilombolas tituladas por estado			
AC	0	PA	51
AL	0	PB	0
AM	0	PE	2
AP	3	PI	5
BA	6	PR	0
CE	0	RJ	2
DF	0	RN	0
ES	0	RO	1
GO	1	RS	3
MA	23	SC	0
MG	1	SE	1
MS	2	SP	6
MT	1	TO	0

Fonte: dados INCRA, 2011

Se observarmos a proporção entre processos jurídicos abertos e comunidades tituladas, será gritante a constatação de que grande parte ainda não conseguiu a titulação, arrastando-se por anos de processo, o que demonstra o conjunto de entraves jurídicos e burocráticos que se devem, em grande medida, às fricções criadas pelo atrito entre os conceitos de quilombo e território quilombola que alicerçam as constituições identitárias das comunidades que buscam seus direitos e os conceitos que ainda circulam tanto na burocracia envolvida quanto nos atores que antagonizam tais disputas territoriais.

Olhando os quilombos na sua inserção local

As comunidades que ficam à espera de ter seus processos abertos, assim como as que já têm e aguardam a obtenção do título definitivo, sofrem com pressões de grupos contra os quais disputam o direito territorial. O principal antagonista continua sendo encontrado no sistema rural, na figura de fazendeiros e latifundiários, renomeados como defensores do agronegócio. Esse embate evidencia o quanto a titulação quilombola, na forma de títulos coletivos, retiraria do território um sentido mercadológico e impediria o avanço do latifúndio a certas porções do espaço, imprimindo um reordenamento do campo brasileiro.

Mas os agentes antagonistas não se restringem a esse grupo – o diálogo passa, por exemplo, pelo embate com empresas multinacionais, como é o caso da comunidade quilombola de Jambuaçu, localizada no Pará, em conflito constante com a empresa Vale, antiga Companhia Vale do Rio Doce (MARIN, 2010). Esse caso ilumina situações em que comunidades são atingidas por impactos de grandes projetos de investimento, os quais resultam na constituição de aliança entre antagonistas se fortalecendo na luta contra o direito das comunidades quilombolas.

Em algumas comunidades localizadas em áreas costeiras, a Marinha veda diversos acessos, impossibilita formas de reprodução social e, consequentemente, destitui as coletividades de muitos direitos. Esse é também o caso de Marambaia, no Rio de Janeiro, onde não se pode mais construir ou ampliar as construções existentes – configurando uma situação em que há um conflito entre órgãos do próprio Estado, pois uma determinada instância opera pela regularização e outra pela expulsão desses grupos (MÜLLER, 2010).

Nessa área, a presença do coletivo negro descende da fazenda que ali existia e é também consequência do passado em que havia ali um ponto de comércio de escravos. Essa memória mostra que as versões de que os negros só teriam chegado ali recentemente é falsa, e a sua ocupação antecede a presença da Marinha.

Porém, por estar em uma área considerada ponto estratégico, a comunidade tem sua saída forçada, a tal ponto que, diante disso, Arruti (2010) fala de "dispositivos de precarização", dentre os quais existe a possibilidade de pesadas multas para construções que não foram estritamente autorizadas pela marinha. Ele destaca que grande parte das casas já construídas é feita de taipa, que necessita de constante manutenção e reformas, cujo impedimento leva à deterioração e possível desabamento do imóvel, deixando famílias em situação de risco. Outro dispositivo é o que se relaciona com a subsistência desses grupos, pois, localizados em uma área de proteção ambiental (APA), acabam tendo limitadas as práticas mantidas há décadas, inclusive vendo seu espaço para plantação reduzido ao seu quintal, atacado inúmeras vezes durante os treinamentos militares realizados na ilha. A essas duas formas de precarização, somam-se muitas outras, como o acesso controlado à ilha, a intromissão da Marinha em reuniões e as pressões dos mais diversos tipos, que chegam ao ponto de vedar o acesso de técnicos do INCRA à ilha.

Outra comunidade em conflito envolvendo a Marinha é o quilombo Rio dos Macacos, na Bahia, que, mesmo após laudo favorável do INCRA, continua sofrendo com pressões de despejo e para a assinatura de um acordo que diminuiria e deslocaria o grupo da sua área de ocupação originária.

Nesse ponto, cabe ressaltar que são muitos os conflitos que envolvem áreas de proteção ou conservação ambiental, que, em determinadas tipologias, impedem a continuação de práticas cotidianas desses grupos, as quais são também meios de sobrevivência. Diversas políticas ambientais veem o homem separado da natureza (e não como parte integrante dela), um destruidor em potencial, por isso precisa ter suas práticas limitadas ou até mesmo ser excluído da área. Essa forma de criar "territórios naturais" impede a reprodução de grupos que contribuíram para a manutenção de ecossistemas muito antes da presença do Estado – um contrassenso numa sociedade cujo modelo hegemônico de desenvolvimento envolve um conjunto de ações que consolidam a natureza como recurso de exploração e fonte de renda.

É preciso lembrar que não vivemos apenas uma crise ambiental, mas uma crise civilizatória (Leff, 2010), em que o diálogo com saberes é primordial para a manutenção do que resta de flora não só no Brasil, mas também no resto do mundo. Porém, nega-se a experiência desses grupos, denominando-os primitivos que não saberiam manejar um território com o qual eles convivem há décadas ou até mesmo séculos.

Outros quilombos estão sujeitos a ações de empreendimentos imobiliários, seja em meio urbano, seja em áreas rurais. A comunidade de Sibaúma, no Rio Grande do Norte, choca-se com essa realidade (Cavignac, 2010). De um lado, estabelecimentos turísticos de luxo e a promessa de construção de outros com divulgação ainda maior, dotados de infraestrutura invejável, localizados em áreas de falésias, que por lei são áreas de conservação permanente; de outro lado, a comunidade com infraestrutura precária, sem acesso a água e sistema de esgoto.

Essas são apenas algumas das milhares de situações espalhadas pelo território brasileiro, em que grupos remanescentes de quilombos já reconhecidos pelo INCRA sofrem com a vulnerabilidade a que estão submetidos durante o longo e tortuoso processo de titulação de terras na disputa com sujeitos que vão de grandes fazendeiros às Forças Armadas do Estado e projetos multinacionais representados por times de advogados e ações coniventes de juízes e policiais.

São várias as estratégias com viés de violência utilizadas para desterritorializar e enfim expulsar esses grupos, consolidando as práticas que mais se assemelham, ou, na verdade, mostram que o regime colonial de opressão não acabou para alguns. Entre as práticas relatadas (e passíveis de visualização nos documentos produzidos), há a utilização de um alto número de policiais dotados de um poderio de fogo, que mais parecem guerrilhas, em nada justificável contra comunidades desarmadas, compostas por muitos idosos e crianças.

Os atentados contra pessoas ligadas a comunidade são constantes e constituem uma trajetória já há muito conhecida no Brasil, em que os principais alvos são os motivadores e líderes do movimento. Em muitos deles, há a omissão por parte da polícia, bem como nos casos de agressão, fechamento de estradas ou impedimento no acesso à água dos rios. Esses casos acabam não sendo investigados, e quando o são, é devido à pressão de assessorias de apoio, que tentam divulgar ocorrências e produzir fatos políticos. Há até registros de práticas indiretas como envenenamento da água como forma de amedrontar, assassinar e assim afastar pessoas desses núcleos, forjamento de provas para executar prisões que desestabilizem as lutas, individualização dos processos e pedidos de reintegração de posses, cujo objetivo é trazer uma imagem de criminalização ao movimento.

Quando há presença de grandes empresas, agentes políticos municipais normalmente também se manifestam a favor delas, apoiando-se em questões como a geração de empregos e demonstrando descontentamento e incômodo com a disputa das comunidades remanescentes de quilombo. Tais discursos acabam tendo consequências na falta de políticas públicas para essas comunidades. Existem também as constantes falsificações de documentos, produção de papéis e coerções para assinaturas de documentos, executadas a mando dos fazendeiros.

No meio urbano, essa violência não cessa, e a cumplicidade da polícia também está presente. A própria existência de quilombos urbanos causa surpresa para alguns grupos, devido à menor visibilidade frente aos que se localizam no campo e à incorporação nos processos de urbanização.

Os quilombos urbanos se originam principalmente – mas não unicamente – a partir de dois processos. Primeiramente, devido à crescente urbanização de espaços que no passado eram considerados rurais. Essa urbanização é característica do território brasileiro e do processo de expansão da malha urbana, incorporando áreas com características rurais. Assim, em todas as regiões existem áreas que nos últimos setenta anos vêm passando por tal processo de transformação de espaço rural em urbano, mudando completamente a configuração e inserção espacial.

As comunidades que se localizam nessas áreas vêm se deparando com diversos impactos do avanço do processo de urbanização. A degradação ambiental, característica da urbanização (envolvendo, por exemplo, a depredação dos rios, a derrubada de áreas de floresta e a ocupação intensiva do solo, entre outras), impede as formas de reprodução constituídas por esses grupos. Outra questão é a mudança social que essas comunidades sofrem ao serem inseridas no seio de uma urbanização capitalista (dependente e periférica) que desqualifica suas matrizes culturais, suas atividades produtivas e, com elas, seus saberes e força de trabalho, transformando sua população em bacia de mão de obra considerada desqualificada e, consequentemente, desempregada ou subempregada. Aqui, o racismo opera fortemente na subalternização dessas comunidades, traço que frequentemente grafa o território através da toponímia.[17] Além disso, algumas delas sofrem também a ação de agentes especulativos urbanos, que pressionam esses sujeitos para a venda das terras – já que muitos deles se encontram em áreas agora valorizadas, como é o caso do quilombo da família Silva, em Porto Alegre.

O segundo processo de formação de quilombos urbanos compreende comunidades que foram formadas já em espaços urbanos, como aquelas decorrentes de aglomerações de "cômodos e casas coletivas no centro da cidade ou núcleos semirurais – as roças das periferias urbanas" (ROLNIK, 2007, p. 78). Eram compostas por

---

[17] Carvalho (2010) demonstra isso ao falar da comunidade "Chácara das Rosas", localizada no Rio Grande do Sul. Segundo a autora, as denominações anteriores ao acionamento do Art. 68 envolviam o nome "Planeta dos Macacos", uma forma extremamente pejorativa e racista atribuída a estes grupos.

negros que trabalhavam como escravos de ganho ou exercendo pequenas atividades livres. Com o fim da escravidão, vários negros se agregaram a elas, ao saírem das áreas de plantações, e coletivamente procuraram espaços para conviver.

Essas áreas sofreram forte ataque no início do século XX, através das chamadas "reformas urbanas", que tinham o intuito de "sanear" áreas – na verdade, por detrás dos discursos higienistas, também descansava o objetivo de branquear a ocupação. No Rio de Janeiro, por exemplo, a expulsão dos centros provocou a ocupação dos morros (ROLNIK, 2007), e de outras áreas localizadas em zonas menos valorizadas como encosta de rios.

Para não concluir: algumas questões para o ensino sobre quilombos e Geografia

Várias questões presentes no debate abordado até aqui, desde a ruptura com uma definição estática de quilombos até os embates políticos dentro da norma jurídica sobre o que representam as comunidades remanescentes de quilombo atualmente, podem e devem fazer parte dos conteúdos de Geografia ensinados em sala de aula, constituindo temas em todas as séries, presentes de distintas maneiras. Esse diálogo permite demonstrar como a integração do negro na sociedade brasileira se deu em meio a lutas, processos de resistências e presença/grafagens no espaço, e que, atualmente, essas comunidades, longe de serem uma invenção, têm uma base geográfica, principalmente quando vista na perspectiva do território, conteúdo imprescindível que atravessa diversas discussões no ensino da Geografia.

A responsabilidade aumenta diante da veiculação de informações sobre esses grupos na mídia em contextos pejorativos, ligados a informações falsas e contemplando apenas a fala de atores posicionados de forma antagônica em relação às comunidades remanescentes de quilombo. O ensino sobre as condições em que esses grupos se territorializam, junto a explicações dos diferentes usos do território brasileiro, durante a sua formação, dá base para aluno compreender melhor essa complexidade, bem como as relações de disputa e conflitos inerentes a ela. Com isso, aprende-se mais sobre a trajetória de grupos negros no Brasil e torna-se possível uma presença mais crítica do estudante diante do tema, que tende a estar cada vez mais presente nos meios de comunicação, conforme aumentam os embates e o número de comunidades buscando seus direitos.

Ademais, é um conteúdo que consta no PCN de Geografia e que compõe um grupo de temas obrigatórios no ensino a partir da Lei n. 10.639,[18] de 2003, que trata da inserção dos conteúdos sobre a população negra no currículo escolar.

O ensino sobre comunidades remanescentes de quilombo, suas lutas, resistências e disputa por território, aparece como importante conteúdo a ser utilizado para des-

---

[18] A problematização da Lei n. 10.639 pode ser vista no primeiro artigo deste livro.

mistificar diversas visões presentes no discurso hegemônico. É preciso lembrar que esses conteúdos devem estar presentes nas aulas e não em um momento específico do calendário escolar, como o dia 20 de novembro, como se este só fizesse parte de um momento da história.

Nesse contexto, o professor deve ter um cuidado importante, balizador nesse tema, que é ir além do que está posto no livro didático. Muitos dos conteúdos veiculados nesses livros reduzem a realidade organizacional das comunidades, apresentando-as de forma homogeneizante. As explicações têm normalmente continuidade com a definição de quilombo baseada em fuga e desconsideram os múltiplos processos que os envolvem. Não se apresentam exemplos, o que é compreensível, já que os exemplos podem aprisionar a imagem que os alunos terão das comunidades, mas também não oferecem ferramentas para a ampliação do conhecimento sobre o tema.

O ensino sobre comunidades remanescentes de quilombo também ajuda no combate à produção de não existência, já explicada aqui, através de modelos alternativos de organização da sociedade, como as comunitárias, terras de uso comum etc.; de modelos de conhecimento, com suas práticas medicinais sendo valorizadas, suas diferentes crenças; diferentes formas de relação com a natureza, que não seja a predatória, resistindo às pressões de indústrias de alta tecnologia; valorização das lutas em escalas locais, retirando da invisibilidade grupos outrora desconhecidos da população.

Dessa forma, é aconselhável uma pesquisa sobre as comunidades existentes dentro do estado, ou região, em que o professor atua, aproximando essas comunidades do contexto histórico-geográfico vivido pelos alunos. Assim, os exemplos, além de demonstrarem a multiplicidade de situações que podem ser visualizadas, podem revelar, para os alunos, laços e relações que eles não imaginavam na região onde moram.

Referências

ALMEIDA, Alfredo Wagner Berno de. Os quilombos e as novas etnias. In: LEITÃO, Sérgio (Org.). Direitos territoriais das comunidades negras rurais. São Paulo: Instituto Socioambiental, 1999.

ARRUTI, José Maurício. Territórios negros. In: KOINONIA. Territórios Negros – Egbé: Relatório Territórios Negros. Rio de Janeiro: Koinonia, 2002.

ARRUTI, José Maurício. Mocambo: antropologia e história do processo de formação quilombola. São Paulo: Edusc, 2006.

ARRUTI, José Maurício. Quilombos. In: PINHO, Osmundo; SANSONE, Livio (Orgs.). Raça: perspectivas antropológicas. Salvador: ABA; EDUFBA, 2008. p. 315-350.

ARRUTI, José Maurício. A negação do território: estratégias e táticas do processo de expropriação na Marambaia. Cadernos de Debates Nova Cartografia Social. Territórios Quilombolas e Conflitos, Manaus: Projeto Nova Cartografia Social da Amazônia, v. 1, n. 2, p. 110-116, 2010.

BENTO, Maria Aparecida da Silva. Branqueamento e branquitude no Brasil. In: CARONE, Iray; BENTO, Maria Aparecida (Orgs.). Psicologia social do racismo: estudos sobre branquitude e branqueamento no Brasil. Petrópolis: Vozes, 2002.

BOURDIEU, Pierre. O poder simbólico. Lisboa; Rio de Janeiro: Difel; Editora Bertrand Brasil, 2006.

CARONE, Iray; BENTO, Maria Aparecida. Breve histórico de uma pesquisa psicossocial sobre a questão racial brasileira. In: CARONE, Iray; BENTO, Maria Aparecida (Orgs.). Psicologia social do racismo: estudos sobre branquitude e branqueamento no Brasil. Petrópolis: Vozes, 2009. p. 13-23.

CARVALHO, Ana Paula Comin de. Chácara das Rosas: de um território negro a um quilombo urbano. Cadernos de Debates Nova Cartografia Social. Territórios Quilombolas e Conflitos, Manaus: Projeto Nova Cartografia Social da Amazônia, v. 1, n. 2, p. 243-250, 2010.

CAVIGNAC, Julie Antoinette. Resorts e quilombolas: alianças políticas e interesses econômicos em Sibaúma (RN). Cadernos de Debates Nova Cartografia Social. Territórios Quilombolas e Conflitos, Manaus: Projeto Nova Cartografia Social da Amazônia, v. 1, n. 2, p. 154-161, 2010.

DELEUZE, Gilles; GUATTARI, Félix. Mil platôs: capitalismo e esquizofrenia. São Paulo: Editora 34, 1997. v. 5.

GOMES, Ângela. Rotas e diálogos de saberes da etnobotânica transatlântica negro-africana: terreiros, quilombos, quintais da Grande BH. 2009. Tese (Doutorado em Geografia) – Programa de Pós-Graduação em Geografia, Universidade Federal de Minas Gerais, Belo Horizonte, 2009.

GOMES, Flávio dos Santos. Palmares: escravidão e liberdade no Atlântico Sul. São Paulo: Contexto, 2005.

GOMES, Flávio dos Santos. Histórias de quilombolas: mocambos e comunidades de senzalas no Rio de Janeiro, século XIX. São Paulo: Companhia das Letras, 2006.

GOMES, Joaquim Barbosa. Ação afirmativa & princípio constitucional da igualdade. Rio de Janeiro; São Paulo: Renovar, 2001.

GROSFOGUEL, Ramón. Para descolonizar os estudos de economia política e os estudos pós-coloniais: transmodernidade, pensamento de fronteira e colonialidade global. In: SANTOS, Boaventura de Souza; MENESES, Maria Paula. Epistemologias do Sul. São Paulo: Cortez, 2010.

LEFF, Enrique. Discursos sustentáveis. São Paulo: Cortez, 2010.

LEITE, Ilka Boaventura. O legado do testamento: a comunidade de Casca em perícia. 2. ed. Porto Alegre: Editora da UFRGS; Florianópolis: NUER/UFSC, 2004.

LEITE, Ilka Boaventura. Humanidades insurgentes: conflitos e criminalização dos quilombolas. *Cadernos de Debates Nova Cartografia Social. Territórios Quilombolas e Conflitos*, Manaus: Projeto Nova Cartografia Social da Amazônia, v. 1, n. 2, p. 18-41, 2010.

MARIN, Rosa Elizabeth Acevedo. Estratégias dos quilombolas de Jambuaçu e projetos da Vale S.A. no Moju, Pará. *Cadernos de Debates Nova Cartografia Social. Territórios Quilombolas e Conflitos*, Manaus: Projeto Nova Cartografia Social da Amazônia, v. 1, n. 2, p. 50-62, 2010.

MIGNOLO, Walter. A colonialidade de cabo a rabo: o hemisfério ocidental no horizonte conceitual da modernidade. In: LANDER, Edgardo. *A colonialidade do saber: eurocentrismo e ciências sociais perspectivas latino-americanas*. Buenos Aires: Clascso, 2005.

MORAES, Antonio Carlos Robert. *Ideologias geográficas: espaço, cultura e política no Brasil*. São Paulo: Hucitec, 1991.

MÜLLER, Cíntia beatriz. A utilização de meios alternativos de solução de conflitos em processos de territorialização: casos de Alcântara e Marambaia. In: ALMEIDA, Alfredo Wagner de et al. (Orgs.). *Caderno de Debates Nova Cartografia Social: territórios quilombolas e conflitos*. Manaus: Universidade Estadual do Amazonas, 2010. v. 2. p. 88-100.

NABUCO, Joaquim. *O abolicionismo*. Rio de Janeiro: BestBolso, 2010.

NASCIMENTO, Abdias. *O genocídio do negro brasileiro: processo de um racismo mascarado*. Rio de Janeiro: Paz e Terra, 1978.

PORTO-GONÇALVES, Carlos Walter. *Da geografia às geo-grafias: um mundo: em busca de novas territorialidades*. Apresentado na II Conferência Latinoamericana y Caribenha de Ciências Sociais, México, 2001.

QUIJANO, Anibal. Colonialidade do poder, eurocentrismo e América Latina. In: LANDER, Edgardo. *A colonialidade do saber: eurocentrismo e ciências sociais perspectivas latino-americanas*. Buenos Aires: Clascso, 2005.

QUIJANO, Anibal. O que é essa tal de raça? In: SANTOS, Renato Emerson (Org.). *Diversidade, espaço e relações étnico-raciais: o negro na geografia do Brasil*. Belo Horizonte: Autêntica Editora, 2007.

QUIJANO, Anibal. Colonialidade do poder e classificação social. In: SANTOS, Boaventura de Souza; MENESES, Maria Paula. *Epistemologias do Sul*. São Paulo: Cortez, 2010.

REIS, José Carlos. *As identidades do Brasil: de Varnhagen a FGC*. Rio de Janeiro: Editora FGV, 2007.

ROLNIK, Raquel. Territórios negros nas cidades brasileiras: etnicidade e cidade em São Paulo e Rio de Janeiro. In: SANTOS, Renato Emerson (Org.). *Diversidade, espaço e relações étnico-raciais: o negro na geografia do Brasil*. Belo Horizonte: Autêntica Editora, 2007.

SANTOS, Boaventura de Souza. Para uma sociologia das ausências e uma sociologia das emergências In: *Conhecimento prudente para uma vida decente*. São Paulo: Cortez, 2003.

SANTOS, Milton. *A natureza do espaço: técnica e tempo, razão e emoção*. 4. ed. São Paulo: Edusp, 2004.

SANTOS, Renato Emerson dos. *Rediscutindo o ensino de geografia: temas da Lei 10.639*. Rio de Janeiro: Universidade do Estado do Rio de Janeiro, 2009. 89 p. Mimeografado.

SCHWARCZ, Lilia K. Moritz. *O espetáculo das raças*. São Paulo: Companhia das Letras, 1993.

SODRÉ, Muniz. *O terreiro e a cidade: a forma social negro-brasileira*. Rio de Janeiro: Imago; Salvador: Fundação Cultural do Estado da Bahia, 2002.

TORRES, Nelson Maldonado. A topologia do ser e a geopolítica do conhecimento. Modernidade, império e colonialidade. In: SANTOS, Boaventura de Souza; MENESES, Maria Paula. *Epistemologias do Sul*. São Paulo: Cortez, 2010.

VAINER, Carlos. Estado e raça *no Brasil: notas exploratórias*. *Estudos Afro-Asiáticos*, Rio de Janeiro, n. 18, p. 103-117, 1990.

A terra e os desterrados:
o negro em movimento – um estudo das ocupações, acampamentos e assentamentos do Movimento dos Trabalhadores Rurais Sem Terra – MST

*Bernardo Mançano Fernandes, Dagoberto José da Fonseca,
Anderson Antônio da Silva e Eduardo Paulon Giraldi*

Este artigo é resultado de estudos realizados no período de maio de 2002 a maio de 2004, quando pesquisamos três temas: 1) participação da população negra na luta pela terra a partir do autorreconhecimento e reconhecimento social; 2) origens dos assentamentos; e 3) vinculações e organicidade da população assentada; e registramos ocupações, acampamentos, prisões de membros do Movimento dos Trabalhadores Rurais Sem Terra – MST – e as formas de violência contra as famílias sem-terra no desenvolvimento da luta pela terra e pela reforma agrária.

A relação entre os negros brasileiros e a luta pela terra, enquanto tema de pesquisa, remonta a *Quilombo dos Palmares*, estudo de Edison Carneiro (1988), escrito em 1944, porém, somente a partir da década de 1950, nos denominados Estudos de Comunidade no âmbito da sociologia e da antropologia, é que haverá uma atenção voltada para essas populações rurais, sem, no entanto, haver uma configuração destas comunidades enquanto áreas quilombolas. Elas serão analisadas como bairros rurais, afastados dos centros urbanos de algumas cidades de pequeno ou médio porte, tendo suas relações sociais, festas, costumes com características próprias.

Será com as pesquisas e preocupações políticas, sobretudo de Clóvis Moura (1988) com a resistência negra e os quilombos em 1959 que iremos ter uma produção documentalmente detalhada sobre essa realidade social no Brasil rural. Os quilombos brasileiros somente em meados da década de 1980 começam a interessar diversos pesquisadores destas duas ciências (Sociologia e Antropologia), tendo a História como aporte teórico e metodológico. Elas não consideraram o capital científico da Geografia, enquanto possibilidade de se pensar analiticamente o espaço, o território, a topografia e as relações sociais construídas e constituintes desses ambientes sociais.

Os estudos referentes à questão agrária no Brasil também não deram a devida atenção para o fato de que aqueles presentes nas lutas e nos conflitos no campo eram de ascendência africana. Constatamos isso no trabalho de Edmundo Muniz (1984) sobre os Canudos e os textos produzidos nos anos 1960 a fim de pensar a questão agrária organizados por José Graziano da Silva e Maria Nazareth B. Wanderley (1980) e de Élide Rugai Bastos (1984). Estes autores não enfocaram essa população em momento algum de seus estudos, pois ficaram na análise da classe social e a expropriação da terra pelo grande ou médio capital, pelo grileiro ou latifundiário.

Os inumeráveis estudos publicados e não publicados que abordaram a população negra no Brasil, suas histórias e suas culturas, trataram, sobretudo daquela situada na cidade, ou seja, os negros urbanos e seus movimentos. Mais recentemente, nos anos 1980-1990, é que aparecem diversos estudos sobre as comunidades quilombolas e a situação de conflito na terra. No entanto, não houve uma preocupação em se abordar a população negra enquanto protagonista dos movimentos sociais que lutam pela reforma agrária.

Este artigo revela a grande contribuição teórica e metodológica da pesquisa realizada pelo NERA[1] e que teve a assessoria do NUPE,[2] sobretudo por abordar uma perspectiva teórica inédita entre Geografia e Antropologia nos estudos referentes às investigações dos trabalhadores rurais sem-terra e as relações étnico-raciais no campo. Estas duas ciências estiveram em permanente diálogo e construíram de modo interdisciplinar uma associação e abordagem nova, abrindo a possibilidade de uma nova linha de pesquisa que aborda terra, o território, a cultura e a identidade. Este texto também se preocupou em dialogar com o amplo repertório das Ciências Sociais (Sociologia, Ciência Política, História) a fim de se abordar a presença negra no interior da estrutura política do Movimento dos Trabalhadores Rurais Sem Terra (MST), na medida em que "não quisemos refletir o mero encaixe de disciplinas de forma despreocupada e sem propósitos, mas uma tentativa de fazer a leitura das múltiplas facetas da realidade" (FONSECA, 1994, p. 9). Esta é a grande contribuição teórica e política deste projeto, patrocinado pelo Programa Políticas da Cor da Universidade Estadual do Rio de Janeiro (UERJ), do Laboratório de Políticas Públicas.

Limpando o caminho, fazendo as ruas – a metodologia da pesquisa

Em maio de 2002, iniciamos um projeto de pesquisa inédito em escala nacional. Este projeto, intitulado DATALUTA – MST, foi desenvolvido no Núcleo de Estudos, Pesquisas e Projetos de Reforma Agrária – NERA – da Faculdade de Ciências e Tecnologia da UNESP, campus de Presidente Prudente. Durante dois anos, este

---

[1] A sigla NERA significa Núcleo de Estudos, Pesquisas e Projetos de Reforma Agrária, coordenado pelo Prof. Dr. Bernardo Mançano Fernandes, docente do Departamento de Geografia, da Faculdade de Ciência e Tecnologia – Campus de Presidente Prudente – UNESP.

[2] A sigla NUPE significa Núcleo Negro da UNESP para Pesquisa e Extensão, coordenado pelo Prof. Dr. Dagoberto José da Fonseca, vinculado à Pró-Reitoria de Extensão Universitária da UNESP. A assessoria do projeto foi realizada pelo Prof. Dr. Dagoberto José Fonseca, docente do Departamento de Antropologia, Política e Filosofia, da Faculdade de Ciências e Letras – Campus de Araraquara – UNESP.

projeto foi desenvolvido integrado ao DATALUTA – Banco de Dados da Luta pela Terra. Com o apoio do Programa Políticas da Cor, nosso objetivo era ter um conhecimento aproximado da participação da população negra na luta pela terra realizada pelo MST. O caráter do ineditismo estava na condição de estudar a questão da cor na espacialização da luta pela terra e reforma agrária a partir do protagonismo de seu principal sujeito: as famílias sem-terra. Qual a participação da população negra na luta pela terra? Esta era a pergunta central que tentávamos responder e que estava vinculada à questão agrária. Também queríamos conhecer o nível de organicidade e o grau de vinculação das famílias ao MST. Todavia, estudar estas questões exigiu, em primeiro lugar, a organização de um método e uma metodologia para o tratamento dos temas. De um lado, pela escala da pesquisa: vinte e dois estados. De outro, por causa de sua complexidade. Estávamos lidando com questões intrínsecas às pessoas e ao Movimento, e, portanto, de difícil levantamento. De modo que a pesquisa só foi possível de ser realizada graças ao apoio das coordenações estaduais do MST.

A realização desse objetivo estava vinculada a outro objetivo. A pesquisa de campo deveria ser realizada por jovens negros que estivessem estudando para algum curso do Ensino Superior ou para possibilitar seu acesso à universidade. Os jovens receberam uma bolsa de estudos como condição de garantia de acesso e permanência aos estudos e para realizar os trabalhos de campo. A interação desses dois objetivos deveria resultar na pesquisa e qualificar a condição de estudo dos jovens, bem como suas identidades. O MST nos apresentou jovens de 16 estados (SC, PR, SP, MG, BA, AL, PE, PB, RN, CE, PI, MA, PA, TO, MT e MS) que receberam bolsas de estudos por dois anos para levantarem os dados junto às coordenações estaduais. Também indicados pelas coordenações estaduais, ainda participaram voluntariamente jovens universitários de mais seis unidades da federação: DF, GO, SE, ES, RS e RJ. Todavia, por seu próprio caráter, estes estudantes participavam de modo parcial.

No período de dois anos foram realizadas duas reuniões nacionais e diversos encontros estaduais. As reuniões tiveram como conteúdo o debate teórico-político a respeito do autorreconhecimento[3] e o reconhecimento social[4] (AXEL, 2003) da população negra ou negra, sobre os conceitos de organicidade e vinculação, referências aos processos de luta e sua criminalização pelos governos, às formas de violência contra

---

[3] O conceito de autorreconhecimento adotado deve-se ao processo de afirmação da própria identidade, portanto, o sujeito informa como se reconhece diante de como se vê, e se constrói na sociedade. Portanto o autorreconhecimento é um processo marcado pelas relações sociais, ou seja, pelo cotidiano, pela postura e situação no mundo de representações e contextos vividos. Neste sentido, o autorreconhecimento não se exprime somente pela autodeclaração do sujeito em função de um episódio, de uma questão identitária, mas pela confirmação, afirmação e reconhecimento do que EU individualmente, mas também nas minhas relações coletivas, ou seja, das minhas relações socioculturais e, também, do OUTRO, dos OUTROS e dos MESMOS que cercam o sujeito e sua história.

[4] O reconhecimento social dá-se de forma exógena, ou seja, de fora para dentro do sujeito. O reconhecimento social decorre das relações que o sujeito constrói no seu cotidiano, de modo que a sociedade, o OUTRO e os OUTROS dizem quem somos histórica, cultural e politicamente. O reconhecimento social impõe o fato de que não SOU sem a relação com o MEU OUTRO socialmente construído.

as famílias sem-terra e referências de processos de implantação dos assentamentos em suas diferentes formas de origem. Os encontros estaduais foram realizados sem periodicidade e aconteciam de acordo com as viagens do coordenador para os estados, por ocasião de participação em bancas examinadoras de teses e dissertações ou para participar de outras atividades científicas.

Na primeira reunião foram debatidas as questões do método e da metodologia. Quanto ao método, o coordenador orientou os estudantes sobre as referências teóricas e políticas e apresentou detalhadamente os significados dos principais conceitos utilizados na pesquisa. Quanto à metodologia, o coordenador explicou os procedimentos para a realização da pesquisa de campo, que consistiu em entrevistas junto aos coordenadores estaduais do MST e visitas aos assentamentos, de forma aleatória, para entrevistas com as famílias. Nesta reunião, definiram-se também os formulários para registro de ocupações, acampamentos, formas de violência e prisões de membros do MST na luta pela terra e pela reforma agrária, de modo que como resultados da pesquisa, seriam elaborados os mapas e tabelas para apresentação dos resultados. Para a pesquisa a respeito do autorreconhecimento e reconhecimento social da população negra, contamos com o texto de Fonseca (2002) elaborado exclusivamente para subsidiar o debate e reflexão a respeito dos procedimentos na realização da pesquisa de campo.

Outra forma intensa de contato entre a coordenação e os estudantes foram por meio da internet. Os pesquisadores de campo recebiam os arquivos digitais com a relação de assentamentos dos estados. Estes dados eram fornecidos a partir do DATALUTA. Com o material em mãos participava da reunião estadual do MST para obter junto aos coordenadores as informações referentes à participação da população negra na luta, à vinculação, à organicidade, às formas de violências praticadas contra as famílias sem-terra e os registros de ocupações, acampamentos de prisões. O pesquisador também realizava visitas periódicas aos assentamentos e entrevistava aleatoriamente algumas famílias. Todos os meses os dados eram enviados para o NERA, onde eram sistematizados no DATALUTA. Essa pesquisa gerou um volume enorme de dados e uma mostra dos resultados dessa pesquisa é apresentada neste trabalho.

O autorreconhecimento e o reconhecimento social foram procedimentos utilizados para identificar a participação da população negra na luta pela terra organizada pelo MST. De acordo com Fonseca (2002):

> [...] a identidade negra é construída no processo de exclusão social no qual essas populações são vítimas históricas. Assim, não é apenas a cor da pele ou os traços faciais (lábios, narinas, cor e formato dos olhos), nem se o cabelo é crespo ou não que fazem o sujeito identificar-se ou ser identificado como negro ou, ainda, como é comumente chamado de "negro" ou "negra". Com isso queremos dizer que a identidade negra ("negra"), euro-brasileira ("branca"), ou ameríndia ("indígena") baseia-se na escolha política de cada um (sujeito social), sobretudo em uma sociedade como a nossa extremamente miscigenada (misturada).

Em 2002, participamos de uma reunião da Direção Nacional do MST, para um debate a respeito dessa concepção, em que foi amplamente discutida a questão, inclusive com manifestações de autorreconhecimento das lideranças nacionais. Compreendida essa definição e considerando a amplidão da pesquisa, foi solicitado aos coordenadores estaduais[5] que, além do autorreconhecimento, tomando como referência a concepção apresentada, também fosse feito o reconhecimento social a partir do conhecimento da população assentada em sua comunidade. O reconhecimento social consiste na indicação pelos pesquisadores e coordenadores locais sobre os dados indicados no autorreconhecimento a fim de confirmar ou não a declaração feita pelos assentados sobre si e suas famílias.

Ao coordenador e ou a um presidente de associação, e ou de cooperativa, etc., são perguntadas questões a respeito de todas as dimensões do território dos assentamentos: econômica, social, cultural, política, ambiental. Por meio desse procedimento, podemos chegar a uma aproximação da participação da população afro–brasileira na luta pela terra.

A organicidade é uma das características dos movimentos socioterritoriais. Estes são compreendidos como movimentos sociais que têm o território como elemento intrínseco de sua existência, ou seja, não existem sem o território. Portanto, a organicidade e o território são indissociáveis. Ela é representada na manifestação do poder político e de pressão que os sem-terra possuem no desenvolvimento da luta, tanto para conquistar a terra, quanto para as lutas que se desdobram nesse processo, por exemplo, para ficar na terra. A memória histórica e a consciência da luta fazem com que esses sujeitos construam formas de organização e relações sociais para garantir seus territórios. Por essa razão não separam as lutas pela conquista da terra das lutas de resistência na terra. Ocupação e Assentamentos são conceitos interativos: um cria o outro na espacialização e territorialização da luta pela terra (FERNANDES, 2000). A consciência das realidades em que vivem é fundamental para a construção da organicidade no processo de formação da identidade dos sujeitos da luta. E essa condição está associada à vinculação das famílias aos movimentos.

A vinculação das famílias aos movimentos é componente da dimensão da organicidade. Desta forma, a vinculação transforma-se em um componente qualitativo e quantificável. Os graus de vinculação das famílias ao MST foram bastante complexos, na medida em que há um intenso fluxo e refluxo, uma constante dinâmica social no interior do próprio movimento, tornando difícil sua mensuração.

Todavia, essa referência é importante para que tenhamos uma ideia aproximada da dimensão da organização. Trabalhamos com os dados como referência para termos uma noção da vinculação das famílias nos estados. São famílias das quais seus membros ou parte deles participam da forma de organização das atividades e das

---

[5] Um coordenador estadual representa uma determinada região do estado. Nesta, ele visita periodicamente os assentamentos para organização sociopolítica e econômica tendo em vista o seu desenvolvimento. É, de fato, uma pessoa da comunidade, um líder e é uma das principais referências para as pesquisas acadêmicas.

instâncias de representação em suas diferentes escalas, ou mesmo que não tenham participação nos setores, mas que se reconhecem como Sem Terra e participam das ações do MST. Essas pessoas fazem e são o Movimento. É por meio dessa compreensão de organicidade, expressa pela identidade política, que nos referimos aos Sem Terra do MST, como identidade política, que diferem dos *sem-terra*, como condição de excluídos. Portanto, um *sem-terra* pode se tornar *com-terra*, quando conquista seu lote no assentamento, mas continua sendo um *Sem Terra*, por estar vinculado ao Movimento. São esses sujeitos que consideramos como vinculados ao MST.

É importante lembrar que nem todos os vinculados participaram das lutas do MST desde o começo. Existem Sem Terra que não participaram de ocupações realizadas pelo Movimento, mas se vincularam depois da conquista da terra. Como há, também, *sem-terra* que participaram do MST desde o início da ocupação, mas por divergências políticas se desvincularam do Movimento.

Dessa forma, tomamos como referências os assentamentos que estão vinculados ao Movimento. Por vinculados compreendemos os assentamentos onde a maior parte das famílias participa dos setores de atividades ou das ações do MST. Com relação ao grau de vinculação, há assentamentos parcialmente vinculados, onde vivem grupos de famílias que participam das atividades ou das ações do Movimento. Nesse sentido, utilizamos parâmetros relativos para conseguir dados proporcionais, tanto para o número de assentamentos quanto para o número de famílias. A partir dessas referências podemos analisar esses dados para termos uma noção dos graus de vinculação das famílias Sem Terra.

Estas são as fundamentações de método e de metodologia que possibilitaram a realização de nossos objetivos, bem como propiciaram que 90% dos bolsistas do projeto concluíssem seus cursos universitários e tornaram-se referências importantes para suas comunidades ou grupos sociais. Os resultados sobre os temas são uma aproximação das realidades pesquisadas; são também importantes referências para a promoção do debate a respeito da questão da cor na luta pela terra.

O negro, a luta e a propriedade da terra

Desde o período escravista brasileiro temos ciência de que as populações indígenas, africanas e negras, submetidas ao sistema escravocrata, não teriam grandes chances de obterem grandes extensões de terra pela via oficial, cartorial e patrimonial empreendida e reconhecida pela Coroa portuguesa e pelo Império nacional, já que essas populações não eram revestidas dos títulos nobiliárquicos dos reinóis e dos brancos nacionais.

Essas populações de descendência africana não conseguiriam a posse da terra, sobretudo após a promulgação da lei de terras, em 1850 (COSTA, 1987; MOURA, 1994, p. 69-79), na medida em que ela dizia que a partir daquela data apenas se obteria terras no Brasil mediante a compra ao Estado imperial. O proprietário das terras era o Imperador, mas que agora não mais poderia doá-la, mas somente vendê-la em nome do Império. Deste modo, essa população, submetida à escravidão longa, e, mesmo que recém-liberta, não teria condições financeiras para adquirir um bom pedaço de terra para viver com dignidade, plantar e colher a fim de manter o seu próprio sustento. A imensa maioria negra manteve-se dependente do trabalho existente nas terras de senhores brancos ou migraram para as cidades grandes da época (GEBARA, 1986).

Em fins do século XIX, quando já era certa a abolição da escravatura, essa população trabalhadora, que construiu o país e suas instituições sociais e culturais, permanecia dependente da terra de seus senhores, enquanto lugar de produção e de residência; ainda, vai carregar a pecha pejorativa de que era a culpada do atraso tecnológico, político, econômico e cultural do Brasil, além de que era constituída de "gente perigosa", indolente e ignorante (SCHWARCZ, 2002; SEVCENKO, 1995).

Com essa visão preconceituosa e de fundo eminentemente ideológico e político, é que essas populações tiveram enormes dificuldades em obter terras, a não ser quando impuseram um processo de enfrentamento a esta situação social, antes e depois da Lei de Terras (1850) e da Lei Áurea (1888).

A população negra (africana e negra) teve inúmeras dificuldades em obter terras, seja no espaço urbano como no rural. Nos espaços urbanos, ao longo dos séculos escravistas, as terras foram adquiridas a partir da compra de alforria não somente por parte daqueles que já estavam instalados nas áreas urbanas trabalhando como "negros de recado", de carregar objetos, cargas, senhores e sinhás pelas ruas, mas também pelas quituteiras, lavadeiras; meninas, homens e mulheres de aluguel, etc. (FONSECA, 2000; KARASCH, 2000; GRAHAM, 1992).

Com essa liberdade conquistada, eles e elas puderam lançar-se em outro esforço: a compra de seu pedaço de terra. Muitas famílias negras residentes nas áreas centrais das diversas cidades médias, pequenas e grandes do país, proprietárias de terrenos, são fruto deste processo iniciado no século XIX. Várias irmandades negras localizadas e proprietárias de vastos terrenos nestes espaços urbanos são oriundas do século XVIII e XIX, o que demonstra o esforço de famílias e associações de negros alforriados ou não, em obterem sua propriedade, antes mesmo do século XX.

No espaço rural, essas lutas e dificuldades não foram menores, ao contrário, quando analisamos o período escravista brasileiro, já que naquele momento a ocupação das terras agriculturáveis e a sua extensão denotava em símbolo de poder. Uma equação simples que se desenhava para a realidade política, econômica e cultural era quanto mais terras mais poder. Diante disso, os negros, em sua grande maioria, não tiveram acesso à terra enquanto proprietários deste bem material e simbólico.

Nesse contexto é que se destacam as comunidades quilombolas presentes em todo o território nacional, nesses séculos em que o sistema escravista imperava soberano. Há diversos quilombos conhecidos no Brasil (REIS; GOMES, 1988), o mais popular é o de Palmares[6] pela sua existência, sua resistência e seu projeto político-econômico e cultural de respeito e de acolhimento à diversidade social e produtiva do solo.[7]

A utilização democrática da terra e a riqueza do solo palmarino foram os sustentáculos de sua manutenção política, cultural, econômica e histórica por tanto tempo, tornando-se com isso, inclusive, a pedra na bota colonial portuguesa, ferindo diversos interesses nacionais e, sobretudo, por estar assentado em um solo profundamente fértil. Esse último foi o principal motivo da tentativa de usurpação das terras palmarinas, ou seja, a fertilidade e a abundância de recursos naturais levaram os senhores de engenho e militares a eliminarem a população deste grande e paradigmático quilombo brasileiro (CARNEIRO, 1988; FREITAS, 1984; FREITAS, 1988).

Os homens e mulheres,[8] africanos e de sua ascendência, desafiaram o regime escravista e o jugo colonial, tentando conquistar sua liberdade e sua terra, em suma, sua humanidade, fugindo para lugares distantes, longe de tudo e de todos os que os oprimiam, representantes da ordem e estrutura social vigente à época. Esses lugares, no meio do mato, de difícil acesso, foram chamados de Quilombos, termo da língua umbundu (*bantu*), provenientes dos negros de Angola.[9]

Em pleno século XXI, a população de descendência africana ainda luta pela permanência na terra de seus antepassados quilombolas em vários estados brasileiros. A maioria das comunidades quilombolas está situada na Região Nordeste, mas é significativo o número de quilombos no Sudeste, no Norte e no Centro-Oeste. Este perfil é compreensível até pela dinâmica social imposta e pela densidade populacional de negros escravizados nestas regiões do país.

---

[6] O que se sabe do passado desse quilombo é que ele foi criado nas últimas décadas do século XVI, sendo os seus fundadores os africanos da etnia Jaga, povo do grande tronco cultural e linguistico Bantu (Banto). Esse povo foi considerado como indomável e amante da liberdade. Esta análise é fruto de pesquisa, e estes pormenores são referentes ao quilombo de Palmares é parte dos artigos "Como era a vida em Palmares" (2003) e "De Palmares à Consciência Negra" (2002) escritos por Dagoberto José Fonseca. Veja, ainda, "A Arqueologia de Palmares: sua contribuição para o conhecimento da história da cultura afro-americana, in Liberdade por um fio – história dos quilombos no Brasil" (FUNARI, 1996).

[7] Todos os estudiosos do Quilombo dos Palmares são tributários das informações do rico baiano Sebastião da Rocha Pita, senhor de engenho e das terras situadas às margens do rio Paraguaçu, que em 1724 escreveu a História da América Portuguesa, em que dedicou 26 parágrafos a respeito da guerra contra esse quilombo nordestino. A história de Palmares tem sido até então motivo de diversas pesquisas históricas, antropológicas e mais recentemente também arqueológicas. Informação extraída de "Como era a vida em Palmares" (FONSECA, 2003) e "De Palmares à Consciência Negra" (FONSECA, 2002a).

[8] As mulheres negras tinham um papel de destaque na sociedade palmarina, eram também detentoras de poder, como acontecia no seio das nações e etnias bantos. Neste sentido, os nomes de Dandara e de Aqualtune espelham esse contexto de importância da mulher na sociedade palmarina de então. Informação extraída de "Como era a vida em Palmares" (FONSECA, 2003) e "De Palmares à Consciência Negra" (FONSECA, 2002a).

[9] Ver sobre a origem do termo Kilombo e suas lutas em Angola em Vieira (2006).

Há muitas comunidades quilombolas que não são sequer reconhecidas pelo poder público, mesmo aquelas que já o são, não estão conseguindo com facilidade a titulação de suas terras e propriedades. Este processo está bastante moroso em função do jogo político e dos interesses econômicos presentes no campo, vinculados ao poder local, as artimanhas burocráticas associadas ao não registro em cartório destas áreas ocupadas a séculos pelos negros.

Como já foi dito anteriormente, desde Palmares, o interesse nas terras quilombolas, em diversos estados brasileiros, não são tão somente o de retirar as terras dos negros pelo simples fato de serem negros, mas porque essas terras têm valor comercial e produzem renda, estão em pontos estratégicos geograficamente, como é o caso dos quilombos de Alcântara (Maranhão), que estão sofrendo o impacto dos interesses militares da aeronáutica brasileira (Força Área Brasileira – FAB e do Instituto Nacional de Pesquisas Espaciais – INPE) e norte-americanos (NASA).[10] Elas também estão situadas em terras agriculturáveis e de pastagens para o gado; estão próximas a pontos hidrográficos e, portanto, há interesses hidrelétricos como no rio Ribeira de Iguape pela Companhia Brasileira do Alumínio (CBA) do Grupo Votorantim.[11]

Enfim, estão em pontos comerciais importantes, pois, se antes eram afastados dos centros urbanos e de decisão político-econômica, atualmente podem ser acessados com bastante facilidade, encontrando-se como "reserva ambiental" a ser explorada por qualquer fazendeiro ou produtor no universo do agronegócio ou do turismo rural e ecológico, gerando uma maior renda da terra (SILVA, 1981; SMITH; RICARDO, 1979), como é o caso do quilombo da Caçandoca, ou dos interesses vinculados à biodiversidade, como é o caso, também, do quilombo da Fazenda Caixa, em Picinguaba, ambos em Ubatuba (SP).

A questão étnico-racial no campo – o negro no MST

Muito já se disse a respeito da luta por terra e pela posse desta no mundo rural, camponês, no Brasil, desde as análises antigas e clássicas referentes a este processo socioeconômico e político-cultural, mas que não deram a devida importância para a questão étnico-racial. Constatamos que a discussão objetiva, sistêmica sobre a presença negra e o lugar que essa população ocupou nos segmentos e agrupamentos sociais que lutaram pela terra no Brasil Republicano, ainda se dá de maneira bastante incipiente, seja pelas leituras reducionistas de caráter liberal e social-comunista

---

[10] Os quilombos de Alcântara (MA) criaram para defender os seus interesses e permanecerem no local em que estão situados o Movimento dos Ameaçados pela Base Espacial (MABE). Ver ANDRADE, Maristela de Paula. Expropriação de grupos étnicos, modelo nativo da natureza e crise ecológica. Disponível em: <http://www.nead.gov.br/tmp/encontro/cdrom/gt/2/Maristela_de_Paula_Andrade.pdf>.

[11] Os quilombos do Vale do Ribeira e outras instituições da sociedade civil a fim de defender seus interesses e permanecerem no local em que estão situados, sobretudo ao longo do rio Ribeira de Iguape, o Movimento dos Ameaçados pela Barragem (MOAB). Ver Quilombos do Vale do Ribeira e movimento social: movimento de ameaçados por barragem (MOAB). (ROSA, 2007).

com fundo eminentemente teleológico que mesmo ao negarem a naturalização dos processos sociais, paradoxalmente, as reificaram em seu viés ideológico e pseudocientificista do final do século XIX (Fonseca, 2000; Schwarcz, 2002) e em todo o século XX. Estas leituras reducionistas continuaram a dar a primazia da luta pela terra aos brancos, particularmente os imigrantes europeus do sul do país.

Com isto também se verifica que as discussões políticas que se davam e ainda se dão em grande parte dos movimentos sociais e sindicais foram marcadas pela não percepção da importância de agregar a categoria étnico-racial no cerne das lutas, na medida em que essas instituições dinâmicas no cenário social se pensam e têm sido pensadas a partir de um recorte eminentemente socioeconômico que retira o teor étnico-racial do seu seio.

Até a década de 1990, as questões de ordem étnico-racial e de gênero eram tematizadas pelos movimentos sociais que tinham essas bandeiras de luta, um conjunto argumentativo e ideológico situado pelos próprios negros, indígenas e mulheres.

As mulheres negras e indígenas colocaram as suas particularidades em relação às brancas já na década de 1980 (Carneiro, 2002), apontando que as mesmas bandeiras as uniam, mas salvaguardando as suas especificidades e buscando em uma e outra o apoio solidário e a reciprocidade a partir da construção de um projeto comum no debate político de gênero no Brasil. Fonseca (2000, p. 29) interpreta que esse processo dá-se em função de que

> [...] há uma preocupação em se analisar uma "mulher genérica", seja aquela situada na sociedade escravocrata da colônia ou do império, ou na industrial republicana, muito embora já se inicie um processo de contextualizar esse feminino. [...] Ao tratarem as mulheres "genericamente" não evidenciam suas diferenças sociais, culturais, históricas e psíquicas, bem como a "linha de cor" que delimita atributos, papéis e direitos definidos a priori pelos grupos hegemônicos desde o período escravista na sociedade brasileira. [...] A mulher "genérica" é a branca que se situa majoritariamente no setor produtivo da economia formal, aparecendo nas estatísticas oficiais, nos dados históricos [...] tornando-se "paradigma" para outras mulheres.

A inclusão das categorias analíticas e dos debates políticos de gênero e das relações étnico-raciais na pauta dos diversos movimentos sociais, a partir da constituição brasileira e do centenário da abolição da escravatura em 1988, propiciaram intensos debates na sociedade brasileira na década de 1990. Esses debates ocorreram, fundamentalmente, no âmbito das atividades urbano-industriais, atingindo inclusive partidos políticos e demais instituições classistas (Carneiro, 2002; Ribeiro, 1998; Fonseca, 2000).

Com as discussões em torno da necessidade de constituição de políticas compensatórias, indenizatórias, associadas à perspectiva das ações afirmativas enfocadas para atender as populações de descendentes de africanos no Brasil, a partir de meados da década 1990, quando do lançamento do Movimento Reparações Já, dos debates fomentados e registrados pelo jornal Folha de S. Paulo, bem como pelo engajamento político do governo federal no debate, seja a partir da Presidência da República, seja pelo Grupo de Trabalho Interministerial, dar-se-á as condições para que os negros conquistem uma visibilidade política maior no cenário nacional, tendo os seus movimentos e entidades não governamentais ganho um novo impulso na história do país (FONSECA, 2004a).

Esse processo político se difunde para todo o tecido social brasileiro, atingindo os setores produtivos (a cultura, o comércio e a indústria) e a saúde, mas também se instala no universo científico-acadêmico, isto é, nas universidades públicas e privadas, como demonstram diversos analistas sociais (FONSECA, 2004a). No entanto, esse processo, que tinha lugar no âmbito urbano, ganhou também espaço e função no mundo rural, seja nas comunidades negras, seja nas históricas comunidades quilombolas presentes em todo o território nacional, ainda no início da década de 1990 e, aos poucos, vai fazendo parte da agenda política e sociocultural do movimento agrário nacional, e entre eles o Movimento dos Trabalhadores Sem Terra (MST) que se sensibiliza para a temática étnico-racial na sociedade e no seu interior.

A preocupação do MST com essa temática dar-se-á pela própria proposta política, cultural e educacional desse movimento que se articula, no momento contemporâneo, como um movimento de vanguarda na sociedade brasileira, e que tem ciência de que a sua organização social, como diversas neste país, pode ter resquícios ou germes estruturados e estruturantes do racismo, como também do machismo. Mas apenas para ficarmos na primeira categoria – o racismo –; o MST considera importante diagnosticar as possibilidades desta prática e conceito estarem presentes no seu seio, a partir de um levantamento de dados referentes à presença física e política dos negros nos seus assentamentos e na sua estrutura organizacional.

Ressalta-se que a coordenação nacional do MST e a maioria de seus membros, na medida em que têm uma formação voltada para o debate agrário e agrícola no Brasil, alicerçada em bases socioculturais e político-econômicas do marxismo, dão maior vazão às questões de ordem econômica, mas procuram nestes primeiros anos, do século XXI, fazer uma leitura política da realidade étnico-racial em seu interior, mesmo não abandonando as clássicas leituras que dicotomizam classe e raça no Brasil. Eles estão superando os velhos jargões classistas a fim de dar um passo à frente em sua organização, juntando as três categorias analíticas (classe, raça e gênero) e políticas (educação, saúde e cultura), como partes simultâneas da luta política e econômica no Brasil e da disputa por projetos hegemônicos para o país.

Neste contexto social é que o projeto DATALUTA – banco de dados da luta pela terra –, coordenado pelo NERA, com assessoria do NUPE e financiado pelo Programa de Políticas da Cor da Fundação Ford, estabeleceu, nos anos de 2002-2003, conjuntamente com o MST, o levantamento da participação negra nos assentamentos deste movimento social em 15 estados brasileiros. Eis a tabela a seguir:

Tabela 1 – Participação da população negra nos assentamentos do MST

Região/UF	ASSENTAMENTOS							
	Paticipação da População Negra							
	Menos da Metade	%	Metade	%	Mais da Metade	%	N.I	%
NORTE	-	-	3	0	5	0	1	0,1
AC	-	-	-	-	-	-	-	-
AM	-	-	-	-	-	-	-	-
AP	-	-	-	-	-	-	-	-
PA	-	-	3	0	4	0	1	0
RO	-	-	-	-	-	-	-	-
RR	-	-	-	-	-	-	-	-
TO	-	-	-	-	1	0	-	-
NORDESTE	95	6,5	39	3	216	15	237	16
AL	-	-	-	-	34	2	-	-
BA	-	-	-	-	65	4	1	0
CE	26	1,8	-	-	47	3	14	1
MA	8	0,6	2	0	27	2	1	0
PB	-	-	-	-	-	-	-	-
PE	32	2,2	23	2	31	2	-	-
PI	3	0,2	7	0	6	0	9	1
RN	26	1,8	7	0	6	0	212	15
SE	-	-	-	-	-	-	-	-
CENTRO OESTE	26	1,8	12	1	10	1	94	6
DF	-	-	-	-	-	-	-	-
GO	-	-	-	-	-	-	-	-
MS	4	0,3	12	1	10	1	91	6
MT	22	1,5	-	-	-	-	3	0
SUDESTE	1	0,1	4	0	77	5	228	16
ES	-	-	-	-	-	-	-	-
MG	-	-	4	0	6	0	208	14
RJ	-	-	-	-	-	-	-	-
SP	1	0,1	-	-	71	5	20	1
SUL	137	9,4	43	3	70	5	245	17
PR	114	7,9	23	2	9	1	208	14
RS	-	-	-	-	-	-	-	-
SC	23	1,6	20	1	61	4	37	3
BRASIL	259	17,8	100	7	378	26	805	55

Fonte: DATALUTA – Banco de Dados da Luta pela Terra, 2003

* N.I – Não Informado

Como se observa na tabela acima, a maioria dos assentados do MST são negros em 55% dos assentamentos. Em números absolutos, eles estão na Região Nordeste em 216 assentamentos, particularmente no Estado da Bahia se constata o maior número. Esta situação não é nova, já que a maioria dos nordestinos tem ascendência negra e se identificam como sendo negros. Esta realidade identitária, também, se expressa neste movimento social apontando que essa maioria populacional está incluída naquele contingente destituído da posse da terra, indo assim militar nas correntes do MST.

O Estado do Paraná é o que possui a menor presença percentual de negros assentados, o que denota também a taxa populacional maior de não negros nesse estado brasileiro.

No Estado de Pernambuco verificamos a presença de uma população percentualmente equilibrada entre negra e não negra nos assentamentos pesquisados pelo NERA. Inferimos que o quadro populacional deste estado, segundo aqueles que se identificam ou se autorreconhecem como negro (preto ou pardo),[12] diminui em função do processo de miscigenação existente nesse Estado e na Região Nordeste, considerando a grande participação de indígenas, europeus (portugueses e holandeses) e africanos, bem como pela doutrina de branqueamento presente em função desta miscigenação. Isto já apontado e abordado por Gilberto Freyre desde *Casa-grande e senzala*. Além disso, temos que destacar como o fez Fonseca (2004a, p. 66):

> Muitos brasileiros, ainda, têm buscado sair de outras terminologias que se pautam pela fenotipia, tais como pardo, moreno, mulato, crioulo, cafuzo, caboré, cabra, fulas, cabrochas, sarará, preto-aça, guajiru, saruê, grauçá, banda-forra, salta-atrás, terceirão, carió (hoje denominados de carijó, de curiboca ou de cariboca), na medida em que elas estão marcadas apenas pela lógica do dégradé. Essa lógica de cores, contudo tem ao longo da história brasileira contribuído para desfocar o vínculo da origem africana dessa população, minimizando o seu potencial político na esfera social, quando subtrai paulatinamente o sentimento de pertencimento étnico-racial desses homens e mulheres.

No mesmo artigo, Fonseca (2004a, p. 68) aprofunda este processo de desidentificação do negro em função do branqueamento reinante no Brasil, particularmente na região nordeste do Brasil. A identidade étnico-racial dos negros é construída

> [...] ao estar baseada em uma identidade racial fenotípica, semi-aberta ou inconclusa, gera enormes dificuldades de auto-definições e de identificações étnico-raciais, posto que a cor é apenas uma informação para se construir o edifício étnico-racial brasileiro, não é um fim em si mesma, mas apenas e tão somente um item neste processo. Além do mais quando regionalizamos as referências fenotípicas, a fim de definirmos os negros e os brancos no país, temos de considerar outras variáveis tais como: o formato do nariz; o formato dos olhos; o formato da boca e da grossura dos lábios; quanto ao cabelo temos uma variação que vai do bem crespo, ao crespo, ao encaracolado, ao ondulado, ao liso, ao bem liso.

---

[12] Preto ou pardo são categorias do IBGE no que diz respeito ao requisito cor/raça, sendo definidas pelos estudiosos das relações étnico-raciais como negro.

O cabelo tem sido em algumas regiões do Brasil um forte componente para se designar alguém como negro ou branco, mais importante do que o formato do nariz, a grossura dos lábios ou a cor da pele. Não é à toa que, ao longo de seus números, a revista Raça Brasil em suas edições especiais relativas ao cabelo, discutindo o seu tratamento ideal, a fim de torná-lo belo, retirando--lhe a sua característica carapinha, bem crespo. Essas matérias dessa revista trabalham o imaginário ocidental presente nessa população de descendência africana, mergulhada nos desejos construídos pela sociedade de consumo, de maneira a também contribuir com uma não identificação ao negro. Deste modo é nesse conjunto de variáveis que se constata que a tonalidade da pele não pode ser vista sozinha para se definir um negro ou um branco em algumas regiões do Brasil.

Este entendimento é importante, pois o levantamento de dados do pertencimento étnico-racial dos membros do MST foi feito a partir do autorreconhecimento, obviamente, neste procedimento, eles consideraram a sua cor e o cabelo. Ficou nítido para os membros da Coordenação Nacional do MST e para os pesquisadores deste movimento social que apenas a cor não era um dado suficiente para um reconhecimento social, já que a cor tem também em si o imaginário e a subjetividade que cercam as populações do Norte e Nordeste brasileiro, na medida em que traçam a identidade também a partir de outras variáveis fenotípicas, tais como o cabelo, a cor dos olhos e o formato dos lábios e das narinas (FONSECA, 2004a, p. 66-68). Daí inferirmos que há nos assentamentos brasileiros uma expressiva população negra, como se aponta nas tabelas e outros dados do projeto DATALUTA, mas que não se autorreconhecem e nem foi formalmente reconhecida como negra ou não negra fosse pelos pesquisadores, fosse pelos coordenadores regionais e dos assentamentos pesquisados.

Independentemente dessas e outras lacunas que se pode ter, ainda referente à esses dados primários, bem como as dificuldades no levantamento desse material identitário, verificamos que a inserção deste tema no interior do MST é de extrema importância, já que na década de 1990, ele, como outros movimentos sociais, não tinham essa discussão no seu seio, na medida em que a preocupação política estava canalizada para a disputa no campo agrário e agrícola nacionais. Considerava-se essa uma questão situada no âmbito de alguns movimentos sociais que não percebiam a luta centrada no paradigma classista.

O debate étnico-racial poderia desviar "perigosamente" o movimento de suas ações prioritárias, além de possibilitar uma divisão interna em sua estrutura, desde a sua cúpula organizacional constituída por brancos oriundos do Sul, do Sudeste e do Centro-Oeste do país, como demonstrava a mídia nacional, televisiva e impressa, à época ao focar apenas os brancos como líderes do MST, tais como José Rainha Jr., João Pedro Stédile e Gilmar Mauro.

Essa pesquisa tem modificado alguns conceitos preconcebidos, além de trazer como fator identitário entre 666 assentamentos[13] do MST o fato de que

> [...] há similitude entre a questão da terra e a questão da cor. Uma condição presente nestas duas questões é a exclusão [...] A intensa participação da população negra na luta pela terra confirma que é uma luta pela ressocialização. [...] Nesse sentido, a luta pela terra é também uma luta de ressocialização da população negra, de modo que embora a questão racial esteja na prática da luta, ela não aparece como debate. (FERNANDES, B., 2004)

Esta afirmação relaciona-se com aquilo que já mencionamos anteriormente, ou seja, que há no MST a presença marcante de negros, brancos e indígenas, mas que esse processo identitário se afirma na própria condição social e política de excluídos dos projetos econômico e agrário-agrícola nacionais. Nesse contexto, o termo "ressocializar" se dispõe como intenção de uma nova socialização dos bens produzidos pelo país em que o povo empobrecido e negro tenha uma participação efetiva no "bolo econômico e social".

A população negra assentada no MST está disposta em todos os estados brasileiros, com diferentes percentuais; como podemos verificar na tabela anterior que existe um equilíbrio entre a população negra e não negra, como, também, encontramos uma população maior de não negros em outros e, ainda, que há aqueles que o contingente populacional de negros é maior, segundo a metodologia adotada pelo NERA nos assentamentos por estado.

Verificamos, também, no mapa abaixo, que diversos assentamentos têm a marca histórica da resistência negra, na medida em que portam os nomes emblemáticos de heróis, heroínas e agrupamentos do povo negro brasileiro, tais como Zumbi, Dandara, Quilombo, etc. Esses nomes e a marca da resistência negra aparecem em diferentes regiões e estados do país. Com este trabalho, fica demonstrada a importância dessa população na luta pela terra, com destaque para os estados de Santa Catarina, São Paulo e a região nordeste.

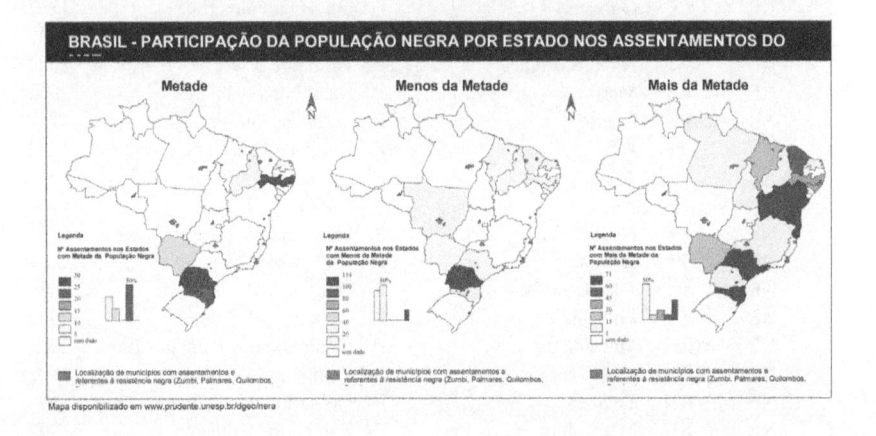

BRASIL - PARTICIPAÇÃO DA POPULAÇÃO NEGRA POR ESTADO NOS ASSENTAMENTOS DO

Metade | Menos da Metade | Mais da Metade

Mapa disponibilizado em www.prudente.unesp.br/dgeo/nera

---

[13] Foram constatados 1.451 assentamentos do MST nas regiões brasileiras no período estudado (2002-2004).

Nos mapas verificamos a presença desses assentamentos que carregam consigo a marca dessa história de resistência da população negra no país, desde o período colonial brasileiro. Este levantamento dos assentamentos, elaborado pelo projeto do NERA, denota que a luta pela terra no Brasil, segundo o imaginário, a cultura e a consciência política transmitida entre os membros e militantes do MST, remonta ao Quilombo dos Palmares que tem como figura ímpar neste processo a figura de Zumbi dos Palmares. Essas denominações são significativas, na medida em que demonstra uma consciência social e uma identidade política com o movimento palmarino do século XVII.

Tabela 2 – Assentamentos com denominações referentes à resistência negra

REGIÃO	UF	MUNICÍPIO	NOME DO ASSENTAMENTO	ANO
CO	GO	Simolandia	PA Zumbi dos Palmares	2005
CO	GO	Vila Propício	PA Dandara	2004
CO	GO	Vila Propício	PA Zumbi dos Palmares	2001
CO	MT	Chapada dos Guimarães	PA Quilombo	1996
CO	MT	Dom Aquino	PA Zumbi dos Palmares	1996
N	PA	Pacajá	PA Zumbi dos Palmares	2003
N	PA	Parauapebas	PA Palmares	1996
N	PA	Parauapebas	PA Palmares II	1996
N	PA	Parauapebas	PA Palmares Sul	2001
N	RO	Nova União	PA Palmares	1996
NE	AL	Branquinha	PA Zumbi dos Palmares	1996
NE	BA	Camamu	PA Dandara dos Palmares	1998
NE	BA	Camamu	PA Zumbi dos Palmares	1997
NE	BA	Conceição do Coité	PA Nova Palmares	1998
NE	BA	Iguaí	PA Zumbi dos Palmares	2003
NE	BA	Iramaia	PA Dandara	2002
NE	BA	Sítio do Mato	PA Quilombola Barro Vermelho	1998
NE	CE	Crateús	PA Palmares	1995
NE	CE	Quixadá	PA Olivença/Palmares	1997
NE	MA	Governador Edison Lobão	PA Palmares	1997
NE	MA	Nina Rodrigues	PA Palmares II	2000
NE	PB	Mari	PA Zumbi dos Palmares	2004
NE	PE	Bonito	PA Serra dos Quilombos	1995
NE	PI	Altos	PA Baixinha/Quilombo	1995
NE	PI	Altos	PA Quilombo	1996
NE	PI	Altos	PA Quilombo II	1996
NE	PI	Altos	PA Quilombo IV	1997
NE	PI	Amarante	PA Quilombola/Mimbó	2001
NE	PI	José de Freitas	PA Quilombo III	2004
NE	PI	Luzilândia	PA Palmares	2002
NE	RN	Macaíba	PA Quilombo dos Palmares II	2005
NE	RN	Macaíba	PA Zumbi dos Palmares	2002
NE	RN	Touros	PA Quilombo dos Palmares	1997
NE	SE	Macambira	PA Zumbi dos Palmares	1999
NE	SE	Malhador	PA Dandara	2002

REGIÃO	UF	MUNICÍPIO	NOME DO ASSENTAMENTO	ANO
S	PR	Palmeira	PA Palmares II	1999
S	PR	Querência do Norte	PA Zumbi dos Palmares	1998
S	PR	São Jerônimo da Serra	PA Palmares	1999
S	SC	Fraiburgo	PA Dandara	2001
S	SC	Lebon Régis	PA Conquista dos Palmares	1996
S	SC	Passos Maia	PA Conquista dos Palmares II	1997
S	SC	Passos Maia	PA Zumbi dos Palmares	1996
SE	ES	São Mateus	PA Zumbi dos Palmares	1999
SE	MG	Uberaba	PA Dandara	2005
SE	MG	Uberlândia	PA Zumbi dos Palmares	1999
SE	RJ	Campos dos Goytacazes	Pa Dandara dos Palmares	2005
SE	RJ	Campos dos Goytacazes	PA Zumbi dos Palmares	1997
SE	SP	Iaras	PA Zumbi dos Palmares	1998
SE	SP	Presidente Alves	PA Palmares	1999
SE	SP	Promissão	PA Dandara	2004

Constata-se, ainda, que estas denominações referentes à resistência quilombola têm demarcado a consciência e a história política do MST, a ponto de inferirmos que na perspectiva desse movimento social a luta pela terra no Brasil é expressa não somente pela resistência negra, mas também pelo projeto político diferenciado do que é e pode ser o Brasil, no que tange à questão da propriedade comunal do solo e da multiplicidade de produtos agrícolas.

A presença negra e palmarina no imaginário do MST são apresentadas como uma possibilidade de que negros e não negros devem estar juntos em um mesmo projeto de base social comunitária, sendo ele contrário a propriedade privada do solo, bem como à monocultura agroexportadora e ao latifúndio na história e na cultura agrárias do país.[14]

A constituição destes assentamentos com estes nomes revelam, ainda, que a luta do movimento negro brasileiro, no âmbito urbano, também alcançou esses militantes do MST na área rural ou se estas demandas sociopolíticas dos negros urbanos foram levadas por estes militantes, já que muitos saíram das cidades e tiveram contato com estas demandas e com a busca de fortalecimento identitário dos negros na luta contra o racismo.

---

[14] Os quilombolas em Palmares "produziam óleo de e coco e dendê, vinhos de frutas e uma espécie de manteiga feita a partir das amêndoas de um tipo de palmeira. Plantavam de tudo, sua alimentação podia, mais farta e variada que a dos próprios senhores de engenho, cujo cardápio era limitado pelo fato de suas terras serem dedicadas quase totalmente ao cultivo de cana de açúcar. O trabalho agrícola tinha a função primordial de alimentar os moradores e só era vendido o que sobrasse. Cada família ocupava um lote de terra, onde produzia para seu sustento – o excedente era guardado nos armazéns do mocambo, para uso em emergências, como quando o inimigo incendiava as roças". Os detalhes produzidos por Dagoberto José Fonseca em artigos já foram mencionados em duas revistas Mundo Estranho (2003) e Missões (2002).

Esses assentamentos foram originários a partir de 1995, quando das comemorações dos 300 anos em todo o país da saga e da memória dos palmarinos e, particularmente, do assassinato de Zumbi. A figura e a história emblemática deste herói negro que lutou pela liberdade do seu povo, entre outros fatores, trata da obtenção de terra fértil e rica. Ela também encontra eco entre os membros do MST pelo fato de ser eles vítimas das violências perpetradas pelas políticas colonial e patrimonial vinculadas à monocultura e ao latifúndio excludentes da maioria populacional brasileira.

Nesse contexto, Zumbi e os demais quilombolas de Palmares, como Dandara, são vistos também pelo prisma do martírio cristão-católico e pela devoção aos antepassados, como fazem os Bantus que originaram o Quilombo dos Palmares e tantos outros quilombos pelo país. Esses são os valores místicos que revestem esse movimento social, um assentado profundamente na vida do povo negro e pobre deste país, outro nascido no bojo do ideário da Teologia da Libertação que tem lugar na estrutura política, cultural e ideológica do MST, como podemos depreender de *O vigor da mística* (BOGO, 2002).

A violência é um tema recorrente nas histórias dos movimentos sociais brasileiros, e o MST não é diferente. Ela decorre de estruturas antigas vinculadas à posse e ao poder político. Segundo extraímos do relatório de Maria de Lourdes Vicente da Silva, pesquisadora do NERA-DATALUTA no Ceará, há um conjunto de variáveis que acarretam a intensa violência que se abate sobre o MST e seus membros. Ela é decorrente, principalmente, da política nacional de desenvolvimento que tem produzido o êxodo rural, gerando um grande índice migratório. De acordo com o Instituto Brasileiro de Geografia e de Estatística (IBGE):

> Nos últimos anos, 5 milhões de pessoas deixaram o campo e que houve um aumento considerável da concentração da terra. No último censo, esse instituto divulgou que entre 1985 e 1995, 960 mil pequenas propriedades com menos de 100 hectares desapareceram. E o cadastro do Incra de 1998 revelou que entre 1992 e 1998, as fazendas com mais de 2 mil hectares passaram de 19 mil para 27 mil. Esta política tem inviabilizado os Programas de Agricultura Familiar e dos Assentamentos. (SILVA, 2004)

Essa realidade, apontada por essa pesquisadora, é diagnosticada também pelos demais pesquisadores do NERA, nos diferentes estados pesquisados. Neste sentido, a violência ganha novos contornos e, de modo paradoxal, com a introdução do Governo Lula no cenário nacional, na medida em que houve uma nova

> [...] configuração da luta no Brasil, porque reascendeu na classe trabalhadora brasileira o sonho da transformação social. [...] A contradição entre a vitória do Lula como governo popular que teve como principal bandeira de luta da campanha, a Reforma Agrária, e a lentidão que seu governo estabeleceu sobre a realização da Reforma Agrária. [...] Por outro lado, os latifundiários

se armaram para enfrentar os movimentos sociais através de ações que estão bem definidas e utilizaram a mídia numa campanha ideológica contra os movimentos sociais e, ainda, se aliaram a alguns governos estaduais com pedidos de despejos dos Acampamentos até de beiras de estradas; pressionaram o poder judiciário para reintegração de posse, e através do Ministério Público para mostrar que ocupação é crime. Os latifundiários usaram a força privada, através de milícias armadas para conter as ocupações e realizar despejos. Estas questões norteiam nossa análise sobre os dados coletados tanto a nível nacional quanto estadual. (SILVA, Maria de Lourdes, Relatório NERA/DATALUTA, 2004)

Segundo esta mesma pesquisadora, em relação ao Estado do Ceará, se verifica que o

[...] número de ocupações aumentou. Hoje são 15 acampamentos em todo Estado. O governo estadual do PSDB nos últimos anos investiu no programa cédula da Terra para criar assentamentos e desmobilizar as lutas dos movimentos sociais do campo. São mais de 300 assentamentos por esse programa. Hoje, ele está falido. Há muitas denúncias de irregularidades e de inviabilidade econômica desses assentamentos. Este talvez seja um dos fatores que tem aumentado o número de ocupações no Estado. [...] A nível nacional, tivemos esse ano de 2003 249 ocupações registradas pelo DataLuta envolvendo 72.107 famílias. (Silva, 2004)

Nesse contexto, a violência no mundo rural brasileiro aguça-se diante destes fatores que envolvem as políticas nacional e estadual frente à reforma agrária e à exclusão dos trabalhadores rurais da posse da terra. Conforme essa mesma autora, em seu relatório, os conflitos agrários e a violência

[...] contra Trabalhadores e Trabalhadoras no ano de 2003 geraram 60 ações, que envolveram prisões, ameaças de morte, violência física, etc. Os Estados mais envolvidos foram os de Goiás: 08; Pernambuco: 18; Paraná: 12; Minas Gerais: 22. [...] A violência produzida no campo propiciada por despejos, ameaças, e outros tipos de violência, resultaram em 63 ações. O número maior de ações aconteceu nos Estados de MS: 25; PE: 14; GO: 07; MG: 07; SP: 05; PR: 05. Quanto às prisões, foram registradas 66 em todo Brasil, sendo que o número de presos por estado é o seguinte: PA: 23; MG: 15; SE: 07; MS: 06; PE: 05; RN: 01; SP: 07; PB: 08.

A violência no campo é antiga na história brasileira, na medida em que ela está associada às políticas excludentes e exclusivistas de ocupação do solo e de suas riquezas. Os índios foram os primeiros a sofrer com essa política perpetrada pela Coroa Portuguesa, posteriormente os africanos também conheceram em sua história esse projeto de usurpação do solo. Segundo Manuela C. da Cunha

Não tenhamos dúvida que a situação social, econômica, política e agrícola das populações indígenas no Brasil estão vinculadas à ocupação do território e às riquezas minerais e hídricas. Muito embora, a segunda riqueza não tem sido devidamente tratada pelos grandes investimentos empresariais e governamentais este será no futuro o mote das discussões na região amazônica, envolvendo as populações indígenas e ribeirinhas de descendência ameríndia e africana.

O caso atual do MST assim como o dos quilombos do período escravista brasileiro e das áreas indígenas, demarcam que a origem desses movimentos, no campo ou no interior do Brasil, erigidos pelos empobrecidos sociais e marginalizados políticos, encontram uma oposição sistemática dos governos, a despeito das mudanças do regime político nestes mais de 500 anos.

A lógica do poder e dos poderosos permanece bastante similar, não inserindo a maioria populacional nas políticas públicas em quantidade e em qualidade no país, sobretudo não criando condições para a sua obtenção da terra, enquanto sinal de liberdade, independência e, também, de poder.

Esse contexto demonstra que a terra é símbolo de poder na história humana, e na brasileira não é diferente, ela não se obtém mediante concessões, doações, mas se conquista. Ele (o poder) é ocupado, sendo lugar privilegiado de obtenção de reconhecimento e de visibilidade na sociedade. Os movimentos sociais sabem disso, o MST tem ciência de que a ocupação no espaço físico do solo, ou seja, fincando sua bandeira, sua mística e sua história de luta pela terra projetam modificações no ambiente, inclusive provocando as ações violentas e de ordem processual como a reintegração das propriedades promovidas pela "Justiça".

Conforme se pode depreender de João Pedro Stédile e Bernardo Mançano Fernandes (1999, p. 13)[15]:

> A ocupação é a principal forma de luta pela Reforma Agrária, não deixa ninguém ficar em cima do muro. Obriga todos os setores da sociedade a dizerem se são a favor ou contra, a se manifestar. [...] A ocupação desmascara a lei, se não ocupamos, não provamos que a lei está do nosso lado. É por essa razão que só houve desapropriação quando houve ocupação [...] A lei só é aplicada quando existe iniciativa social.

Diante deste processo de embate político que a maioria dos assentamentos do MST tem origem em ocupações, não em projetos governamentais voltados para os assentados e que contam com alguns incentivos sociais, como escola, transporte coletivo, mesmo que precários. Veja na tabela a seguir:

---

[15] Extraído do relatório de Maria de Lourdes Vicente da Silva, pesquisadora do NERA-DATALUTA do Ceará, em 2004.

Tabela 3 – Origem dos assentamentos do MST

Região/UF	ASSENTAMENTOS					
	Origem					
	Ocupação	%	Projeto	%	N.I	%
NORTE	9	0,7	-	-	-	-
AC	-	-	-	-	-	-
AM	-	-	-	-	-	-
AP	-	-	-	-	-	-
PA	8	0,6	-	-	-	-
RO	-	-	-	-	-	-
RR	-	-	-	-	-	-
TO	1	0,1	-	-	-	-
NORDESTE	302	24,1	64	5,1	215	16,9
AL	34	3,0	-	-	-	-
BA	65	5,1	1	0,1	-	-
CE	32	2,6	55	4,3	-	-
MA	38	3,0	-	-	-	-
PB	-	-	-	-	-	-
PE	86	6,7	-	-	-	-
PI	9	0,7	7	0,6	9	0,7
RN	38	3,0	1	0,1	206	16,2
SE	-	-	-	-	-	-
CENTRO OESTE	50	3,8	1	0,1	-	-
DF	-	-	-	-	-	-
GO	-	-	-	-	-	-
MS	26	2,0	-	-	-	-
MT	24	1,8	1	0,1	-	-
SUDESTE	87	6,7	5	0,4	80	6,3
ES	-	-	-	-	-	-
MG	-	-	-	-	-	-
RJ	-	-	-	-	-	-
SP	87	6,7	5	0,4	80	6,3
SUL	238	18,8	12	1,0	207	16,3
PR	142	11,2	4	0,4	207	16,3
RS	-	-	-	-	-	-
SC	96	7,6	8	0,6	-	-
BRASIL	686	54,0	82	6,5	502	39,5

Fonte: DATALUTA – Banco de Dados da Luta pela Terra, 2003

* N.I – Não Informado

A maioria dos assentamentos do MST dá-se mediante as ocupações, pois consideramos que a sua leitura política é não depender dos projetos governamentais, pois isso implicaria em perder espaço ideológico e poder de reivindicação junto ao poder público, ficando, inclusive, atrelado há uma agenda estranha às suas necessidades sociais e debates ideológicos, de modo a perder espaço político. Além do que se considera que os projetos governamentais têm "vida curta" e parcos recursos financeiros e de apoio a infraestrutura, mas que cobram muito politicamente daqueles que se aderem a eles, sobretudo pelo fato de estarem associados aos interesses antagônicos àqueles que geraram o próprio movimento, ou seja, da luta pela emancipação da terra e da "eliminação" da propriedade privada no campo. Portanto, os projetos governamentais na área agrária têm um forte componente de cooptação do movimento e de suas lideranças locais, regionais e estaduais, prejudicando o poder de barganha e de pressão da própria coordenação nacional.

Pensar a ocupação da terra no Brasil é voltar irremediavelmente às relações instaladas pelas capitanias hereditárias, pelas sesmarias, pelas entradas e bandeiras, pela grilagem e pelos posseiros, portanto, às forças política, econômica e, sempre física, ao extermínio de populações nativas e à exploração escravista e capitalista. É neste exercício de força que o MST e os demais movimentos sociais, impulsionados pelos empobrecidos, discriminados e vitimados pelo racismo, são gerados na história brasileira, enfrentando o poder e a política exclusivista e narcísica dos poderosos e tendo, invariavelmente, uma participação negra expressiva que marca a sua mística e seu emblema atrelado à terra, à vida, que é luta e que fortalece a identidade étnico-racial, além de ter o saber e o seu sabor de dar frutos.

Considerações finais

Esta é uma das poucas pesquisas que relaciona a questão agrária com a identidade étnico-racial dos seus protagonistas, sobretudo aquelas vinculadas ao MST. Portanto, etnia-raça e terra são, também, questões estruturais no Brasil, particularmente quando verificamos que elas tornam grandes massas populacionais excluídas no Brasil, impossibilitando que a maior parte da população negra possa participar dignamente do desenvolvimento do país. Todavia, na luta pela terra, essas questões se encontram, mas ainda, não superadas mesmo com o protagonismo destes indivíduos e famílias que estão organizadas neste movimento socioterritorial que é o MST. Eles e elas rompem as cercas visíveis e invisíveis, criando o fato e aparecendo para toda sociedade.

A maioria se reconhecendo como negra, exigindo autonomia e reconhecimento social, enquanto também são camponeses, agricultores familiares, pequenos agricultores, e que têm o direito ao nome e a terra, dando nome e mudando a terra de mãos.

Essa é uma luta que adentra este novo século para conquistar direitos e condições reclamadas há séculos. Este texto é um registro dessa luta pela terra de uma maioria negra presente no campo.

Referências

ANDRADE, Maristela de Paula. *Expropriação de grupos étnicos, modelo nativo da natureza e crise ecológica*. Disponível em: <http://www.nead.gov.br/tmp/encontro/cdrom /gt/2/Maristela_de_Paula_Andrade.pdf>

AXEL, Honneth. *Luta por reconhecimento – a gramática moral dos conflitos sociais*. São Paulo: 24, 2003.

BASTOS, Elide R. *As ligas camponesas*. Petrópolis: Vozes, 1984.

BOGO, Ademar. *O vigor da mística*. São Paulo: MST/Anca, 2002.

BÓGUS, Lúcia M. M. e WANDERLEY, Luiz E. W. (Orgs.) *A luta pela cidade em São Paulo*. São Paulo: Cortez, 1992.

CANDIDO, Antonio. *Os parceiros do Rio Bonito – estudo sobre o caipira paulista e a transformação dos seus meios de vida*. 9. ed. São Paulo: 34/Duas Cidades, 2001.

CARNEIRO, Edison. *O quilombo dos Palmares*. São Paulo: Nacional, 1988.

CARNEIRO, Sueli. Gênero e raça. In: (Org.) BRUSCHINI, Cristina; UNBEHAUM, Sandra G. *Gênero, democracia e sociedade Brasileira*. São Paulo: 34/FCC, 2002.

COSTA, Emília V. da. Política de terras no Brasil e nos Estados Unidos. In: *Da monarquia à república*, 1987.

CUNHA, Manuela C. da. O futuro da questão indígena. In: FONSECA, Dagoberto José. (Org.). *Cadernos de formação – Fundamentos sociológicos e antropológicos da Educação*. São Paulo: Programa Pedagogia Cidadã, UNESP, 2003.

FERNANDES, Bernardo M. *Relatório projeto NERA/DATALUTA*. Presidente Prudente, 2004.

FERNANDES, Bernardo M. *A formação do MST no Brasil*. Petrópolis: Vozes, 2000.

FERNANDES, Bernardo M. Os desafios da Geografia agrária para explicar as políticas de reforma agrária nos governos Cardoso e Lula. In: *Panorama da Geografia brasileira*. São Paulo: Annablume, 2006, p. 191-202.

FONSECA, Dagoberto José. et al. O continente africano, seu legado e suas histórias. In: SOUSA JR, Vilson C. de. (Org.). *Nossas raízes africanas*. São Paulo: Centro Atabaque de Cultura Negra e Teologia, 2004.

FONSECA, Dagoberto José. A (re)invenção do cidadão de cor e da cidadania. In: *Cadernos CEAS*. Salvador: CEAS, n. 210, março/abril, 2004a.

FONSECA, Dagoberto José. Brasil-África: cultura, política e projetos para o futuro. In: Cadernos CEAS: Salvador: CEAS, n. 212, julho/agosto, 2004b.

FONSECA, Dagoberto J. *A piada: discurso sutil da exclusão – um estudo do risível no "racismo à brasileira"*. São Paulo: Ciências Sociais, PUC, 1994.

FONSECA, Dagoberto José. *Negros corpos (i)maculados: mulher, catolicismo e testemunho*. São Paulo: PUC, 2000.

FONSECA, Dagoberto José. Como era a vida em Palmares? In: *Revista Mundo Estranho*, São Paulo: Abril Cultural, ed. 21, novembro, 2003.

FONSECA, Dagoberto José. De Palmares à consciência negra. In: *Missões – a missão no plural*. São Paulo: Revista Missões, n. 9, novembro, ano XXIX, 2002.

FONSECA, Dagoberto José. *O MST e a política da cor*. Texto elaborado como subsídio para o Projeto DATALUTA – MST. São Paulo, mimeo, 2002a.

FREITAS, Décio. *Palmares, a guerra dos escravos*. Porto Alegre: Mercado Aberto, 1984.

FREITAS, Mário M. *Reino negro de Palmares*. Rio de Janeiro: Biblioteca do Exército, 2ª ed., 1988.

FREYRE, Gilberto. *Casa-grande e senzala*. Rio de Janeiro: José Olympio. 25. ed., 1987.

FUNARI, Pedro P. de A. A arqueologia de Palmares: sua contribuição para o conhecimento da história da cultura afro-americana. In: REIS, João J. dos; GOMES, Flávio dos S. *Liberdade por um fio – história dos quilombos no Brasil*. (Org.). São Paulo: Cia. das Letras, 1996.

GEBARA, Ademir. *O mercado de trabalho livre no Brasil* (1871-1888). São Paulo: Brasiliense, 1986.

GRAHAM, Sandra L. *Proteção e obediência: criadas e seus patrões no Rio de Janeiro (1860-1910)*. Trad. V. Bosi, São Paulo: Cia. das Letras, 1992.

GIRARDI, Eduardo P.; FERNANDES, Bernardo M. *Territoires de la question agraire brésilienne: agribusiness, paysannat et amazonie*. M@ppemonde (Online)., v.82, 2006, p. 1-10.

HOLANDA, Sérgio B. de. *Raízes do brasil*. Rio de Janeiro: José Olympio, 1988

KARASCH, Mary C. *A vida dos escravos no Rio de Janeiro (1808-1850)*. Trad. Pedro M. Soares, São Paulo: Cia. das Letras, 2000.

LEAL FILHO, Laurindo L. (Org.) *Reforma agrária da nova república: contradições e alternativas*. São Paulo: EDUC/Cortez, 1986.

LESSER, J. *A negociação da identidade nacional: imigrantes, minorias e a luta pela etnicidade no Brasil*. Trad. Patricia de Q. C. Zimbres. São Paulo: EDUNESP, 2001.

MOURA, Clóvis. *Rebeliões da senzala: quilombos, insurreições e guerrilhas*. Porto Alegre: Mercado Aberto, 4. ed., 1988.

MOURA, Clóvis. *Sociologia do negro brasileiro*. São Paulo: Brasiliense, 1988a.

MOURA, Clóvis. *Dialética radical do Brasil negro*. São Paulo: Anita, 1994.

MUNANGA, Kabengele. A identidade negra no contexto da globalização. In: *Revista Ethnos Brasil*, São Paulo: NUPE-UNESP, ano I, nº 1, março, 2002.

MUNANGA, Kabengele. Cultura, identidade e estado nacional no contexto dos países africanos. In: A dimensão atlântica da África. In: *II Reunião Internacional de História de África*. São Paulo/Brasília: CEA/USP/SDG/Marinha/CAPES, 1997.

MUNIZ, Edmundo. *Canudos: a luta pela terra*. São Paulo: Global, 4. ed., 1986.

REGO, José Lins do. *Menino do engenho*. Lisboa: Livros do Brasil, [s.d].

REIS, João J.; GOMES, Flávio dos S. (Org.). *Liberdade por um fio: história dos quilombos no Brasil*. São Paulo: Cia. das Letras, 1996.

RIBEIRO, Matilde. Antigas personagens, novas cenas: mulheres negras e participação política. In: *Mulher e política: gênero e feminismo no Partido dos Trabalhadores*. (Org.). Ângela Borba. São Paulo: Fundação Perseu Abramo, 1988.

ROSA, Leandro da Silva. *Quilombos do Vale do Ribeira e movimento social: movimento de ameaçados por barragem (MOAB)*. Araraquara: Dissertação de mestrado, Programa de Pós-Graduação em Sociologia, Faculdade de Ciências e Letras, 2007.

SANTOS, Milton. *O Espaço do Cidadão*. São Paulo: Ed. Nobel, 1987.

SANTOS, Milton. *A urbanização brasileira*. São Paulo: Hucitec, 1993.

SCHWARCZ, Lilia M. K. *O espetáculo das raças: cientistas, instituições e questão racial no Brasil (1870-1930)*. São Paulo: Cia. das Letras, 2002.

SEVCENKO, Nicolau. *Literatura como missão: tensões sociais e criação cultural na primeira república*. São Paulo: Brasiliense, 4. ed., 1995.

SMITH, Adam; RICARDO, David. Os pensadores. Trad. Conceição J. M. do C. Mary *et. al.*, São Paulo: Abril Cultural, 1979.

SILVA, Anderson A. e FERNANDES, Bernardo M. Ocupações de Terra – 2000-2005: movimentos socioterritoriais e espacialização da luta pela terra. Conflitos no campo – Brasil 2004., v.20, p.XX – XI, 2006.

SILVA, José Graziano da; WANDERLEY, Maria de N. Baudel. *A questão agrária – textos dos anos sessenta*. São Paulo: Brasil Debates, 1980.

SILVA, Sergio S. *Valor e renda da terra: o movimento do capital no campo*. São Paulo: Polis, 1981.

SILVA, Maria de L. V. Relatório NERA/DATALUTA, Ceará, 2004.

VIEIRA, Francisco Sandro da Silveira. Herança cultural africana e identidade no(s) Kilombo(s). In: *Projeto quilombos vivos*. São Paulo: Secretaria de Estado da Cultura, 2006.

SINGER, Paul. *Economia política da urbanização*. São Paulo: Brasiliense, 10ª ed., 1985.

SOARES, Sergei. *O perfil da discriminação no mercado de trabalho: homens negros, mulheres brancas e mulheres negras*. Textos para discussão, n. 769. Rio de Janeiro: IPEA, 2000.

STÉDILE, João Pedro; FERNANDES, Bernardo Mançano. *Brava Gente: a trajetória do MST e a luta pela terra no Brasil*. São Paulo: Fundação Perseu Abramo, 1999.

Parte V
Revisitando a África

As fronteiras móveis do continente africano:
construções étnicas e estranhas à África

Dagoberto José da Fonseca

A África é o segundo continente mais populoso o mundo, ficando apenas atrás da Ásia e o terceiro mais extenso. Os continentes americano e asiático são maiores que o africano. O continente africano tem cerca de 30 milhões de km², cobrindo 20,3% da área total da Terra e cerca de 800 milhões de habitantes em 57 países, representando cerca de 1/7 da população do mundo. Cinco dos países da África foram colônias portuguesas e têm o português como língua oficial, são eles: Angola, Moçambique, São Tomé e Príncipe, Cabo Verde e Guiné-Bissau. Vale salientar que em Cabo Verde, Guiné-Bissau, São Tomé e Príncipe também se falam crioulo.[1]

Há no continente africano aproximadamente oitocentos grupos étnicos, cada qual com sua própria língua e cultura. A África é recoberta por desertos, campinas e florestas, portanto, ela é constituída por uma ampla diversidade cultural, linguística e natural (IBAZEBO, 2005, p. 39). O continente africano possui cerca de 1.500 idiomas locais, regionais e nacionais, sendo os idiomas vinculados às nações europeias reconhecidas como "oficiais". As línguas faladas no continente são classificadas como: línguas afro-asiáticas, ou camito-semíticas; nilo-congolesas; khoisan e crioulas. As línguas nilo-congolesa são as que têm o maior número de falantes, enquanto khoisan é a que tem o menor número de falantes (ver: http://pt.wikipedia.org/wiki/línguas_africanas).

As diversas e distintas informações sobre a África também são contraditórias, revelando fluidez, falta de conhecimento atualizado e uma folclorização que recobre o continente (KI-ZERBO, 1982), sobretudo porque a África tem sido vista, ainda, com certo ineditismo pelas ciências ocidentais, necessitando, inclusive, de serem vistas com cuidado e, principalmente porque o continente africano tem uma vitalidade e uma dinâmica próprias que nos exige atenção constante. Esta dinâmica, também,

---
[1] Idioma criado a partir da junção das línguas nativas com o português.

tem que ser analisada do ponto de vista de sua Geografia política, particularmente na constituição de suas fronteiras e territórios constituídos de modo artificial no século XIX, dentro do processo de conquista colonial empreendido pela Europa Ocidental em franco movimento de expansão de suas fronteiras a partir de suas áreas de influência após a Conferência de Berlim (1884-1885).

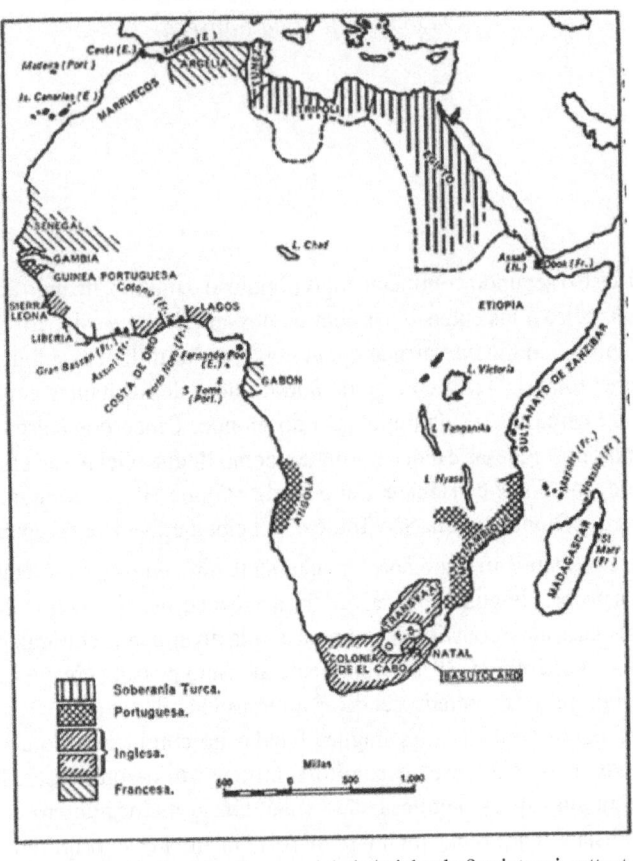

Figura 1 – A África em 1879

Fonte: Imagem extraída de <http://www.scielo.br/scielo.php?script=sci_arttext&pid=S0103-40141994000200003&lng=en&nrm=iso&tlng=pt>.

A África: construção de africanos e da conquista estrangeira

O mapa da África tem sido ao longo do tempo construído a partir de diversos interesses políticos, econômicos, religiosos, culturais e linguísticos, suas fronteiras foram delineadas internamente pelas etnias, impérios e reinos nativos deste continente-pai em intensos conflitos geopolíticos antes da presença europeia cristã, turco-otomana ou árabe-islâmica (MOKHTAR, 1983; NIANE, 1982 e 1988; SILVA, 2006). As fronteiras africanas foram construídas nas inúmeras disputas territoriais que se deram ao longo do processo de ocupação do continente em mais de uma centena de milênios pelos próprios africanos. Mais recentemente, em função do processo de escravismo, tráfico, fugas e imigrações forçadas de população propiciaram déficits populacionais em diversas regiões do continente (HOCHSCHILD, 1999; MEILLASSOUX, 1995; MELTZER, 2004) constituindo com estes vazios demográficos novas fronteiras políticas e culturais constituídas, particularmente com a participação dos europeus, turcos otomanos e árabes, como pudemos ver no mapa anterior.

No entanto, as fronteiras atuais da África foram inventadas pelas diferentes potências europeias em franco processo de conquista e de partilha, mesmo enfrentando enorme resistência das diversas nações e povos africanos (MUNANGA, 1993).

O continente africano era constituído de muitos reinos e impérios antes da ocupação sistemática das potências europeias. Veja no mapa abaixo alguns dos principais reinos e impérios africanos no século XIX.

Figura 2 – A África Subsaariana em 1880 – Principais estados e impérios africanos

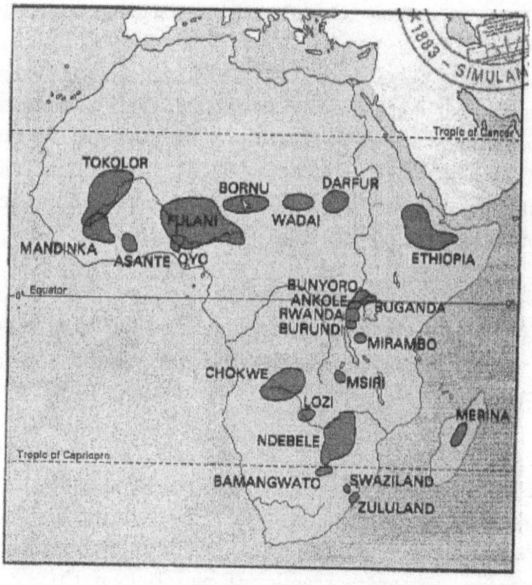

Fonte: Disponível em: <http://www.cabinda.org/historia.htm>.

A África, atualmente, é constituída por 57 países, mas com diferentes nações, povos etnias que fazem parte destas fronteiras políticas, ou seja, os países. Para Kabengele Munanga

> [...] as configurações geopolíticas africanas atuais são produtos da herança colonial. No seio de cada um deles convivem diversas formações culturais. Na época pré-colonial essas diversas culturas ou povos tinham relações ora de amizade, ora de conflitos, às vezes acompanhadas de hostilidades. As hostilidades funcionavam como fatores de solidariedade e coesão entre os membros de um mesmo grupo cultural. As tensões internas do grupo, os conflitos pelo poder poderiam provocar divisões e fragmentações do grupo e, conseqüentemente, a criação de novas identidades para legitimar o novo poder e justificar a ocupação de novos territórios. De outro lado, a formação de estados centralizados, reinos e impérios resultam de um processo de aglutinação de povos e grupos culturais diferentes, às vezes acompanhadas, como em toda a história da humanidade, das guerras de hegemonia política de alguns grupos em relação a outros. (MUNANGA, 1997, p. 297)

Wolfgang Döpcke (*apud* Moura, Christian F. dos S., 2005, p. 43) afirmou que,

> [...] os atuais 57 Estados africanos estão divididos por 109 fronteiras internacionais que medem no conjunto cerca de 50.000 milhas e, dentro desta perspectiva, a África é o continente mais dividido do planeta. As fronteiras modernas na África são, em elevada proporção, consideradas como "artificiais". Somente 26% delas segue linhas dadas pelo relevo natural (como montanhas, rios, linhas divisórias de águas). Quase a metade das fronteiras corresponde a linhas astronômicas e 30% a linhas matemáticas. As fronteiras também dividem o que antigamente foi denominada área tribal e o que hoje aparece mais como "áreas culturais". Ainda que tenhamos em mente a complexidade e a impossibilidade de se atribuir limites exatos a fenômenos tão flexíveis e fluidos como área cultural ou denominação étnica, podemos afirmar que, na África contemporânea, muito pouco das fronteiras coincidem com as áreas culturais e que entre 131 e 187 destas áreas culturais, respectivamente "áreas étnicas", estão divididas entre um ou mais Estados.

Os atuais limites fronteiriços que definem os territórios nacionais dos países africanos foram construídos pela Conferência de Berlim (Alemanha – anos de 1884-1885) em função dos acordos firmados e ratificados pelas potências europeias. De acordo com Marc Ferro:

> A Conferência de Berlim, suscitada pelos conflitos em redor do Congo – disputado pelo rei Leopoldo a título privado, por Stanley, seu agente, e por Brazza em nome da França –, foi na realidade organizada por Bismarck, que pretendia confirmar o seu papel de árbitro nos conflitos coloniais e passar também a participar da carniça. (FERRO, 1996, p. 104)

As pendências políticas e diplomáticas entre França e o trono Belga pela possessão do Congo teve a manifestação contrária de Portugal e da Inglaterra, no sentido de impedir a França de ampliar seu território no interior da África, favorecendo a Leopoldo II (Rei da Bélgica) nesta conquista. A Alemanha também fez sua primeira grande tentativa de filiar-se ao clube das potências coloniais: entre maio de 1884 e fevereiro de 1885, anunciou reivindicações ao território da África do Sudoeste, Togolândia, Camarões e parte da costa oriental africana frente a Zanzibar.

Duas nações menores, a Bélgica e a Itália, engrossaram também as fileiras dos sócios, e mesmo Portugal e Espanha tornaram-se mais uma vez ativos em suas pretensões no território africano. Essas e outras pendências estiveram presentes nos debates e acordos realizados pela diplomacia europeia acerca dos interesses geopolíticos nos territórios coloniais na África. Foram eles que motivaram a Conferência de Berlim.

> Catorze potências participaram na Conferência de Berlim que, no essencial, estabeleceu uma espécie de acordos de cavaleiros; as potências europeias comprometiam-se todas a não voltar a proceder a aquisições selvagens sem previamente notificar as demais para que elas pudessem formular as suas reclamações. Os povos ou reis africanos, considerados como seres nulos, nem sequer foram consultados ou informados acerca de todas estas discussões. (FERRO, 1996, p. 104)

Essas fronteiras foram construídas a fim de definir as áreas de interesse político e de influência econômica dos países europeus, mas sobretudo vieram a legitimar a hegemonia militar dos ingleses e franceses nesse final do século XIX, bem como possibilitar que a Alemanha e a Itália pudessem, após seus processos de unificação, estabelecer suas possessões na África.

> Com a penetração colonial, as formações culturais africanas tiveram novos problemas. As fronteiras em linhas retas traçadas a partir dos mapas na Conferência de Berlim dividiram vários povos, fragmentando suas formações culturais entre mais de um território colonial e unificando diversas culturas dentro de um território colonial. Nessa operação de desfazer e refazer, desestruturar e reestruturar, o colonizador explorou também as diferenças existentes entre os povos reunidos, atiçando rivalidades e oposições entre elas no espírito da política de dividir para dominar. Da manifestação das rivalidades e oposições assim atiçadas, nasceu o fenômeno batizado "tribalismo", um conceito pobre, ideologicamente carregado e que vem desqualificar o rico conteúdo das identidades étnicas e culturais. (MUNANGA, 1997, p. 297)

A ocupação colonial da África corresponde a um período de perda da hegemonia britânica no comércio internacional.

> Até então, a Inglaterra desempenhava uma tal supremacia industrial, marítima e colonial que ela não via necessidade de anexar novos territórios para encontrar mercados. Ela reinava sobre os quatro continentes... "A perda dessa hegemonia absoluta dá-se pela intervenção, sobretudo na África, do conjunto das potências ocidentais, apresentando-se então uma concorrência de impérios coloniais que levou à codificação da partilha do continente africano, durante a Conferência de Berlim em 1884-85 – "partilha essa, no entanto, iniciada na prática quase um século antes..." (PEREIRA, 1978, p.17)

A Conferência de Berlim sobre a África Ocidental de 1884-1885 está entre os acontecimentos históricos mais bem explicados, segundo a lógica hegemônica. Mas, apesar disso, esta conferência é mitificada tanto quanto à opinião pública, quanto em trabalhos científicos, e lhe é atribuído, erroneamente, um significado absoluto da Partilha da África entre as potências coloniais europeias. A visão popular sobre a Conferência tem as suas origens, em parte, na representação hegemônica que se tem deste acontecimento, demonstrando força, altivez e serenidade entre os delegados presentes na residência oficial de Bismarck, o grande chanceler alemão, na medida em que eles discutiam sob um imenso mapa da África conhecido em torno de uma mesa em forma de ferradura.

As ideias populares e públicas de que na conferência foi realizada a partilha da África, e de que os delegados delimitaram com uma régua as linhas retas que definiam as esferas de influências das potências europeias no continente, não se traduzem em verdade histórica. A Conferência de Berlim não dividiu o continente em colônias, mas fixou princípios para evitar conflitos entre as potências europeias que se lançaram à partilha da África. Na década seguinte, as potências europeias apressaram-se em estabelecer bases coloniais e traçar fronteiras, a fim de garantir a soberania sobre os territórios que começavam a ocupar.

Diante disso, podemos considerar inclusive que a África partilhada pelas potências europeias constituiu-se em amplo processo de unificação à força a despeito dos interesses dos africanos. A Conferência da África unificou territórios, povos, etnias, impérios, portanto criou uma unidade territorial sem base cultural, linguística, política e econômica para os africanos. Neste sentido, este processo de conquista visou restringir a ampla diversidade cultural, linguística, religiosa, política e econômica dos diferentes grupos, povos e etnias, impondo uma cultura, uma língua, uma religião, um regime político, uma economia, a partir da força, da escrita e de um aparato legal-jurídico alheio à realidade dos africanos.

Na África, a Grã-Bretanha e a França tornaram-se as potências coloniais dominantes. Os britânicos estabeleceram a sua soberania por uma faixa praticamente contínua, desde o Egito até a União Sul-Africana (Atual África do Sul), ao longo da África Oriental. O sonho *megalomaníaco imperial* de Cecil Rhodes, milionário, rei das finanças e principal responsável da *guerra* anglo-boer – o magnata dos diamantes e do ouro na África austral, que batizou as duas Rodésias (hoje Zimbábue e Zâmbia) – consistia em integrar a faixa de colônias britânicas através de uma ferrovia entre a cidade do Cabo (África do Sul) e o Cairo (Egito). Ou seja, *de um extremo a outro do continente africano.*

Os franceses concentraram as suas colônias no Maghreb, na África Ocidental e Equatorial. Alemanha, Portugal, Espanha e Itália ocuparam territórios marginais. No centro do continente, destacava-se o Congo, que foi colônia privada do rei Leopoldo, da Bélgica, antes de passar à soberania daquele pequeno Estado europeu (HOCHSCHILD, 1999; HERNANDEZ, 2005).

As potências europeias produziram, na prática, a cartografia política da África, traçando fronteiras sobre espaços étnicos e culturais dos quais poucos conheciam. O traçado das fronteiras apoiou-se em linhas geométricas ou acidentes naturais. A primeira dessas categorias consistiu em limites baseados em meridianos e paralelos ou projeções retilíneas da desembocadura dos rios. A segunda baseou-se, geralmente, nos divisores de águas, pois as potências europeias procuravam controlar inteiramente os vales dos rios, que serviam como eixos de penetração colonial.

Durante o período colonial, as metrópoles produziram divisões administrativas no interior dos seus territórios. Tais divisões tinham, quase sempre, funções práticas ligadas à distribuição das forças militares coloniais ou ao controle das cidades e enclaves de mineração.

> Invadido o território, a ocupação se estabelece em termos militares, com a presença efetiva de forças armadas que representam o poderio incontrastável da metrópole. O dispositivo militar sustenta a máquina de domínio e de exploração, a estrutura política e administrativa que coloca os recursos naturais e a mão-de-obra colonial a serviço da nação colonizadora. Embora representem insignificante minoria em relação à população do país conquistado, os colonizadores trazem com eles a superioridade científica e tecnológica, econômica e cultural, que lhes proporciona as condições de domínio e controle do país submetido (MEMMI, 1977, p. 6).

A conquista europeia no continente africano não se deu sem resistência por parte das diversas etnias e nações africanas. Os franceses enfrentaram grandes batalhas no Marrocos, na Tunísia e na Argélia (FANON, 1979; CAMUS, 1951). Os italianos foram vencidos pelos etíopes, em 1887 e 1896. Os ingleses sofreram derrotas no Sudão. Os alemães lutaram muito para subjugar o povo herero, no Sudoeste Africano. Os ashantis, os matabeles, os zulus e outras nações ofereceram grande resistência aos seus conquistadores. Entretanto, essas populações não conseguiram suportar as demoradas campanhas empreendidas pelos europeus e acabaram submetidas, após violências e atrocidades de toda sorte. Os relatos das expedições de conquista trazem descrições como essa, sobre a ocupação do Chade (MOURA, 2005, p. 33-50).

Os africanos resistiram bravamente desde o século XV frente às diversas investidas das potências europeias, no entanto caíram diante ao poder militar e bélico. Tanto que Hobson (MOURA, 2005, p. 37) destacou no seu livro sobre o imperialismo que

> [...] os anos que vão de 1884 a 1900 como um período de intensa "expansão" (aumento territorial) dos principais Estados europeus. Segundo os seus cálculos, a Inglaterra adquiriu durante esse período 3.700.000 milhas quadradas com uma população de 57 milhões de habitantes; a França, 3.600.000 milha quadrada com 36,5 milhões de habitantes; a Alemanha, 1.000.000 de milhas quadradas com 14,7 milhões de habitantes; a Bélgica, 900.000 milhas quadradas

com 30 milhões de habitantes; Portugal, 8.000.000 milhas quadradas com 9 milhões de habitantes. Em fins do século XIX, sobretudo a partir da década de 1880, todos os Estados capitalistas se esforçaram por adquirir colônias, o que constitui um fato universalmente conhecido da história da diplomacia e da política externa.

Assim, as potências europeias construíram a partir de seus interesses econômicos e políticos as fronteiras africanas. Deste modo, inventaram territórios que não tinham raízes culturais e experiências históricas. Os Estados africanos independentes, que surgiram após a 2ª Grande Guerra (1939-1945), herdaram essas linhas fronteiriças que não estavam fundamentadas nos territórios tradicionais. Estas linhas dividiram clãs, etnias, famílias, reinos e impérios antigos, mas também aproximaram e unificaram artificialmente grupos e povos em um mesmo território construído no final do século XIX.

Desta maneira, nos debates atuais dos conflitos políticos e identitários entre as diversas etnias e posições político-ideológicas na África, e de suas transformações socioculturais comumente, destaca-se o papel das fronteiras e suas origens coloniais, como uma de suas principais vertentes. Embora este fato ainda tenha um impacto no continente africano, o fato é que os novos governantes e as forças militares africanas não possuem interesses em retomar as antigas fronteiras. Mesmo porque consideram que as novas fronteiras propiciariam a constituição do surgimento de novas lideranças políticas e ideológicas, bem como de novos conflitos sociais.

Os governantes africanos também querem manter os territórios herdados dos europeus intactos, pois concebem que as antigas fronteiras, vinculadas às tradições, às línguas, diminuiriam os seus poderes políticos e econômicos, fragmentando o território em pequenos clãs, estariam demonstrando fraqueza para dentro e para fora dos seus territórios. Portanto, manter a força esta unidade constituída no final do século XIX é um imperativo político. Diante disto que vemos as guerras na Eritreia (FERNANDES, 1986), no Sudão e recentemente a tentativa de separação de Cabinda do território e do Estado Angolano. Este processo tem gerado imensas populações de refugiados, de imigrantes e de retirantes em toda a África, portanto de seres que se intercambiam por estas fronteiras porosas, frágeis e rígidas dependendo do contexto e do interesse (GOUREVITCH, 2000; HATZFELD, 2003; MARINOVICH, SILVA, 2003). Estas tentativas também são de independências e ocorrem porque as fronteiras atuais na África, ainda, estão em um longo processo de construção. Até porque elas continuam alheias e estranhas aos interesses de diversas etnias africanas que não se reconhecem participantes dos Estados atuais africanos que mantém as fronteiras constituídas pelos europeus.

Referências

APPIAH, Kwane. *Na casa de meu pai: África na filosofia da cultura.* Rio de Janeiro: Contra Ponto, 1997.

CAMUS, Albert. *O Homem revoltado.* Trad. V. Motta. Lisboa: Livros do Brasil, 1951.

COSTA E SILVA, Alberto da. *A enxada e lança: a África antes dos portugueses.* Rio de Janeiro/São Paulo: Nova Fronteira/USP, 1992.

DÖPCKE, Wolfgang. A vida longa das linhas retas: cinco mitos sobre as fronteiras na África Negra. *Revista Brasileira de Política Internacional.* 42 (1), 1999, p. 77-109.

FANON, Frantz. *Os condenados da Terra.* Trad. José L. de Melo. 2. ed. Rio de Janeiro: Civilização Brasileira, 1979.

FERNANDES, Ari C. *Eritréia: uma esquecida guerra de libertação africana.* São Paulo: Edicon, 1986.

FERRO, Marc. *História das colonizações: das conquistas às independências – séculos XIII-XX.* Trad. M. Ruas. Lisboa: Estampa, 1996.

FONSECA, Dagoberto José. *Brasil-África: cultura, política e projetos para o futuro.* Salvador: CEAS, Centro de Estudos e Ação Social, n. 212 jul./ago., 2004.

GOUREVITCH, Philip. *Gostaríamos de informá-lo de que amanhã seremos mortos com nossas famílias: histórias de Ruanda.* Trad. José G. Couto. São Paulo: Cia. das Letras, 2000.

HATZFELD, Jean. *Uma temporada de facões: relatos do genocídio em Ruanda.* São Paulo: Cia. das Letras, Trad. Rosa F. d'Aguiar, 2005.

HERNANDEZ, Leila Leite. *A África na sala de aula – visita à história contemporânea.* São Paulo: Selo Negro, 2005.

HOCHSHILD, Adam. *O fantasma do rei Leopoldo: uma história de cobiça, terror e heroísmo na África colonial.* São Paulo: Cia. das Letras, 1999.

KAPUŒCIŃSKI, Ryszard. *Ébano: minha vida na África.* São Paulo: Cia. das Letras, Trad. T. Barcinski, 2002.

KI-ZERBO, Joseph (Coord.). *História geral da África – metodologia e pré-história da África.* In: História geral da África, v. 1, São Paulo/Paris: Ática/UNESCO, 1982.

MAGDOFF, H. *Imperialismo: da era colonial ao presente.* Rio de Janeiro: Zahar, 1979.

MARINOVICH, Greg; SILVA, João. *O clube do bangue bangue: instantâneos de uma guerra oculta.* São Paulo: Cia. das Letras, 2003.

MEILLASSOUX, Claude. *Antropologia da escravidão: o ventre de ferro e dinheiro.* Trad. L. Magalhães, Rio de Janeiro: Jorge Zahar, 1995.

MELTZER, Milton. *História ilustrada da escravidão.* Trad. M. Silva, Rio de Janeiro: Ediouro, 2004.

MEMMI, Albert. *Retrato do colonizado precedido do retrato do colonizador.* Trad. R. Corbisier e Mariza P. Coelho. 2. ed. Rio de Janeiro: Paz e Terra, 1977.

MOKHTAR, G. (Org.) *A África antiga.* In: *História geral da África*, vol. 4, São Paulo/Paris: Ática/UNESCO, 1983..

MOURA, Christian F. dos Santos. *A conquista e a partilha da África: colonização, descolonização e neocolonialismo: identidades, transformações socioculturais e apropriações artísticas.* (São Paulo). In: FONSECA, Dagoberto José. (Org.). *História das culturas africanas e afrodescendente. Oficinas culturais, Assessoria de gênero e etnia.*, Secretaria de Estado da Cultura, 2005. p. 33-50.

MUNANGA, Kabengele. *Cultura, identidade e estado nacional no contexto dos países africanos.* In: *A dimensão atlântica da África.* II Reunião Internacional de História de África, São Paulo: CEA-USP/SDG-Marinha/CAPES, 1997.

MUNANGA, Kabengele. *África: trinta anos de processo de independência.* In: Dossiê Brasil/África. São Paulo: Rev. USP, Jul-Ago, 1993.

NIANE, Djibril T. *Sundjata ou a Epopéia mandinga.* São Paulo: Ática, 1982.

NIANE, Djibril T. (Org.) *A África do século XII ao século XVI.* In: História geral da África, v. 4. São Paulo/Paris: Ática/UNESCO, 1988.

PEREIRA, J. M. N. *Colonialismo, racismo, descolonização.* Estudos Afro-Asiáticos, n. 2, 1978.

A inserção da África Subsaariana no "Sistema-Mundo":
permanências e rupturas

*Frédéric Monié, Isaac Gabriel Gayer Fialho da Rosa
e Vânia Regina Amorim da Silva*

Durante o secular processo de unificação do sistema-mundo, as relações entre a África Subsaariana e o resto do planeta foram caracterizadas pela crescente participação do "continente negro" nas redes econômicas, comerciais, financeiras e político-diplomáticas, que moldaram uma inserção de caráter periférico na divisão internacional do trabalho. Este artigo tem por objetivo analisar de forma didática a evolução dessas relações na longa duração, evidenciando a perpetuação de sistemas de exploração e opressão que especializaram esta região periférica, primeiro no abastecimento de escravos, sobretudo para as colônias das Américas, depois majoritariamente a partir do século XIX, na exportação de produtos primários vegetais e minerais (WALLERSTEIN, 1979). Após as independências, a manutenção desse modelo primário exportador e as ingerências das ex-potências coloniais e dos dois blocos hegemônicos garantiram a permanência dessa estrutura de relações desiguais entre centro e periferia. Apesar do caráter assimétrico dessas trocas e da submissão aos interesses políticos e geopolíticos dos países centrais, a África experimentou, após a 2ª Guerra Mundial, um ritmo de crescimento econômico razoável e uma melhoria relativa de alguns indicadores sociais. No entanto, a partir dos anos 1980, a crise de um modelo primário exportador não competitivo e a perda da renda geopolítica consecutiva ao fim da Guerra Fria se traduziram por uma marginalização progressiva do continente africano, que mergulhou numa crise sem precedente na última década do século XX. Porém, algumas tendências recentes e transformações em curso ilustram a complexidade crescente das relações entre a África e o resto do mundo: diversificação dos fluxos comerciais, constituição de novas redes político--econômicas, dinamismo dos sistemas migratórios, participação dos representantes das culturas africanas na indústria cultural global, etc. Além disso, pretendemos mostrar de que maneira o atual contexto geopolítico, o novo cenário energético global e o mapa econômico mundial abrem oportunidades para os países capazes de promover políticas públicas alternativas de desenvolvimento. Antes de discutirmos essas mudanças atuais, precisamos contextualizar na longa duração as modalidades da inserção do continente africano no sistema-mundo em formação.

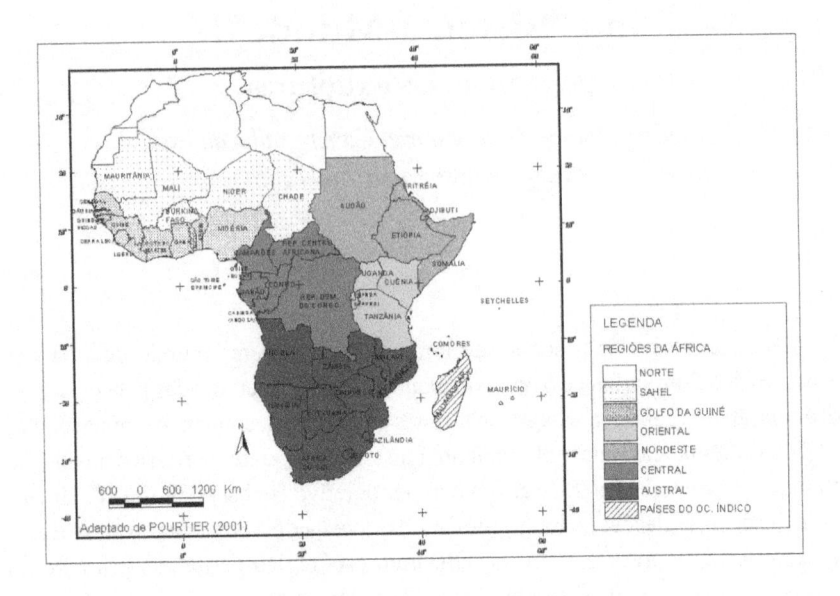

Mapa 1 – As regiões da África

1. As relações entre a África e o mundo numa perspectiva de longa duração

Berço da humanidade e último continente a ser colonizado, a África Subsaariana é tradicionalmente apresentada como uma região isolada do resto do mundo. A arquitetura maciça do continente dificultou a sua penetração, em particular a partir do litoral Atlântico, onde os sítios portuários naturais de qualidade são raros e onde as correntezas dos cursos inferiores dos rios perturbam a articulação dos mesmos com a costa. A exposição do homem branco aos ataques da malária[1] até a utilização da quinina também dificultaram uma penetração marcante a partir do litoral. No entanto, cabe relativizar o isolamento da África em relação ao resto do mundo. Já há cerca de três milênios, ocorriam os primeiros contatos entre a Núbia e o Egito, além do interesse crescente pela África Ocidental manifestado pelos Europeus a partir do século XV. Dentro desse contexto caberia também investigar quais dinâmicas internas à África contribuíram para o estabelecimento de contatos razoavelmente densos com a África do Norte e, mais tarde, com a Europa e por que essas dinâmicas

---

[1] "O mais temido entre os guardiões dos segredos africanos" segundo o geógrafo árabe Ibn Batuta.

nunca suscitaram um processo de expansão de tipo imperialista de dentro para fora do continente. Em todos os casos, as trocas comerciais, culturais e religiosas moldaram uma longa história de interações cujo alcance geográfico e intensidade oscilaram muito no tempo e no espaço.

Uma história antiga de interações com a África do Norte e o Oceano Índico

A aventura secular das trocas transaarianas demonstra que o maior deserto do mundo nunca foi um obstáculo absolutamente insuperável para o desenvolvimento de interações terrestres entre o mundo mediterrâneo e o "continente negro" (o *bled al sudan* dos Árabes). Antes da generalização do uso do camelo, vetores de circulação já ligavam a África do Norte ao Sahel. Usava-se o cavalo para transportar homens e mercadorias: ouro, sal, pedras preciosas, mas também, a partir da dominação romana sobre o litoral setentrional, volumes crescentes de marfim e escravos. Em troca, comerciantes africanos compravam peças de barro e vidro, talvez azeite e vinho. No entanto, foi somente com a introdução do camelo pelos Berberes nos primeiros séculos da Era Cristã que as interações ganharam mais vulto. Posteriormente, a conquista do Magreb pelos Árabes a partir do século VIII facilitou a constituição de verdadeiros sistemas de trocas transaariano com suas rotas, feiras anuais e nós logísticos, cuja posição evoluiu muito em função da conjuntura política, militar e econômica.

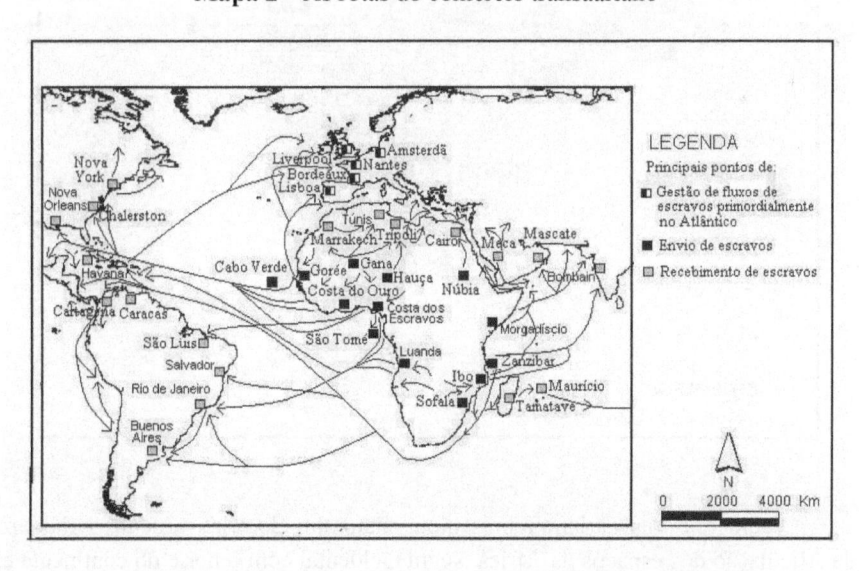

Mapa 2 – As rotas do comércio transaariano

O transporte era, então, essencialmente realizado por tribos nômades (Toubous e Tuaregs), mas os negociantes norte-africanos tinham todos seus representantes nos centros comerciais. As caravanas e os propagandistas muçulmanos contribuíram para a difusão dos valores culturais, sociais e políticos do Islã ao sul do Saara. Os centros comerciais mais dinâmicos se tornaram, assim, grandes polos culturais e religiosos e, às vezes, capitais dos Reinos e Impérios, que se constituíram em todo o Sahel. No sul da atual Mauritânia, o Império de Gana construiu, desta forma, sua prosperidade, exportando o ouro extraído das minas da região do Alto Senegal-Niger. Após sua destruição pelos Almoravides, no séc. XI, os Impérios do Mali e Songai deram continuidade ao comércio transaariano num contexto de aceleração da expansão social e espacial da religião muçulmana no Sahel (LEMARCHAND, 2000). Mais ao sul, as cidades-Estados Haussas e o Império Kanem passaram a dominar progressivamente as rotas comerciais do Saara Central e Oriental por saberem valorizar as complementaridades produtivas existentes ao longo do gradiente bioclimático que ocorre das florestas úmidas da Costa da Guiné até o deserto do Saara.

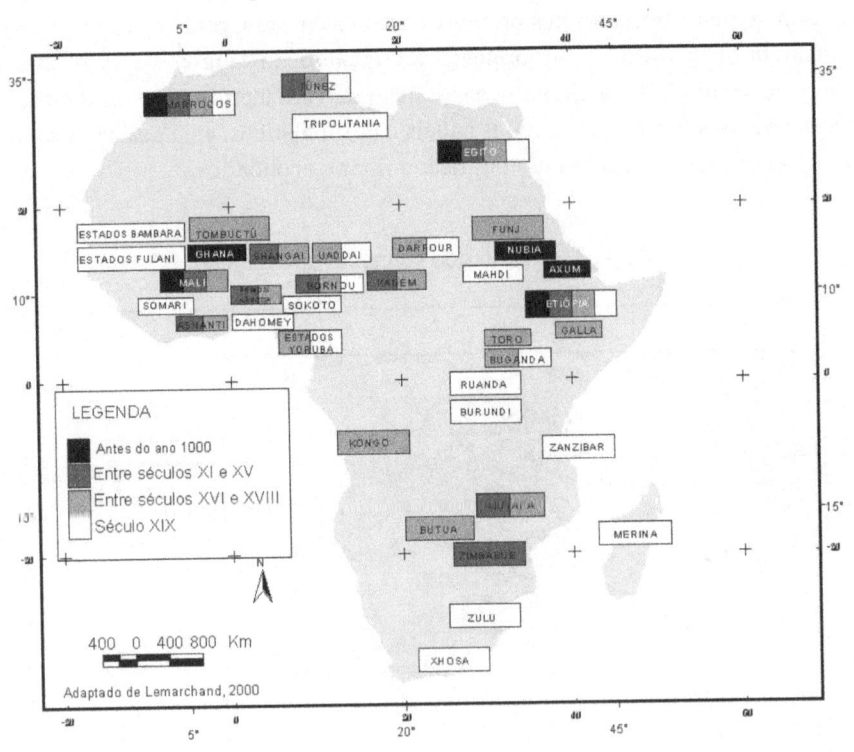

Mapa 3 – Reinos da África pré-colonial

O comércio transaariano representou, então, um elo relativamente duradouro de articulação dos espaços da África Negra Ocidental com o norte do continente e, indiretamente, com a Bacia do Mediterrâneo.[2] Da mesma forma, a costa africana do Oceano Índico se inseriu desde a Antiguidade em redes de comércio de ouro, marfim e escravos que conectavam o litoral ao Egito e a Ásia (RODRIGUES, 1990). Graças às monções que facilitavam a navegação, o litoral da África Oriental foi, contrariamente ao da África Ocidental, frequentado muito cedo por estrangeiros provenientes da Arábia, da Pérsia, da Índia e da Indonésia. Nos séculos XIII, XIV e XV, redes comerciais prosperaram articulando uma demanda crescente oriunda da economia-mundo centrada na Índia e nas jazidas de ouro, marfim, cobre e ferro da África Oriental, Central e do território do atual Zimbábue (BRAUDEL, 1996). As mercadorias eram trocadas nas ricas cidades portuárias como Mogadiscio, Sofala, Mombassa, Malindi ou Zanzibar, que chegou a ser capital de um Império, funcionando como um sistema territorial de trocas integrando áreas de produção, vetores de circulação terrestre, feiras, armazéns e portos. A vitalidade desse comércio teve impactos importantes sobre o destino da região, como a difusão de inúmeros produtos e plantas, além de técnicas de irrigação pontualmente aplicadas. Nesse contexto, sobretudo, a participação de atores exógenos ao comércio estimulou a emergência e a consolidação progressiva de uma civilização mestiça construída a partir de aportes bantos, árabes e muçulmanos não árabes. A participação dos Chineses e Portugueses no jogo das trocas no Índico representou uma contribuição suplementar durante a construção dessa cultura original. Destarte, a civilização *suaili* se expandiu, assim, progressivamente do litoral até o norte do atual Moçambique, incluindo as ilhas de Comores, Maurício e Madagascar. Principais nós dessas redes de longo alcance espacial, os portos eram dominados por mestiços árabes-indianos-africanos, enquanto as populações bantos ocupavam as camadas inferiores da hierarquia social (BRAUDEL, 1996).

Nessas cidades, os escravos eram particularmente numerosos. Com efeito, os tratos escravistas foram determinantes na constituição dos sistemas de trocas de longo alcance geográfico que tiveram por palco o continente africano. Desde a Antiguidade, homens e mulheres do Sahel e do Chifre eram exportados para a Ifriqya romana,[3] via deserto do Saara, e para o Oriente pela Península Arábica e pelo Oceano Índico (GERBEAU, 1979). A partir do século VII, o trato escravista ganhou maior expressão com a expansão árabe-muçulmana na África do Norte e na área do atual Oriente Médio. Os fluxos se tornaram mais intensos, complexos e passaram a extrapolar amplamente os limites do continente (LOVEJOY, 2002). De um lado, o eixo logístico transaariano era dominado por comerciantes nômades islamizados que levavam escravos e ouro até o Magreb, onde os cativos eram usados na economia doméstica ou redistribuídos para o Oriente Médio O eixo logístico do trato oriental articulava, por sua parte, áreas de captura na África do Leste e do Nordeste à Península Arábica,

---

[2] Vale ressaltar que esse comércio sobrevive hoje de forma bastante residual. Caminhões, carros e dutos substituíram os camelos, mas as rotas transaarianas perderam sua vitalidade com a transformação do Golfo da Guiné em principal interface para a exportação dos produtos da África Ocidental.

[3] Província africana do Império Romano.

ao mundo persa e ao subcontinente indiano. As cidades portuárias do *litoral suaili*, como Zanzibar, constituíam os nós mais dinâmicos de sistemas de interações bastante complexos (GRENOUILLEAU, 2005). A partir do século XV, a multiplicação dos contatos entre europeus e povos africanos do litoral atlântico deu origem à formação de um novo sistema de drenagem de escravos em direção às colônias do continente americano. Na medida em que as minas de ouro não representaram um *eldorado* comparável às minas americanas; as especiarias valiosas eram escassas, e o comércio de produtos como marfim, penas, goma do Senegal ou cera constituía uma atividade relativamente marginal, o comércio de escravos representou uma alternativa propiciando altos lucros para os mercadores europeus[4] (RAISON, 1994). Por isso, o Oceano Atlântico configurou-se em um espaço de acumulação estruturado num sistema de interações espaciais entre três continentes. O comércio triangular colocava em relação portos europeus como Nantes, Bordeaux e Liverpool, que funcionavam como nós centrais do sistema de trocas – gestão dos fluxos, armamento dos navios, seleção de mercadorias, etc. –, com nós do litoral Atlântico africano, para onde comerciantes transportavam os cativos destinados a serem exportados para as plantações do continente americano que constituíam, então, o maior mercado consumidor deste tipo de mão de obra[5] (RAISON, 1994). Nas Américas, produtos agrícolas como o açúcar e o algodão eram embarcados rumo ao continente europeu. Esse sistema de fluxos foi então construído segundo uma lógica de complementaridade entre os produtos exportados por cada região do mundo, situação que subsidiou a conformação de uma especialização espacial de produção em cada continente na dinâmica de unificação do sistema-mundo pela Europa (NOREL, 2004). Sendo assim, a inserção da África na divisão internacional do trabalho se deu por cerca de quatro séculos majoritariamente por meio do fornecimento de mão de obra escrava em redes comerciais intercontinentais, cujo desempenho não requeria a colonização imediata do continente, pois na maioria dos casos eram os próprios comerciantes locais que forneciam os escravos para os mercadores não africanos (ROSA, 2006). Vale enfim pontuar que ao longo do ciclo escravagista nas Américas, a África não exportava somente "braços" para as *plantations* mas, junto com eles, os conhecimentos dos escravos que pesavam na definição do seu preço. Práticas territoriais e conhecimentos de todos os tipos atravessaram assim o Atlântico: técnicas de mineração, de construção, práticas arquitetônicas – casas de taipa, ainda comuns nos sertões brasileiros – e uma série de hábitos e costumes que definem "gêneros de vida". Esses aportes diversos contribuíram para

---

[4] Cabendo ressaltar que no primeiro momento o escravo não foi a motivação principal para a atração dos Europeus para a Costa Atlântica, já que esta "mercadoria" vai se configurar como a primeira na "pauta de exportações" africanas só a partir do século XVII.

[5] No séc. XVII, o fluxo de escravos oscilou entre 1.000 e 6.000 escravos por ano. Mas, no século seguinte, com o crescimento da produção agrícola americana, cerca de 30.000 escravos eram arrancados do continente africano todo ano. No fim do século XVIII os embarques alcançaram o marco de 80 000 escravos por ano. Foram assim exportados cerca de 12 milhões de migrantes forçados para o "Novo Mundo" (OLIVER, 1994, p.142).

a interiorização do povoamento do Brasil e para a transformação do próprio gênero de vida das populações indígenas que mudaram alguns de seus hábitos culturais e sociais sob a influência dos aportes africanos.

A colonização e a África no sistema-mundo unificado

A partir do século XIX, o tráfico escravista se extinguiu gradualmente, mas o continente africano se tornou mais atraente por novos motivos. Sociedades de Geografia e associações da Inglaterra, da França, da Bélgica e da Alemanha difundiam o conhecimento produzido sobre a África a partir das informações acumuladas por expedições e missões de exploração que se multiplicavam no continente. O interesse para com a "África Tropical" é também material na época da consolidação da Revolução Industrial na Europa Ocidental (HOBSBAWN, 2002). Industrialização e expansão econômica provocaram um forte aumento da demanda por algumas matérias-primas encontradas a baixo preço no futuro Terceiro Mundo. O mercado dos metais preciosos encontrava-se também numa fase ascendente. Por isso, nos anos 1880, a descoberta de minas de diamantes e ouro na África do Sul promoveu a inserção progressiva da região da atual Johanesburgo nos circuitos do comércio internacional. Ao mesmo tempo, o crescimento do consumo de produtos exóticos pelos Europeus estimulou os investimentos em *plantations* de café, cacau, tabaco ou chá nas áreas mais férteis da África Ocidental e Oriental. Enfim, a conjuntura geopolítica no "velho mundo" contribuiu, do mesmo modo, para a partilha da África (WESSELING, 1998). A crescente rivalidade entre as potências europeias acelerou a penetração no "continente negro" e o processo de construção de verdadeiros Impérios, facilitado pelo progresso dos transportes, pela utilização da quinina e pela profissionalização das Forças Armadas. O Congresso de Berlim (1884/85) teve, assim, por principal objetivo organizar a corrida imperialista de forma a limitar as tensões entre as nações europeias. Num primeiro momento, foram resolvidas as questões relativas à liberdade de navegação nos rios Níger e Congo, e definidas zonas de influência de cada país. Num segundo momento, a colonização propriamente dita do continente se traduziu pela delimitação de cerca de 80.000 km de fronteiras entre 1885 e 1909. Os colonizadores impuseram quadros jurídicos, políticos, sociais e econômicos que intensificaram e modernizaram as relações da África com o resto do mundo. De provedor de escravos a partir de alguns nós portuários, o continente transformou-se em fornecedor de recursos naturais e importador de bens de maior valor agregado. A África Subsaariana se inseriu, então, de forma absolutamente periférica no sistema-mundo moderno. Esta inserção apareceu, no entanto, bastante diferenciada em escala macrorregional. De um lado, a África Tropical se especializou na produção e exportação de produtos agrícolas (cacau, algodão, chá, café, tabaco, sisal, etc.), moldando, segundo o geógrafo Jean Dresch, uma economia de trato "primitiva e preguiçosa que consiste em drenar os bens exportados brutos rumo aos portos e a distribuir os manufaturados" importados (M´BEKOLO, 1985). Firmas comerciais europeias, camponeses africanos e uma multidão de intermediários foram os principais atores dessa economia na

África Ocidental. Já na África Oriental, os agricultores europeus monopolizaram as melhoras terras, enquanto Árabes e Asiáticos continuavam ocupando uma posição de destaque nas atividades intermediárias nas cidades do *litoral suaíli*. Em ambos os casos, estamos diante de uma economia que mobilizou poucos investimentos públicos e privados numa África julgada economicamente pouco rentável. Ao contrário, na África Austral e algumas áreas da África Central, a abundância de recursos minerais (diamantes, ouro, cobre) atraiu o capital de grandes companhias mineradoras e grupos financeiros internacionais e suscitou investimentos públicos em infraestruturas de transporte que contribuíram para a integração do conjunto regional (M´Bekolo, 1985). Ou seja, observamos uma integração regionalmente diferenciada da África Subsaariana no sistema-mundo.

Esta dinâmica de articulação desigual das macrorregiões africanas aos circuitos do comércio internacional provocou a definição de uma nova Geografia dos fluxos em cada um desses conjuntos regionais. As interações entre o Centro Leste e o *litoral suaili* diminuíram em consequência da abolição do trato escravista e do esgotamento das reservas auríferas do território do atual Zimbábue. Além disso, com a modernização do transporte marítimo ao longo do século XIX, as cidades portuárias do Índico que serviam de pontos de escala no caminho para as Índias perderam seu valor estratégico. Ao mesmo tempo, a economia-mundo centrada no subcontinente indiano entrava em declínio (Braudel, 1996). Ao contrário, os europeus privilegiaram seus contatos com o litoral Atlântico; o que provocou mudanças na organização do espaço regional em toda a África Ocidental. Nesta região, as conexões com o mundo exterior eram historicamente realizadas, conforme já mencionado, via deserto do Saara, propiciando a eclosão de prósperos Reinos e Impérios, além de um importante acúmulo de população nessa "África dos Reis" (Braudel, 1989).

Com a colonização, os fluxos orientados do sul para o norte entraram em declínio, pois as plantações localizadas em regiões de floresta ou savana escoavam sua produção, via estradas ou ferrovias, para os portos marítimos do Golfo da Guiné. Paralelamente ao declínio das rotas transaarianas, os portos se firmaram, então, como elos privilegiados da inserção da África Ocidental nos circuitos do comércio mundial, caracterizando o deslocamento do centro de gravidade regional do Sahel para o litoral, que abrigava doravante os maiores nós da rede urbana (Brunel, 2004).

No mesmo período, assistimos um fenômeno inverso decorrente de um processo semelhante na África Austral, onde o dinamismo da fronteira mineradora alimentou importantes fluxos de capitais e mão de obra rumo ao interior a partir dos anos 1880.[6] Além da interiorização do povoamento e do desenvolvimento econômico, outra singularidade referiu-se à relativa homogeneidade do conjunto regional que se formou sob a dupla tutela: política da África do Sul, e econômica das atividades de mineração cujos principais centros – Rand, o Grand Dyke rodesiano, a Copperbelt,

---

[6] A colonização inglesa intensificou ainda mais essa dinâmica.

Shaba – foram os notáveis polos de inserção da região nos circuitos do comércio internacional, utilizando, para isso, a rede de transporte e de comunicações mais densa do continente (Raison, 1994).

Assim sendo, a partir do início do século XX surgem novos polos de atividades, centrados na mineração, no extrativismo vegetal e na produção de bens exóticos para o mercado europeu, que confirmaram e ampliaram o caráter periférico da inserção do continente africano no mapa econômico mundial. Vale, no entanto, ressaltar que a aventura colonial não foi sistematicamente um negócio muito rentável para os Países Centrais e que, por isso, a dimensão geopolítica do processo de colonização merece ser ressaltada no contexto de integração das economias-mundo sob a tutela de potências que não aceitariam que uma fração do globo escapasse ao seu domínio (Raison, 1994). Isso explique, entre outros, o empenho dos europeus em definir as fronteiras internas do continente. Entre 1885 e 1909, cerca de 80.000 quilômetros de fronteiras foram assim delimitados pelas potências coloniais, segundo lógicas exógenas em oposição com a concepção tradicional da fronteira. No Sahel pré-colonial, por exemplo, as fronteiras funcionavam muitas vezes como margens de segurança localizadas nos confins de um sistema territorial cujo conteúdo maior não era uma identidade nacional e sim redes mercantis. Ou seja, o conteúdo produzia, de certa forma, os limites desses sistemas territoriais. Ao contrario, o Estado moderno imposto pelo colonizador definiu em primeiro lugar os limites territoriais, segundo critérios que variam muito de uma região para outra, cabendo num segundo momento produzir o "conteúdo". Por essa razão, até hoje, e apesar das elites africanas terem optado no momento das Independências pela manutenção das fronteiras definidas pelos europeus, a construção da identidade nacional permanece um desafio em boa parte dos países do continente.

2. A África e o mundo: das independências a década de 1990

Independência e guerra fria: a África no mundo bipolar

Na África Subsaariana, o período colonial se iniciou muito tarde e foi curto, mas marcou profundamente o continente, tanto do ponto de vista da inserção do conjunto regional no sistema-mundo como no que tange às articulações de cada região com os fluxos do comércio internacional. No momento da descolonização, muitos antecipavam um futuro promissor para as jovens nações africanas. No entanto, as décadas que precederam à descolonização foram plenamente aproveitadas pelas potências europeias que formavam nas suas melhores Universidades a futura elite política africana e modernizavam uma economia colonial engessada pela insuficiência de investimentos públicos e privados. Por esta razão, o processo de "emancipação" foi ao mesmo tempo rápido[7] e globalmente controlado pelos governos metropolitanos. Porém, essas independências ocorreram num cenário geopolítico mundial redefinido pelo

---

[7] Somente no período 1955/1966, a maior parte das colônias britânicas e francesas da África Negra consegue sua Independência.

declínio inexorável das velhas potências europeias frente à emergência dos Estados Unidos e da União Soviética. Nesse contexto, longe de ser abandonada pelo resto do mundo, a África ganha uma "renda estratégica". As ex-metrópoles, em particular a França, tentam manter sua influência no "continente negro" que se transformou, paulatinamente, em um dos palcos regionais do conflito, opondo, em escala global, Soviéticos e Americanos. A ação e a intervenção destas potências exteriores se manifestavam de forma diferenciada. Os "regimes amigos" se beneficiavam de um apoio político que se traduziu, por exemplo, em acordos de cooperação visando promover o desenvolvimento através de investimentos em indústrias de base e infraestruturas técnicas. Os Soviéticos investiram segundo modalidades que variavam em função de seus interesses estratégicos globais em países como a Guiné, a Tanzânia ou a Etiópia. Do outro lado, Quênia, Zaire, Costa do Marfim, Chade, Gabão ou República Centro Africana gozaram do apoio constante do "campo ocidental". A China, que se engajou mais que o rival soviético nas lutas anti-imperialistas, tornou-se também um ator importante do jogo geopolítico africano após a visita de Chou En-Lai ao continente em 1963/64. A cooperação sino-africana alcança seu auge nos anos 1970 com a construção da ferrovia Tanzam que liga o litoral da Tanzânia às minas da Zâmbia. Vale observar que, nesse jogo, as ex-potências coloniais conseguiram resultados espetaculares, multiplicando acordos de cooperação com governos frequentemente submissos aos seus interesses econômicos e geopolíticos (M'BEKOLO, 1985).

Durante a Guerra Fria, a África Subsaariana é, deste modo, a região do mundo que mais recebe "ajuda" dos Países Centrais. Cerca de 15 bilhões[8] ao ano são distribuídos em prioridade para países considerados estratégicos no tabuleiro geopolítico africano. O Zaire, país de grande superfície que ocupa uma posição geográfica central no continente, recebeu, por exemplo, uma ajuda maciça do campo ocidental para garantir a contenção do comunismo e o acesso aos recursos minerais do leste do seu território. Parte considerável dessa ajuda foi usada para construir um aparelho de segurança fiel ao regime; círculos de clientelas capazes de garantir a estabilidade do governo e aumentar a fortuna pessoal do presidente Mobutu. A privatização da renda das exportações e da ajuda externa foi, assim, o elemento de base da construção do moderno Estado neopatrimonialista no Zaire, assim como na maior parte nos países africanos, e uma das expressões das possibilidades abertas pela renda geopolítica durante a Guerra Fria (BAYART, 2000).

Além da ajuda teoricamente destinada ao desenvolvimento, as ingerências exteriores se manifestaram também na ocasião de conflitos ocorridos no continente. Guerras de secessão como no Katanga (Zaire) ou no Biafra (Nigéria) constituíram, por exemplo, o palco de uma intervenção mais ou menos discreta dos Ocidentais e dos Soviéticos em regiões ricas em matérias-primas. Entretanto, foi certamente o

---

[8] Durante a Guerra Fria, apesar de importante, a Ajuda Para o Desenvolvimento anual de todos os países doadores representava somente um mês das despesas militares cumuladas da URSS e dos EUA (SMITH, 2003).

conflito angolano que mais cristalizou as oposições entre blocos no mundo bipolar. A solidariedade soviética aos movimentos de libertação nacional da África Austral se perpetuou quando, na ocasião da independência, esses últimos assumiram o poder na Angola e Moçambique. Nestas circunstâncias, o conflito opondo o "regime progressista" de Luanda – MPLA – às guerrilhas da UNITA e do FNLA, adquiriu imediatamente uma feição típica da Guerra Fria, com o apoio maciço de potências exteriores a cada um dos protagonistas. Assim, o governo angolano pôde contar com a ajuda da URSS e de Cuba, que mantiveram um contingente importante de soldados no país nos momentos mais críticos da crise. Do outro lado, os Estados Unidos usaram o Zaire e a República Sul Africana[9] para sustentar a oposição armada ao regime de Luanda conferindo uma dimensão regional ao conflito. Os campos pró-soviético e pró-ocidental usaram, então, Angola como um campo de batalha indireto. Para isso, investiram em acordos de cooperação técnica e militar, venderam muito armamento e não mediram esforços diplomáticos em fóruns regionais e internacionais.

No entanto, se a geopolítica da guerra em Angola pode ser apreendida globalmente com o enfrentamento indireto entre dois blocos que lutam num campo periférico pela hegemonia sobre o sistema mundial, a dinâmica do conflito ganha uma feição bem mais complexa quando observada na sua dimensão geoeconômica. Nos meados dos anos 1970, Angola desponta, com efeito, como um importante produtor de petróleo num cenário energético global caracterizado por uma grande instabilidade do preço do "ouro negro". Por essa razão, o país atrai investimentos das multinacionais da indústria petrolífera, entre as quais a francesa Elf-Total e a norte-americana Chevron. A ação dessa última se inscreve de forma complexa no cenário geopolítico, pois no momento de maior intensidade do conflito, entre 1975 e 2002, suas instalações foram protegidas por soldados cubanos que garantiam, assim, a continuidade da produção frente aos ataques da UNITA. Ou seja, uma grande multinacional norte-americana financiou indiretamente, graças ao apoio militar cubano, o esforço de guerra do governo comunista angolano contra inimigos financiados pelos Estados Unidos (COPINSCHI, 2003). Nesse caso, a complexidade dos interesses políticos e econômicos próprios ao conflito angolano indica então uma inserção diferenciada do país africano nos cenários da geopolítica e da geoeconomia mundiais.

Anos 1990: crise das rendas e desintegração das economias e das sociedades

Politicamente, a descolonização não significou, então, o fim da submissão aos interesses dos países hegemônicos. Da mesma forma, a independência não pôs fim aos mecanismos de exploração que fizeram obstáculo ao desenvolvimento do continente. Segundo muitos observadores, o cenário dos anos 1960 era, no entanto, promissor. Os governos africanos se beneficiavam da existência de vários tipos

---

[9] Apesar da condenação quase unânime do regime do *Apartheid* pela comunidade internacional.

de renda. A Guerra Fria assegurava, conforme mencionado, uma renda estratégica que possibilitou investimentos em infraestruturas, indústrias, acordos comerciais privilegiados, etc. Financiamentos externos abundantes constituíram uma segunda forma de renda para os governos africanos. A abundância de liquidez no sistema financeiro internacional durante os anos 1970 se traduziu por um forte crescimento dos empréstimos e um rápido aumento do nível de endividamento dos Estados da África Subsaariana. As receitas geradas pelo modelo primário-exportador constituem, enfim, a maior fonte de receitas dessa região do mundo graças a uma conjuntura particularmente favorável. O aumento da demanda por matérias-primas e produtos exóticos, acordos de cooperação que garantiam um acesso privilegiado ao mercado europeu, a ausência de crise climática maior, uma longa série de boas safras e a modernização da economia de plantação e dos centros de mineração, garantiram um aumento constante das receitas de exportação até o final dos anos 1970 (BRUNEL, 2004). Países produtores de bens agrícolas como Costa do Marfim ou Quênia, ou de petróleo, como Nigéria, Camarões, Congo ou Gabão ampliaram consideravelmente sua inserção no espaço econômico mundial.

No entanto, o crescimento econômico dos países mais dinâmicos obliterou durante um tempo a permanência das estruturas de exploração características de uma inserção periférica na divisão internacional do trabalho, pois as independências não sinalizaram a ruptura com o modelo primário-exportador. Apesar do desenvolvimento de um embrião de indústria manufatureira em alguns raros países, não observamos nenhuma dinâmica de transição rumo a semiperiferia comparável ao que aconteceu em vários países da América Latina, do Mundo Árabe e da Ásia (ARRIGHI, 1997). Caberia então investigar quais dinâmicas impediram, no caso africano, essa saída do modelo primário-exportador: qual foi o posicionamento dos países centrais em relação aos projetos nacionais de industrialização no continente? Quais dinâmicas internas ao universo das elites nacionais contribuíram para a consolidação de um modelo de inserção periférica no sistema mundo? Num primeiro momento, o contexto internacional foi bastante favorável ao comércio internacional de *commodities* vegetais e minerais. No entanto, a partir do final dos anos 1970, a ausência de desenvolvimento de um tecido produtivo diversificado e integrado fragilizou a África Subsaariana quando a economia de renda apresentou sinais de esgotamento. O baixo nível de formação dos recursos humanos, a precariedade das infraestruturas técnicas, o elevado nível dos impostos, a ausência de mercado interno e de poupança interna, a sobrevalorização da moeda, a privatização do aparelho de Estado pelo clientelismo, o corporativismo e a carência de políticas públicas coerentes foram alguns dos obstáculos endógenos ao desenvolvimento (BRUNEL, 2004), somada ainda a conivência dos Países Centrais com regimes ditatoriais dirigidos por elites, muitas vezes corruptas, mas empenhadas na defesa dos interesses ocidentais.

Nessas condições, a partir dos anos 1980, a forte diminuição das rendas precipitou o continente africano numa crise sem precedentes. Em primeiro lugar, as receitas de exportação foram prejudicas por uma sucessão de secas no Sahel, no Chifre e parte da África Austral, que afetaram a agricultura e provocaram verdadeiros desastres humanitários. Paralelamente, assistimos à queda do preço das principais *commodities* agrícolas e minerais que, em 1982, voltavam a seu nível de 1950 (BRUNEL, 2004). Além disso, produtores mais competitivos na América Latina e na Ásia conquistaram mercados em detrimento da África cuja participação no comércio internacional caiu de 5% em 1970 para 2,4% em 2002. O aumento concomitante do preço dos bens manufaturados provocou uma degradação brutal dos termos das trocas, afetando a balança comercial de países altamente dependentes das exportações de produtos primários.

Nesse mesmo momento, os financiamentos externos, que constituíam outra fonte de renda importante, também diminuíam de forma significativa. A África, que já recebia poucos investimentos diretos externos – IDE –, começou a ser considerada uma região de alto risco após a crise mexicana de 1982. Paralelamente, o elevado nível da dívida externa, contratada num contexto de aumento regular das receitas de exportações e de juros baixos, criou constrangimentos crescentes para contratar novos empréstimos. Do seu lado, o pagamento do serviço da dívida pelos países africanos os transformou em exportadores de capitais.[10] Privados de recursos, os governos diminuíram em prioridade os gastos públicos. No campo, os subsídios à agricultura diminuíram de forma drástica, enquanto nas cidades, as bolsas dos estudantes, o salário dos funcionários públicos e o soldo dos militares eram pagos de forma cada vez mais episódica, o que multiplicou os focos de tensão nos grandes centros urbanos (SMITH, 2003).

A situação agravou-se ainda mais no começo da década de 1990 quando o fim da Guerra Fria abriu um período de marginalização crescente do continente africano no cenário geopolítico mundial. Essa década marcou, assim, o fim provisório da renda estratégica criada pelo enfrentamento entre os blocos soviético e ocidental. A tradução imediata deste novo contexto foi uma diminuição de cerca de 30% entre 1992 e 2002 da ajuda internacional destinada aos países africanos (BRUNEL, 2004). A ajuda que restava estava, por sua parte, cada vez mais condicionada à definição de projetos de "boa governança". Os governos africanos passavam assim cada vez mais a se encontrar sob a tutela dos órgãos internacionais. Ou seja, privada de suas principais fontes de renda "enquanto uma economia global e dinâmica se instaurava em boa parte do mundo, a África Subsaariana experimentava um processo de significativa deterioração de sua posição relativa no comércio, investimento, produção e consumo em relação a todas as demais áreas do globo" (CASTELLS, 1999, p. 108). Em consequência disso, o continente entrou em colapso com o agravamento das crises alimentar e sanitária, a queda sistemática do investimento produtivo estrangeiro e nacional, a piora dos indicadores sociais, etc. Situação que aumentou ainda mais a dependência em relação a uma ajuda internacional e de empréstimos públicos cada

---

[10] Em 1996, a África recebeu 14 bilhões de dólares de ajuda pública dos órgãos internacionais e pagou 14,5 bilhões de serviço da divida (BRUNEL, 2004).

vez mais escassos, pois estes foram redirecionados para os países em transição da Europa Central e Oriental.

A "crise das rendas" teve também efeitos político-institucionais imediatos. A diminuição das receitas provocou o colapso do modelo do Estado predador que funciona na base da alocação das receitas para partidos, classes, corporações, etnias, etc. que formam redes de "delegação de poder" (CASTELLS, 1999). A concorrência entre esses grupos que garantem a estabilidade do regime aumenta na medida em que diminui o "bolo" de receitas distribuído pelo regime. A história recente da Nigéria ilustra e valida a hipótese segundo a qual a crise do modelo do Estado predador pós-colonial teve um papel central no agravamento da crise que afetou as economias e as sociedades, e na multiplicação dos conflitos ao longo dos anos 1990. O país, que concentra cerca de 20% da população africana, e ditará em parte os rumos futuros do continente, depende há décadas das receitas geradas pelo petróleo e alguns produtos vegetais. A renda das exportações é, em grande parte, apropriada e redistribuída pelo Estado para as redes de delegação de poder estrategicamente localizadas em torno do presidente da República. Quando essas receitas começaram a diminuir, o governo central sacrificou os elos secundários das redes de poder e promoveu uma redefinição da malha político-administrativa do território nacional. O aumento do número dos estados de doze para trinta visava reorganizar as escalas de poder em nível regional e dividir a oposição ao governo central (CASTELLS, 1999). Apesar disso, os conflitos para a captação da renda se agravaram com as discriminações sofridas pelos grupos étnicos do delta do rio Niger que, por serem considerados secessionistas, são excluídos dos mecanismos de redistribuição da riqueza produzida na região. Paralelamente, as tendências centrípetas cresceram também no norte muçulmano, ampliando a tendência de fragmentação interna na Nigéria. Por esta razão, privado de recursos abundantes a serem redistribuídos nas regiões periféricas, o governo de Abuja recorreu a uma repressão sistemática para preservar a estabilidade do regime. No entanto, o controle das margens territoriais continua muito precário, facilitando o crescimento de atividades ilegais, como narcotráfico, tráfico de mulheres ou contrabando, que se difundem para os países vizinhos. Ou seja, o processo de fragmentação territorial interna do gigante da África Ocidental coloca em risco o equilíbrio geopolítico em parte do Golfo da Guiné.

Em alguns casos, os conflitos provocados pela crise das rendas e do estado "neo-patrimonialista" (BAYART, 2000) tiveram impactos internos e externos ainda maiores do que na Nigéria. A África foi o palco de guerras civis abertas onde o controle das riquezas funcionou como principal motor do conflito (Angola, Congo-Brazzaville, Congo-Zaire, Serra Leoa, Sudão); de rebeliões de regiões periféricas (Nigéria, Senegal ou Mali); de guerras regionais (África Ocidental e Bacia do Congo) e de conflitos internacionais entre dois países (Chifre da África). Em alguns casos, como Libéria, Serra Leoa, Ruanda ou Zaire, o caos interno se espalhou para os países vizinhos, criando verdadeiros sistemas regionais de guerra na África Ocidental e na Bacia do Congo (POURTIER, 2001). No entanto, apesar da gravidade extrema dessas guerras, a reação da comunidade internacional foi muito tímida, como ilustram as guerras no Ruanda e no Congo-Zaire, que fizeram, respectivamente, um milhão e 3,3 milhões de vítimas sem provocar uma reação vigorosa por parte das grandes potências (Silva, 2006). A timidez das intervenções da ONU e dos Países Centrais num continente assolado por conflitos demonstra, assim, a crescente marginalização da África Subsaariana no sistema mundial pós-Guerra Fria.

3. Novo cenário mundial e novas perspectivas de inserção da África

No entanto, esse período de relativa desconexão[11] da África Subsaariana estaria, segundo alguns autores, chegando ao fim (Brunel, 2004; Kipré: 2002, Pourtier, 2001). Todos apontam tendências suscetíveis de reconectar o continente ao sistema-mundo. As atuais tensões observadas no mercado de *commodities*, em particular energéticas, estimulam a retomada dos investimentos no setor do petróleo e do gás natural. Novas potencialidades produtivas surgem em ramos como o turismo; serviços de *call centers* e contabilidade ou indústrias intensivas em mão de obra em diversos países do continente. Da mesma maneira, o novo ambiente geopolítico global confere à África uma renda estratégica que tinha sido perdida com o fim da Guerra Fria.

A África no cenário da guerra global ao terrorismo

Os atentados de 11 de setembro de 2001 serviram como alerta para o fato de que organizações terroristas organizadas em redes e atuando de forma descentralizada em escala mundial representam um perigo para a chamada segurança global. Estas redes são constituídas por células flexíveis e autônomas cuja localização é extremamente diferenciada: metrópoles da União Europeia, países fornecendo um apoio logístico ou regiões periféricas de países que não controlam plenamente o território nacional. Por essa razão, os Estados Unidos e os demais Países Centrais elaboraram um novo mapa do mundo considerando esses novos perigos. Neste novo mapa do mundo, a África Subsaariana aparece como palco de operações terroristas desde que atentados reivindicados pela rede Al Queda visaram interesses americanos no leste e no nordeste do continente. Além disso, as "zonas cinzas" da região são suscetíveis, aos olhos dos Países Centrais, a abrigar células terroristas ou áreas de produção clandestina de recursos passíveis de financiar os grupos terroristas como cannabis, khât, ouro e diamantes[12] (Haesbaert, 2002, p. 38, 44).

---

[11] Desconexão relativa, pois não ocorreu um completo rompimento das redes que ligavam a África ao resto do mundo. Como coloca Castells (1999), exportações de produtos de alto valor, como pedras preciosas e ouro, continuavam a se desenrolar.

[12] Segundo o Departamento de Estado dos Estados Unidos foram detectadas células terroristas no Chifre da África e na Nigéria que podem manter ligações com o tráfico de diamantes em Serra Leoa e de armas na Libéria. Os serviços franceses mapearam, do seu lado, células semelhantes nas margens do deserto do Saara.

Neste sentido, a África se configura como uma região do mundo cuja estabilidade se torna estratégica num contexto de expansão de redes ilícitas de todos os tipos (Khalaf, 2004; Rodriguez, 2004), obrigando os Estados Unidos a redefinir sua presença militar no continente. As bases tradicionais, concentrando importantes contingentes humanos e grandes volumes de equipamentos pesados, perdem espaço para estruturas mais leves e flexíveis (Remy, 2004). Frente a um inimigo espacialmente difuso e operacionalmente flexível, as novas bases funcionam como postos avançados abrigando pequenos grupos facilmente mobilizáveis em função das necessidades operacionais. Uma única base de grande porte subsiste em Djibuti devido à posição estratégica do país na interface entre Oceano Índico e o Mar Mediterrâneo. Do seu lado, as forças militares francesas reduziram seus efetivos, mas permanecem, por enquanto, fieis à opção estratégica em favor de bases fixas e de grande porte, que se localizam sobre o território do ex-Império colonial.

No entanto, a crescente presença norte-americana na África Subsaariana não se limita ao campo militar-estratégico, como ilustra o aumento dos acordos comerciais assinados com países que dispõem de uma grande influência regional, como a África do Sul, Nigéria, Quênia e Etiópia. Um Relatório do Departamento de Estado dos Estados Unidos afirma assim que a "África é importante para a paz e segurança mundiais e receberá toda a ajuda necessária dos Estados Unidos para promover o seu desenvolvimento." pois "ao comercializar mais com os paises africanos, aumentamos a capacidade desses governos e o padrão de vida dos africanos, construindo juntos um Estado mais forte no qual as pessoas possam exercer suas liberdades e os terroristas não possam ter êxito com tanta facilidade".[13] O mesmo documento indica que políticas públicas de prevenção à expansão do vírus HIV e a luta a favor da democracia são outras prioridades do governo americano.[14] Atrás do habitual discurso de propaganda, observamos, então, uma preocupação maior quanto ao papel do continente africano no processo de construção de uma "segurança global", preservando os interesses da potência hegemônica dos quais a indústria bélica compõe uma variável significativa.

"Segurança global" e criminalização das economias africanas

Além de refúgio para grupos terroristas que agem em escala global, a África Subsaariana, como já dito anteriormente, se posiciona como uma região do mundo onde as redes ilícitas têm se desenvolvido de forma acelerada. Nos anos 1990, a crise das rendas anteriormente analisada provocou o esfacelamento das instituições em vários países africanos e uma busca de novos recursos por parte dos grupos que perderam suas tradicionais fontes de renda. A perda de controle de partes do território nacional pelo Estado intensificou ainda mais esse processo que atingiu seu ápice quando as Forças Armadas foram também atingidas pela

---

[13] Departamento de Estado dos EUA, 2002, p. 1.
[14] Departamento de Estado dos EUA, 2002, p. 6.

diminuição das transferências de riqueza por parte da organização estatal. Nesse contexto, assistimos a uma explosão das atividades ligadas ao narcotráfico. Na África Austral, a crescente produção de cannabis na África do Sul, no Lesotho, no Malaui e na Suazilandia, é, em grande parte, destinada ao mercado doméstico. No entanto, segundo a Interpol, os produtores da região já estão inseridos em redes de abastecimento dos mercados europeu e norte-americano (LABROUSSE, 2003). Em outras regiões, como a Casamance, a produção alimenta as compras de armamento por parte da guerrilha secessionista em luta contra o Estado central senegalês. No entanto, o exemplo relevante de criminalização da economia se encontra na Nigéria. Esse país é, ao mesmo tempo, o maior produtor africano de cannabis e uma plataforma logística consolidada de redistribuição de cocaína sul-americana e heroína asiática para o resto do mundo. Nesse país, a queda das receitas das exportações nas duas últimas décadas ampliou a busca por recursos compensatórios na economia ilegal, inserindo de forma acelerada e cada vez mais competitiva a Nigéria nas redes ilegais mundiais (BAYART, 2000). As máfias que dominam essas redes conectadas ao crime global ou de contrabando de alcance regional – como no caso dos derivados do petróleo – controlam hoje parte do território nacional, agravando, assim, a fragmentação do mesmo.

Petróleo e volta da renda estratégica

A questão da segurança global, que confere de novo à África Subsaariana uma renda geopolítica, envolve também a atual instabilidade do cenário energético mundial que coloca em risco o abastecimento fluido e contínuo dos países consumidores de petróleo. Em primeiro lugar, vale ressaltar que este bem continua sendo uma *commoditie* estratégica para o crescimento econômico, o desenvolvimento dos transportes e a perpetuação dos hábitos de consumo nos Países Centrais e emergentes. Em segundo, a descoberta de novos campos de exploração acontece, na maioria dos casos, em países da periferia mundial (KINDER, 1985, p. 194). Enfim, estamos numa fase caracterizada por um aumento regular da demanda por produtos energéticos oriundos, em particular, das economias emergentes como Brasil, Índia e China. Este último país, que importa cerca da metade de sua energia, se posiciona hoje como um ator central do mercado energético mundial e vem multiplicando seus investimentos no continente africano. O governo de Pequim publicou recentemente um documento preconizando um "novo tipo de parceria estratégica" com esta região do mundo que desponta como mercado em expansão para manufaturados de baixo valor agregado e provedora de gêneros alimentícios e de recursos minerais. Assim, tem-se que cerca de 25% das importações chinesas de petróleo provêm do Golfo da Guiné e da *hinterlândia* sudanesa. A necessidade de garantir um abastecimento regular e seguro incentiva, assim, o crescimento dos investimentos chineses nos campos da exploração e na construção de infraestruturas de transportes, tais como oleodutos, estradas, ferrovias e portos em águas profundas (SAINT PAUL, 2004).

Um segundo elemento de ordem geopolítica contribui para a atração de investimentos petrolíferos no continente africano: a instabilidade no Oriente Médio incentiva os países consumidores a definir novas estratégias energéticas como a diversificação das fontes de abastecimento e o investimento em redes alternativas de escoamento, em particular via oleodutos. A guerra no Iraque, a radicalização do regime iraniano e a longa crise sucessória na Arábia Saudita criam um clima de incertezas repulsivo para o setor energético, que investe balizado em estratégias de longo prazo. Desta maneira, campos de exploração da América do Sul, Ásia Central, Europa Oriental e África Subsaariana recebem investimentos crescentes das multinacionais do petróleo. No continente africano, produtores antigos como Gabão, Camarões ou Congo Brazzaville são hoje atores relativamente secundários devido ao esgotamento de suas reservas. Do seu lado, Nigéria e Angola consolidam suas posições de maiores exportadores graças aos recursos aplicados nos últimos anos no setor energético. Enfim, países como Chade, Sudão, Guiné Equatorial e Guiné Bissau despontam como produtores emergentes e atraem investimentos de grande porte em infraestruturas, como oleodutos (Bouquet, 2003, p. 208-209; Baruja, 2004, p. 58-59).

Tabela 1 – Dependência do petróleo dos exportadores africanos (estimativas 2002)

País	% PIB	% Exportações	% Receitas do estado
Nigéria	40	95	83
Angola	45	90	90
Congo-Brazzaville	67	94	80
Guiné Equatorial	86	90	61
Gabão	73	81	60
Camarões	4,9	61	20

Fontes: Banco Mundial, FMI, CIA World Factbook, U.S. Energy Information Administration.

Os campos de exploração *off shore* do Golfo da Guiné, que já são responsáveis por 15% das importações dos EUA, têm um futuro promissor na medida em que esse país pretende comprar 25% do seu petróleo na África Subsaariana até 2020. O desafio para os africanos consiste, então, em valorizar essa renda geopolítica, garantindo a geração de volumes importantes de recursos nos próximos anos. Desde já o reposicionamento do continente no jogo energético global pode ter contribuído para a resolução de conflitos em países produtores como Angola e Sudão. Do outro lado, observamos em alguns países uma preocupação crescente da sociedade civil em relação ao uso da renda gerada pelas exportações. A população se mostra cada vez mais crítica em relação ao fato de o petróleo não ser utilizado como vetor de desenvolvimento e ser entendido como um estimulador de mecanismos de corrupção. O desafio é, então, duplo. O primeiro reside na alocação econômica e socialmente produtiva da renda do petróleo.[15] O segundo consiste na diversificação da economia de países que refinam atualmente menos de 10% dos hidrocarbonetos. (POURTIER, 2001, p. 229). Em ambos os casos, isso implica romper com a lógica do uso opaco e clientelista da renda do petróleo, tradicionalmente distribuída para as redes de poder que sustentam os governos predadores em países onde esse recurso funciona como vetor da "grande corrupção" (POURTIER, 2001, p. 230). Assim, países como a China e os Estados Unidos estão empenhados na intensificação de suas relações comerciais com países africanos produtores de petróleo que adotam os critérios de "boa governança", definidos pelos órgãos internacionais, criando, assim, um ambiente favorável aos negócios para um setor muito sensível às incertezas geopolíticas. É ainda cedo para avaliar os efeitos benéficos dessa renda estratégica, mas a permanência de dirigentes e grupos sociais tradicionalmente comprometidos com o modelo do governo predador não deixa supor a ruptura esperada por parte da sociedade civil africana. O tradicional grau de envolvimento de algumas multinacionais do setor petrolífero em redes de corrupção, onde se combinam interesses políticos, financeiros, econômicos e diplomáticos, representa obstáculo suplementar para um relevante desenvolvimento dos países produtores.

Novas potencialidades produtivas

A valorização da renda estratégica, propiciada pela instabilidade do mercado energético e o aumento do consumo de produtos vegetais e minerais em países emergentes como Índia e China, reafirma a "vocação" da África Subsaariana como provedora de bens primários ao longo do processo de construção da divisão internacional do trabalho. Por enquanto, o continente permanece preso a um modelo primário-exportador cujas regras são globalmente impostas por atores exógenos. Desde as independências, a mobilização das forças políticas endógenas teve por objetivo prioritário o acesso à renda das exportações, o que obstaculizou qualquer projeto viável de desenvolvimento. Na medida em que países centrais e elites africanas encontram seu interesse nesse jogo, a "política da barriga" continuará a moldar as relações entre África e resto do mundo nas próximas décadas (BAYART, 2000).

No entanto, alguns autores mencionam o surgimento de novas potencialidades produtivas suscetíveis de alavancar a produção de bens e serviços de maior valor agregado no continente. A diminuição do frete aéreo, as mudanças dos hábitos de consumo na Europa e a valorização das condições climáticas locais estimulam a emergência de uma agricultura moderna que exporta frutas tropicais (Costa do Marfim); legumes e feijão verde (Quênia e Burkina Faso); peixes (Uganda); uvas

---

[15] No Chade, uma cooperação inédita entre governo, sociedade civil e Banco Mundial incentiva os investimentos em infraestruturas sociais e técnicas.

e vinho (África do Sul) além de flores cortadas (Madagascar e Quênia) (POURTIER, 2001, p. 96-97). Do seu lado, Castells (1999) sublinha como a revolução das telecomunicações facilitou a constituição de dinâmicas redes de exportação do camarão das Mascarenhas e de Moçambique para os mercados asiático e europeu. Em todos os casos, estamos diante de atividades que conseguem agregar mais valor do que as atividades primárias herdadas da colonização, que apresentam competitividade muito baixa devido à sua inserção em circuitos comerciais protegidos.

O turismo, indústria que mais cresce no mundo, vem também ganhando destaque na África Subsaariana que liderou em 2005 a lista dos continentes que mais cresceram – 10% contra uma média mundial de 5,5%. Quênia, África do Sul, Bostuana, Namíbia ou Tanzânia já são destinos consolidados para a prática do ecoturismo que se encontra em rápida expansão. Do seu lado, as praias e os *resorts* de alto padrão do *litoral suaíli* e de Maurício atraem contingentes crescentes de turistas, sobretudo da Europa e Israel, enquanto a África do Sul, maior potência econômica do continente, é o único país onde o turismo de negócios vem crescendo de forma sustentada (POURTIER, 2001). O turismo voltado para a diáspora negra dos Estados Unidos vem se configurando também como um filão para os países da "Costa dos Escravos", entre os quais Benin e Gana são os maiores receptores desses fluxos. A valorização dessas potencialidades naturais e culturais favorece, então, o ingresso, ainda incipiente, da África Subsaariana nas redes do turismo internacional. No entanto, num continente onde reina um ambiente de grande pobreza e marcado por um forte aumento da insegurança, existe o risco de ocorrer a multiplicação de enclaves turísticos desconectados da realidade social.

Em relação às atividades industriais, pode-se dizer que estas só adquiriram um grande vulto na África do Sul, onde, no final do século XIX, o dinamismo das atividades extrativas, o surgimento de uma agricultura moderna e a construção de infraestruturas técnicas conectando o país ao resto da África Austral e do mundo foram decisivos na emergência de um autêntico capitalismo nacional. Hoje, o país, que representa cerca da metade do PIB da África Negra, dispõe de um parque industrial relativamente diversificado e integrado que contrasta com o resto do continente, onde a industrialização se limitou, em geral, a alguns projetos de processamento de matérias-primas (petroquímica de base nigeriana, algodão no Sahel, bauxita na Guiné), cuja viabilidade econômica era bastante limitada. As políticas visando à substituição das importações sofreram com a ausência de um mercado doméstico relevante para garantir investimentos suficientes para a competitividade da produção. No que diz respeito às tradicionais indústrias intensivas em mão de obra (têxtil em particular), a África Subssariana ficou às margens do processo de desconcentração das firmas europeias, que investiram no Magreb antes de realocar suas plantas para regiões asiáticas que garantem um elevado nível de lucros. Maurício foi o maior palco de investimentos do setor têxtil da África Negra antes que as unidades de produção fossem realocadas para Madagascar e Moçambique, na medida em que a Ilha apostava em atividades industriais e de serviços um pouco mais intensivos em capital e tecnologia e confirmava seu papel de polo regional emergente. Entretanto, como observa Castells (1999, p. 110), salvo as exceções mencionadas, a industrialização do continente, cujos resultados eram incipientes, entrou em colapso precisamente no momento em que outras regiões periféricas conseguiam ingressar de forma mais competitiva na nova Geografia econômica mundial graças ao desenvolvimento de setores voltados para as exportações. Nestas condições, a África Subsaariana continua prisioneira de sua baixa capacidade para agregar valor aos recursos primários que seu território oferece.

Mapa 4 – A África Subsaariana no cenário geopolítico e geoeconômico mundial

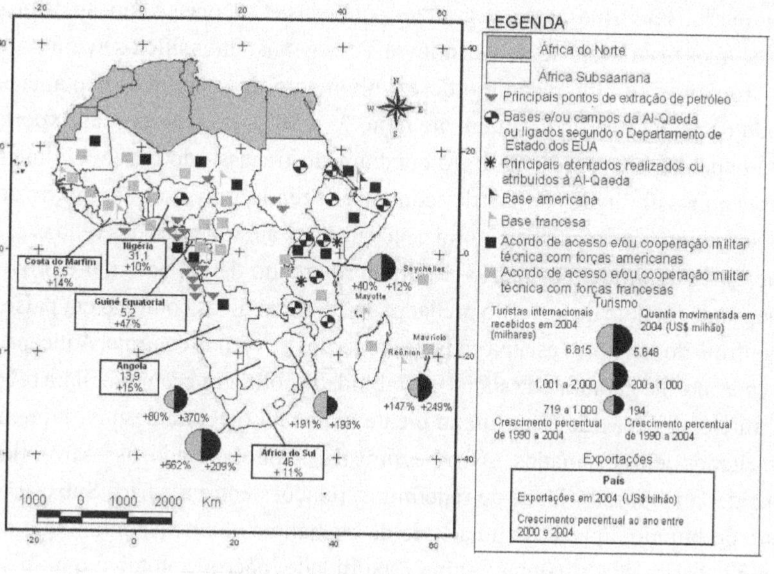

4. Considerações finais

Verificou-se, então, que a África Subsaariana participou do processo histórico de globalização, contradizendo a opinião que postula o isolamento do "continente negro" do resto do mundo. Se o deserto do Saara sempre foi um obstáculo ao desenvolvimento de fluxos mais intensos com o Mundo Mediterrâneo e a Europa, nunca constituiu uma barreira absolutamente insuperável, pelo menos para os norte-africanos, que sempre dominaram os vetores do comércio transaariano. As dificuldades de navegação, num litoral Atlântico carente de sítios portuários e de articulações fluviomarítimas de qualidade com o interior, constituíram outras limitações às interações entre a África Negra e a Europa. No entanto, desde que essa última se lançou na aventura da integração das diferentes economias-mundo, a inserção da África nessa dinâmica se consolidou progressivamente (BRAUDEL, 1996). O continente se transformou, nesse momento, em principal provedor de recursos humanos para a economia de plantação das Américas, confirmando uma inserção de tipo periférico nos circuitos comerciais de longo alcance espacial que já vinham se delineando no âmbito dos seculares sistemas de trocas transaarianos e Índicos. Segundo Braudel (1996, p. 402), o destino da África foi historicamente definido "entre o imperialismo do Islã e o imperialismo do Ocidente. Duas civilizações agressivas, ambas escravagistas, em face das quais a África negra pagou o preço da sua falta de vigilância e de sua fraqueza". No final do século XIX, a África Subsaariana, continente de "camponeses que voltam as costas ao mar" (BRAUDEL, 1996, p. 401), encontra-se, assim, ao alcance do imperialismo triunfante das grandes potências europeias. A função de provedor de recursos primários, dessa vez minerais e vegetais, intensifica-se com a abertura das fronteiras de mineração e o desenvolvimento da economia de plantação. Os produtos primários representam, até hoje, 75 a 80% das receitas das exportações. Esta dependência representa o fio condutor do fracasso do desenvolvimento em países impossibilitados de sair da economia de renda através da agregação de valor aos seus inúmeros recursos naturais. Nos últimos anos, a crise das rendas acelerou o desgaste do modelo primário-exportador herdado da era colonial e provocou o colapso do modelo de governo predador, multiplicando os conflitos em países onde o controle do território escapa cada vez mais aos governos centrais. A incapacidade dos mesmos de garantir paz social e estabilidade política e promover uma revolução institucional capaz de criar um ambiente mais favorável ao desenvolvimento são ressaltados pelos chamados "Afro-pessimistas". Por outro lado, os "Afro-otimistas" consideram a possibilidade de redefinir as relações entre a África Subsaariana e o resto do mundo a partir de uma série de elementos novos. Apontam que o continente experimenta atualmente uma estabilidade macroeconômica que facilitou a retomada do crescimento econômico, superior a 5% a.a. entre 2004 e 2005 em 18 países. Evidenciam também a força e o dinamismo do setor informal responsável por 60 a 70% da produção efetiva – mas não contabilizada – da riqueza. Como no resto do mundo periférico, o empreendedorismo da população urbana é exaltado como trunfo para construir formas alternativas de desenvolvimento. A difusão do uso das tecnologias da informação, cuja utilização permanece restrita a alguns nós inseridos nas redes globais, será também determinante para o futuro (CASTELLS, 1999). Outras incertezas permanecem. Entre elas, a ausência de locomotivas regionais suscetíveis de irradiar seu dinamismo econômico em suas *hinterlândias*.

Apesar de suscitar um grande vigor econômico nas áreas de fronteira com os países vizinhos, a Nigéria exerce atualmente um papel bastante desestruturador na África Ocidental. Por sua vez, a África do Sul não ampliou seu poder de polarização sobre a África Austral a partir do fim do *Apartheid*, apesar do seu crescente papel político-diplomático em escala continental. Enfim, a volta das rendas propiciada pelos novos cenários econômico, geopolítico e energético mundiais não garante que as receitas das exportações e ajuda internacional sejam usadas a serviço do desenvolvimento socioeconômico. A dificuldade para a África consiste então em romper com uma lógica secular de inserção no sistema-mundo ditada ontem pela pressão colonial e hoje pela tutela do FMI, Banco Mundial, etc. A invenção de um via alternativa de desenvolvimento representa, assim, um desafio maior cujos atores e estratégias aparecem ainda tímidos.

Referências

ARRIGHI, G. *A ilusão do desenvolvimento*. Petrópolis: Vozes, 1997.

BARUJA, S. P. EUA de olho no petróleo africano. Revista Império Americano. Caderno Mundo, 2004. p. 58-59.

BAYART, J.F. *El estado en África: la política del vientre*. Barcelona: Ediciones Bellaterra, 2000.

BOUQUET, C. Nouvelle esquisse de géopolitique africaine. In: BART, François (Org.). *L'Afrique – Continent pluriel* Édition Sedes/VUEF/CNDE, 2003.

BRAUDEL, F. *Civilização material, economia e capitalismo*. v. 3. São Paulo: Martins Fontes, 1996.

BRAUDEL, F. *A gramática das civilizações*. Lisboa: Teorema, 1989.

BRUNEL, S. *L'Afrique*. Paris: Ed. Bréal, 2004.

CASTELLS, M. *Fim de milênio*. São Paulo: Paz e Terra, 1999.

COPINSCHI, P. *Rente pétrolière, géopolitique et conflits*. Questions Internationales. La Documentation Française. n. 2, jul.-ago. 2003, p. 39-45.

DEPARTAMENTO DE ESTADO DOS ESTADOS UNIDOS (2002) *África: Grande prioridade no plano estratégico de Bush*. Disponível em: < http://usinfo.state.gov/journals/itps/1202/ijpp/pj7-4jim.htm>. (acesso em 20/03/2004).

GERBEAU, H. O tráfico escravagista no Oceano Índico: problemas postos ao historiador, pesquisas a efectuar. In: UNESCO. *O tráfico de escravos negros Séculos. XV-XIX*. Lisboa: UNESCO, 1979.

GRENOUILLEAU,O.P. *Les traites négrières. Essai d'histoire globale*, Col. Bilbiothèque des histoires. Paris: Gallimard, 2005.

HAESBAERT, R. *A multiterritorialidade do mundo e o exemplo da Al-Qaeda*. Revista Terra Livre. São Paulo, ano 18, v. I, n.18, jan/jun, 2002. p. 37-46

HOBSBAWM, E.J. *A era dos impérios – 1875-1914*. 7. ed. Rio de Janeiro: Paz e terra, 2002.

KHALAF, R. *Conexão africana deixa Europa exposta a ações terroristas*, Jornal Financial Times, edição de 17 de março de 2004.

KINDER H. *Atlas histórico mundial*. Madrid : Ed Istmo, 1985.

KIPRÉ, P. L'Afrique et ses avenirs. In: MICHAUD, d'Y. *Géopolitique et Mondialisation*. Universisté de Tous les Savoirs, v. 19. Paris: Editions Odile Jacob, 2002.

LABROUSSE, A. *The development of cannabis production*. Revista African Geopolitics, n. 10, 2003.

LEMARCHAND, P. *Atlas de África. El continente olvidado*. Madrid: Acento Editorial, 2000.

LOVEJOY,P.E. *A escravidão na África – uma história de suas transformações*. Rio de Janeiro: Civilização Brasileira, 2003.

M'BEKOLO, E. *L'Afrique au XXème siècle. Le continente convoité*. Paris: Editions du Seuil, 1985.

NOREL, P. *L'invention du marché – une histoire économique de la mondialisation*. Paris: Éditions du Seuil, 2004.

OCDE. *African economic outlook 2003/2004*. OCDE Rights and Translation Unit. Paris, 2004.

OLIVER, R. *A experiência africana: da pré-história aos dias atuais*. Rio de janeiro: Jorge Zahar, 1994.

POURTIER, R. *Afriques noires*. Paris: Carré Géographie/Hachette Supérieur, 2001.

RAISON, J. P. La traite et le dépeçage. In : BRUNET, R. (Org) – *Les Afriques au sud du Sahara*. Géographie Universelle. Paris: Ed. Belin/Reclus, 1994.

RÉMY, J. P. *Les Etats-Unis reforcent leur dispositif antiterroriste dans plusieurs pays africains*. Jornal Le Monde, edição de 05 de abril de 2004.

RODRIGUES, J. C. *Pequena história da África negra*. Ed. Globo, São Paulo, 1990.

RODRIGUEZ, J. A. *11 de março foi financiado por tráfico de entorpecentes*, Jornal O Globo, edição de 16 de abril 2004.

ROSA, I. G. G. F. *O trato atlântico de escravos e o espaço africano*: um estudo de Geografia histórica. Monografia de conclusão de curso. departamento de Geografia da UFRJ, 2006.

SAINT PAUL. M.A. *China and Africa: between commitment and interest. African Geopolitics*, n.14, inverno 2004.

SILVA, V. R. A. *Crise das rendas, estado predador e conflitos na África Subsaariana: o caso da República Democrático do Congo*. Monografia de conclusão de curso. Departamento de Geografia/UFRJ, 2006.

SMITH, S. *Négrologie. Pourquoi l'Afrique meurt*. Col. Pluriel. Hachette: Paris, 2003.

WALLERSTEIN, I. *The capitalist world-economy*, Cambridge University Press, Editions de la Maison des Sciences de l'Homme, 1979.

WESSELING, H.L. *Dividir para dominar: a partilha da África (1880-1914)*, Rio de Janeiro: Ed. UFRJ, 1998.

Os autores

ANÍBAL QUIJANO

Sociólogo, doutor pela Faculdade de Letras da Universidade Nacional Mayor de San Marcos, Lima, Peru. É doutor Honoris Causa na Universidad Central de Venezuela, Caracas.

BERNARDO MANÇANO FERNANDES

Geógrafo, doutor pela Universidade de São Paulo. Atualmente é professor dos cursos de graduação e pós-graduação em Geografia da Universidade Estadual Paulista (Unesp), campus de Presidente Prudente, onde é Coordenador do Núcleo de Estudos, Pesquisas e Projetos de Reforma Agrária (NERA). Ex-Presidente da Associação dos Geógrafos Brasileiros (2002-2004). Seu artigo tem como coautores Dagoberto José da Fonseca e os pesquisadores do NERA Anderson Antonio da Silva e Eduardo Paulon Girardi.

DAGOBERTO JOSÉ DA FONSECA

Sociólogo, doutor pela Pontifícia Universidade Católica de São Paulo. Atualmente é professor da Faculdade de Ciências e Letras - UNESP, Departamento de Antropologia, Política e Filosofia, Programa de Pós-Graduação em Sociologia (Campus de Araraquara), onde é Coordenador Executivo do Núcleo Negro da UNESP para Pesquisa e Extensão – NUPE e também do Centro de Estudos das Culturas e Línguas Africanas e da Diáspora Negra – CLADIN, UNESP.

EDUARDO RIOS NETO

Economista, doutor em Demografia pela Universidade da Califórnia/Berkeley (1982-1987) e pós-doutor pela Universidade do Texas-Austin (1995-1996). Professor titular do departamento de demografia do CEDEPLAR/UFMG. Seu artigo tem como coautora Juliana de Lucena Ruas Riani, que é Economista, doutora em Demografia pela Universidade Federal de Minas Gerais (2005). Atualmente é professora titular da Fundação Universidade de Itaúna e Pesquisadora em ciência e tecnologia da Fundação João Pinheiro.

FRÉDÉRIC MONIÉ

Geógrafo e historiador, possui doutorado em Géographie, Urbanisme et Aménagement pela Universite de Paris III (Sorbonne-Nouvelle). Atualmente é professor do Departamento de Geografia da Universidade Federal do Rio de Janeiro. Seu artigo tem como coautores Isaac Gabriel Gayer Fialho da Rosa, geógrafo e Vânia Regina Amorim da Silva, também geógrafa.

PERCY C. HINTZEN

Sociólogo, doutor em Comparative Political Sociology pela Yale University. Atualmente é professor do African American Studies da Universidade da California, Berkeley.

RAQUEL ROLNIK

Arquiteta e urbanista, doutora pela School Of Arts And Science History Department, New York University. Atualmente é professora do mestrado em urbanismo da Pontifícia Universidade Católica de Campinas e Secretária Nacional de Programas Urbanos do Ministério das Cidades.

RENATO EMERSON DOS SANTOS

Geógrafo, doutor em Geografia pela Universidade Federal Fluminense. Atualmente é professor do Departamento de Geografia da Faculdade de Formação de Professores da Universidade do Estado do Rio de Janeiro e Diretor da Seção Rio de Janeiro da Associação dos Geógrafos Brasileiros (2006-2008). Foi, entre 1996 e 2002, professor e coordenador do Pré-Vestibular para Negros e Carentes da Rocinha (atualmente Pré-Vestibular Comunitário da Rocinha), no Rio de Janeiro. Seu segundo artigo tem como co-autor Gabriel Siqueira Corrêa, geógrafo e pesquisador do NEGRAM (Núcleo de Estudos e Pesquisas em Geografia, Relações Raciais e Movimentos Sociais).

Conheça outros títulos da
Coleção Cultura Negra e Identidades

- **Afirmando direitos – Acesso e permanência de jovens negros na universidade**
  Nilma Lino Gomes e Aracy Alves Martins

  As políticas de Ações Afirmativas, dentro das quais se insere o Programa Ações Afirmativas na UFMG, apresentado e discutido neste livro, exigem uma mudança de postura do Estado, da universidade e da sociedade de um modo geral para com a situação de desigualdade social e racial vivida historicamente pelo segmento negro da população brasileira. A concretização da igualdade racial e da justiça social precisa deixar de fazer parte somente do discurso da nossa sociedade e se tornar, de fato, em iniciativas reais e concretas, aqui e agora.

- **Afro-descendência em *Cadernos Negros* e *Jornal do MNU***
  Florentina da Silva Souza

  A escolha de uma produção textual que se define como "negra", como objeto de estudo, evidencia a opção por lidar mais detidamente com uma outra parte da minha formação identitária, o afro, marcado pela cor da pele e pela necessidade de tornar patente a impossibilidade da transparência. Os textos de Sociologia, História, Antropologia, Estudos Culturais, Estudos Pós-coloniais e Black Studies se entrecruzam com debates, reflexões, aulas, seminários, leituras, discursos vários, dos quais me apropriei, atribuindo-lhes valores diferenciados – uma apropriação que faz adaptações, realça o que se configura pertinente para o estudo dos periódicos, explorando as possibilidades de remoldar e trair ou abandonar ideias e conceitos que não s enquadrem nas nuances por mim escolhidas.

- **Bantos, malês e identidade negra**
  Nei Braz Lopes

  Este livro reúne elementos históricos sobre a formação do Brasil em seu caráter étnico, identitário e cultural e mostra ao leitor as contribuições dos Bantos nesse processo. Além disso, Nei Lopes estabelece novos parâmetros sobre a relação entre islamismo e negritude. À guisa de seu envolvimento com a resistência cultural negra no Brasil e na África, apresenta ao leitor uma face da história ignorada por grande parte dos brasileiros. Sobre Nei Lopes, em *Épuras do social: como podem os intelectuais trabalhar para os pobres* (São Paulo: Global, 2004), escreveu o professor Joel Rufino dos Santos: "[...] Nei é um híbrido que ironiza (no sentido socrático de contraideologia) suas duas metades. É um aglutinador de pobres negros suburbanos e intelectuais propriamente ditos."

- **Comunidades quilombolas de Minas Gerais no séc. XXI – História e resistência**
  Centro de Documentação Eloy Ferreira da Silva – CEDEFES (Org.)

  Perseguidos, condenados, escondidos – essa foi a vida dos negros em nosso país. Para escaparem da escravidão e da marginalização subsequente, sofridas ao longo de cinco séculos, os negros do Brasil buscaram locais e formas próprias de sobrevivência, em uma sociedade em que quase tudo lhes era negado. Construíram – antes e depois da Lei Áurea – comunidades próprias onde viveram e, até hoje, vivem e reproduzem suas famílias, seus modos de ser e de fazer, além da religiosidade, da arte e da cultura que secularmente foram criando, recriando e passando às novas gerações.

  Com a Constituição de 1988, essas comunidades obtiveram o reconhecimento de seus direitos sobre o seu território e a sua cultura. Somente a partir desse momento os quilombolas começaram a sair da "invisibilidade" social a que foram relegados nesses 500 anos.

  Este livro é uma fonte básica de consulta para todos aqueles que querem conhecer o que foi e o que ainda representa essa extraordinária luta pela vida, pela dignidade, pela terra e pela alegria dos quilombolas em Minas Gerais.

- **Experiência étnico-culturais para a formação da professores**
  Nilma Lino Gomes e Petronilha Beatriz Gonçalves e Silva (Orgs.)

  Pesquisadores e pesquisadoras, nacionais e estrangeiros, projetam suas interpretações sobre uma questão que está no centro das atenções de grupos de militância, estudiosos, políticos: a diversidade étnico-cultural.

Dirigido de maneira especial aos professores e à sua formação, este livro é indispensável para o debate sobre a educação e os processos de busca de identidade, nos quais estarão sempre presentes as tensões, os conflitos e as negociações entre os semelhantes e os diferentes.

- **Literaturas africanas e afro-brasileira na práticda pedagógica**
Iris Maria da Costa Amâncio, Nilma Lino Gomes, Miriam Lúcia dos Santos Jorge (Orgs.)

Integrante da Coleção Cultura Negra e Identidades, este livro propõe ao docente uma postura pedagógica mais responsável, que privilegie o diálogo intercultural e supere preconceitos e estereótipos. Para isso, as autoras mostram ao professor e à professora as contribuições das Literaturas africanas e afro-brasileira na prática pedagógica.

O universo literário africano como ferramenta para a efetivação da Lei nº 10.639/03 é o cerne deste livro que parte da necessidade de uma educação da diferença para apresentar aos leitores quais são as pesquisas que caminham nesse sentido no campo educacional e chamar a atenção para a importância de investir na educação como direito social.

Até quando os cursos de Pedagogia e de licenciatura continuarão negando ou omitindo a inclusão do conteúdo da Lei nº 10.639/03 nos seus currículos? O que fazer diante das lacunas que comprometem a implantação dessa Lei? Essas são algumas das questões tratadas neste livro que busca analisar como têm sido os cursos de formação inicial de professores quando o assunto é a discussão sobre África e questão afro-brasileira.

- **O drama racial de crianças brasileiras – Socialização entre pares e preconceito**
Rita de Cássia Fazzi

O tema central deste livro é o preconceito racial na infância. Entender como crianças, em suas relações entre si, constroem uma realidade preconceituosa é de fundamental importância para a compreensão da ordem racial desigual existente no Brasil. É este o objetivo deste trabalho: descobrir, em termos sociológicos, a teoria do preconceito racial, sugerida pela forma como as crianças observadas estão elaborando suas próprias experiências raciais. A conquista da igualdade racial passa pelo estudo dos mecanismos discriminatórios atuantes na sociedade brasileira.

- **Os filhos da África em Portugal – Antropologia, multiculturalidade e educação**
  Neusa Mari Mendes de Gusmão

  Ao eleger crianças e jovens africanos e luso-africanos como sujeitos do olhar, esse livro assumiu, como tema central, a condição étnica decorrente da origem e da cor. A mesma razão tornou significativo o desvendar das estratégias de sobrevivência dos indivíduos e grupos frente a crises, dificuldades e rupturas que vivenciam como comunidade ou como membro de um grupo particular, no interior do qual os mecanismos de convivência étnica e racial são elaborados e transformados pelo contato com a sociedade nacional em que se inserem.

- **O jogo das diferenças – O multiculturalismo e seus contextos**
  Luiz Alberto Oliveira Gonçalves e Petronilha Beatriz Gonçalves e Silva

  Este livro, de Luiz Alberto Oliveira Gonçalves e Petronilha B. Gonçalves e Silva, fala sobre o direito à diferença e busca compreender, na cena social, os diversos significados de multiculturalismo. Os autores observam conceitos como "discriminação", "preconceito" e "politicamente correto" e e constatam que as regras desse "jogo das diferenças" estão em constante mudança.

- **Rediscutindo a mestiçagem no Brasil – Identidade nacional *versus* Identidade negra**
  Kabengele Munanga

  É à luz do discurso pluralista ermegente (multiculturalismo, pluriculturalismo) que a presente obra recoloca em discussão os verdadeiros fundamentos da identidade nacional brasileira, convidando estudiosos da questão para rediscuti-la e melhor entender por que as chamadas minorias, que na realidade constituem maiorias silenciadas, não são capazer de contruir identidades políticas verdadeiramente mobilizadoras. Essa discussão não pode ser sustentada sem colocar no bojo da questão o ideal do branqueamento materializado pela mestiçagem e seus fantasmas.

- **Sem perder a raiz – Corpo e cabelo como símbolos da identidade negra**
  Nilma Lino Gomes

  O cabelo é analisado na obra da Profa. Nilma Lino Gomes, não apenas como fazendo parte do corpo individual e biológico, mas, sobretudo, como corpo social e linguagem; como veículo de expressão e símbolo de resistência cultural. É nesta direção que ela interpreta a ação e as atividades desenvolvidas nos salões étnicos de Belo Horizonte a partir da manipulação do cabelo crespo, baseando-se nos penteados de origem étnica africana, recriados e reinterpretados, como formas de expressão estética e identitária negra. A conscientização sobre as possibilidades positivas do seu cabelo oferece uma notável contribuição no processo de reabilitação do corpo negro e na reversão das representações negativas presentes no imaginário herdado de uma cultura racista. (Kabengele Munanga – Prof. Titular do Departamento de Antropologia da USP.)

- **Um olhar além das fronteiras: educação e relações raciais**
  Nilma Lino Gomes (Org.)
  O diálogo além das fronteiras realizado neste livro está alicerçado em um dos ensinamentos de Paulo Freire: de que uma das nossas brigas como seres humanos deva ser dada no sentido de diminuir as razões objetivas para a desesperança que nos imobiliza. Nesse sentido, a recusa ao fatalismo cínico e imobilizante pregado pelo contexto neoliberal, pela globalização capitalista, pela desigualdade social e racial deve se pautar em uma postura epistemológica e política criticamente esperançosa. É o que o leitor e a leitora encontrarão nas páginas deste livro.

Este livro foi composto com tipografia Times New Roman e impresso
em papel Off Set 75 g/m² na Gráfica Paulinelli.